新能源汽车国家大数据联盟

U0504932

中国新能源汽车大数据研究报告

2022

北京亿维新能源汽车大数据应用技术研究中心　组编

王震坡　梁兆文　等　著

ANNUAL REPORT ON THE BIG DATA OF

NEW ENERGY VEHICLE
IN CHINA

（2022）

 机械工业出版社

CHINA MACHINE PRESS

本书基于新能源汽车国家监测与管理平台超过 650 万辆新能源汽车实时运行数据，以大数据挖掘为基础手段，从应用场景出发，针对私人乘用车、网约车、出租车、共享租赁车、物流车、公交客车、重型货车市场进行全面、系统的梳理，涵盖了车辆推广成果、车辆技术进步、车辆上线率特征、车辆运行特征、车辆充电特征、故障与安全、节能减排、评价指数等研究内容。相较于 2021 年度研究内容，本年度新增了车辆换电模式运行特征分析、燃料电池电动汽车示范城市群运行效果、冬奥会赛区燃料电池电动汽车示范成果、乡镇及高速公路节假日充电应用场景分析等行业关注的热门研究内容。

本书可供政府部门以及新能源汽车产业上下游企业、研究机构、普通消费者、新能源汽车爱好者阅读参考。

图书在版编目（CIP）数据

中国新能源汽车大数据研究报告 . 2022 / 北京亿维新能源汽车大数据应用技术研究中心组编；王震坡等著 . —3 版 . —北京：机械工业出版社，2022.9

ISBN 978-7-111-71446-0

Ⅰ . ①中… Ⅱ . ①北… ②王… Ⅲ . ①新能源 – 汽车工业 – 研究报告 – 中国 – 2020 Ⅳ . ① F426.471

中国版本图书馆 CIP 数据核字（2022）第 150691 号

机械工业出版社（北京市百万庄大街 22 号 邮政编码 100037）
策划编辑：王 婧 何士娟 责任编辑：王 婧 何士娟
责任校对：陈 越 李 婷 责任印制：常天培
北京宝隆世纪印刷有限公司印刷
2022 年 9 月第 3 版第 1 次印刷
169mm×239mm · 27.5 印张 · 491 千字
标准书号：ISBN 978-7-111-71446-0
定价：199.00 元

电话服务 网络服务
客服电话：010-88361066 机 工 官 网：www.cmpbook.com
010-88379833 机 工 官 博：weibo.com/cmp1952
010-68326294 金 书 网：www.golden-book.com
封底无防伪标均为盗版 机工教育服务网：www.cmpedu.com

编 委 会

编委会名誉主任	孙逢春			
编 委 会 主 任	王震坡	梁兆文		
编 委 会 副 主 任	瞿国春	原诚寅	张　丽	胡道中
	邹广才	陈上华	魏长河	侯宇飞
编 委 会 委 员	张照生	龙超华	刘　鹏	李　阳
	祁春玉	邓钧君	曲昌辉	韩　松
	康医飞	王鹏飞	樊春艳	李海涛
	严　滢	高正迎	张国振	赵世佳
	贾贝贝	吴　炜	梁　锟	徐　伟
	韩丽娜	袁弋婷	蒋东镭	谢俊隽
	石文童	周　磊	米建丽	李军伟
	邵来鹤	卢　宪	宋春宝	曾小松
	李　雪	刘剑锐		

新能源汽车国家大数据联盟

新能源汽车国家大数据联盟（National Big Data Alliance of New Energy Vehicles，以下简称"联盟"或"NDANEV"）是由新能源汽车国家监测与管理中心、新能源汽车制造商、零部件供应商、互联网应用服务商、科研机构、相关社团组织自愿组成的全国性、联合性、非营利性社会组织。联盟秘书处所在地为新能源汽车国家监测与管理中心（北京理工大学电动车辆国家工程研究中心）。

联盟正式成立于 2017 年 7 月 18 日，主要发起单位为北京理工大学、一汽、长安、上汽、宇通、中车电动、北汽以及中国汽车工业协会、中国汽车工程学会、中国汽车技术研究中心、中国汽车工程研究院股份有限公司、交通部科学研究院、长安大学等。目前联盟会员单位超过 200 家，其中副理事长单位 34 家，理事单位 39 家。

联盟遵守中华人民共和国宪法及相关法律、法规，贯彻执行国家新能源汽车大数据发展与应用的方针、政策。联盟定位为新能源汽车大数据共享的纽带和桥梁，致力于统筹整合、开发利用新能源汽车数据资源，建立大数据研发基金，切实推动新能源汽车大数据挖掘分析工作，为政府、企业、公众提供高品质数据服务。

北京亿维新能源汽车大数据应用技术研究中心

北京亿维新能源汽车大数据应用技术研究中心是新能源汽车国家大数据联盟在北京市注册的民办非企业，主要业务包括开展与新能源汽车大数据应用技术相关的学术研究、学术交流、专业培训、成果转化、技术宣传与推广、成果展览展示。北京亿维新能源汽车大数据应用技术研究中心将全面开展大数据挖掘分析、大数据应用模式、大数据标准化研究，统筹整合、开发利用新能源汽车数据资源。

睿研国际信息咨询（北京）有限公司

睿研国际信息咨询（北京）有限公司成立于 2007 年，注册资金 2000 万元，是一家将市场研究技术、大数据挖掘技术及 BI 平台展示技术三方位有机结合的研究机构。2018 年与北京理工新源信息科技有限公司开展战略合作，双方凭借各自的资源及技术优势共同开展新能源汽车大数据领域的研究与探索工作，相关研究成果得到了各界人士的认可。

序一

PREFACE

汽车作为国民经济的重要支柱产业，对宏观经济稳中向好的发展起到重要支撑作用，是我国"六稳""六保"的重要基石。近年来，面对国外地缘政治冲突、新冠肺炎疫情冲击等多项不利因素影响，中国政府坚持战略引领，发挥体制优势，畅通国内大循环，推动形成国内国外双循环，加快建设高效规范、公平竞争、充分开放的全国统一大市场，全面推动我国汽车产业向做大做强转变。如今，我国新能源汽车产业更是引领全球汽车产业转型升级，加速迈入全球汽车产业的舞台中央，主要体现在以下几方面：

一是汽车电动化势不可挡，新能源汽车加速渗透。2021 年，我国新能源汽车销量 352.1 万辆，占全球市场 52.2%，已连续七年位居全球第一，成为全球汽车产业电动化转型的重要力量。

二是新能源阵营扩军，自主品牌向上突破。比亚迪汽车年销量突破百万辆，2022 年进入万亿市值新阶段，中国诞生世界级整车企业；以蔚来、小鹏、理想等为代表的造车新势力初步站稳脚跟并保持高速增长态势。

三是产业链上下游全面贯通，基本实现自主可控。从关键材料到整车制造、关键装备、回收利用，新能源汽车产业链上下贯通，形成安全可控、协同高效的新能源汽车产业体系；三电核心技术基本实现自主可控。

新能源汽车产业发展取得显著成绩的同时，我们也看到由于新冠肺炎疫情此起彼伏阻碍零部件流通、地方保护和区域化分割影响企业做大做强等问题明显成为阻碍新能源汽车产业快速成长的绊脚石。因此，加快建立全国统一的市场制度规则，打破地方保护和市场分割，打通制约经济循环的关键堵点，促进商品要素资源在更大范围内畅通流动，加快建设高效规范、公平竞争、充分开放的全国统一大市场，对中国汽车业加快迈向汽车强国至关重要。加快推动建立全国统一大市场布局，主要从以下几方面着手：

一是补齐短板、强化供应链体系建设。 在内循环背景下，中国汽车品牌需要加快关键零部件和技术的自主研发，补齐短板；完善和畅通产业链，加速产业链上下游之间协同效应，推动中国汽车产业实现跨越式发展。

二是制定一致性规则，严格落实"全国一张清单"管理模式。 通过维护试产准入负面清单制度的统一性、严肃性、权威性，逐渐建立全国统一的新能源汽车消费市场，做强做优汽车品牌。

三是有效利用全球要素和市场资源，使国内市场与国际市场更好联通。 推动制度型开放，增强在全球产业链、供应链、创新链中的影响力，参与国际竞争合作新优势，助力汽车、汽车零部件产品出海，提升在国际经济治理中的话语权。

全国统一大市场的运行对我国新能源汽车产业高质量发展而言，既提出了更高的要求，也提供了巨大的契机。伴随着全国统一汽车市场国家标准的相继出台，汽车产业将加快市场在资源配置中的决定性作用，汽车新业态、新模式、新生态加速演进，"高、精、尖"技术创新型企业将加速崛起，也将有助于新能源汽车及关键零部件产品出口，参与并形成国际竞争新优势。

2022 年 6 月于北京

序二

当前，坚持绿色低碳发展成为国际经济社会发展的重要方向，全球已有超过 120 个国家和地区就碳中和达成共识。中国作为负责任的大国，一直致力于加快能源结构转型，推动绿色低碳发展，积极为全球气候治理做出贡献。

但是我们也看到，中国仍处于工业化发展进程中，交通运输用能及碳排放仍有较大的刚性增长空间，汽车产业碳排放的根源性、结构性及趋势性压力总体尚未缓解，中国脱碳转型的压力与难度，远远超过发达国家。因此，加快交通领域绿色低碳发展，建立交通运输领域的碳管理机制，形成碳交易体系的政策扶持体系，兼顾脱碳转型和产业升级，成为落实国家"双碳"目标、保障能源安全、促进产业高质量发展的重要抓手。

一是加快交通能源系统低碳化，提升交通运输减排效率。 有序推进新能源汽车推广应用，加快重型货车等高能耗车型电动化替代。充分发挥换电重型货车车电分离降低购置成本、灵活换装无里程焦虑、集中充电安全可控等优势，探索促进电动重型货车商业化推广应用路径；探索不同充电应用场景，积极推广智能有序慢充为主、应急快充为辅的居民区充电服务模式，形成适度超前、快充为主、慢充为辅的高速公路和城乡公共充电网络，鼓励换电模式在公交、出租、重型货车等公共领域推广应用。

二是构建智慧交通体系，助力高效运输模式变革。 构建基于云控智能驾驶的智慧交通体系。实现"人－车－路－云"系统协同控制，不仅为单车决策提供有效信息，还可以在现有车路协同基础上通过全域控制实现对所有交通参与者的全路段、全天候、全场景的自主控制，探索城市智慧化管理和运行，助力交通运行效率提升的同时有效降低碳排放。加快智能网联汽车基础设施建设，加快云控基础平台、基础地图与高精度定位等技术规模化商用进程，为智慧交通体系构建打下坚实基础。

三是推动交通与能源系统构成碳链融合发展，协同促进低碳发展。搭建与新能源交通运输需求相匹配的绿色电力供应系统，调整电力结构、提高绿电比例；充分发挥新能源汽车等分布式储能的电网互动需求，加快开展车网互动（V2G）示范工程，有效调节消纳风电等间歇性波动能源，实现智慧调度技术、大数据及人工智能技术规模化应用及安全监管，有效推动电力削峰填谷，促进可再生能源消纳，促进能源网、电力网和交通网的融合和安全发展。

四是建立交通领域碳资产管理机制，促进新能源汽车产业纳入全国碳排放权交易市场。针对新能源汽车产业，建立包括零部件生产、装备制造、运输使用、基础设施建设运营、报废回收等环节的全生命周期碳排放标准体系，形成科学、规范的碳配额及碳核算方法，探索将新能源汽车产业纳入全国碳排放交易市场，以碳交易的形式有效促进节能低碳技术推广应用、充换电等基础设施建设，推动交通领域低碳、可持续发展。

在工业和信息化部的指导下，新能源汽车国家监测与管理平台于2017年建立，目前平台具备亿辆级新能源汽车接入与服务能力，能够支持3000万辆新能源汽车并发接入。由新能源汽车国家大数据联盟撰写的《中国新能源汽车大数据研究报告（2022）》，基于国家监管平台新能源汽车实时运行大数据，为新能源汽车产业应用侧碳核算提供全量的大数据精准核算支撑，是探索新能源汽车全生命周期碳核算的有效解决路径和实践。此外，本报告以丰富的图表、翔实的数据及调查结果，既让广大读者全方位了解我国新能源汽车年度运行特征和用户使用习惯，又提出了促进新能源汽车产业健康可持续发展的相关建议，为政府部门制定政策、汽车企业战略决策提供重要的参考依据。希望这一汇聚了专家学者心血和智慧的研究成果能够为推动我国新能源汽车产业健康可持续发展有所贡献。

孙逢春

2022 年 6 月于北京

　　2021 年是"十四五"开局之年，也是我国开启向第二个百年奋斗目标进军新征程的重要一年。在我国从汽车大国向强国迈进的重要节点上，汽车产业转型取得实质性突破，新能源汽车作为引领汽车市场增长的重要牵引力，呈现市场规模、发展质量双提升的良好局面。新能源汽车市场需求呈现爆发式增长趋势，全年产销量均突破 350 万辆，同比增长超 1.5 倍，年度市场渗透率突破 13.4%；自主品牌蓬勃向上突围，多元化产品、全销售渠道持续完善，产品质量不断提升，自主品牌成功实现从性价比向品价比的跨越，对全球汽车电动化转型的引领作用进一步增强。

　　在新能源汽车产业取得显著成绩的同时，我们也面临芯片短缺、电池原材料涨价、新能源汽车产能利用率有待提高等挑战，同时国内新冠肺炎疫情散点多发、国外地缘政治和地区冲突等严峻挑战短期内将持续存在。面对如此多的影响因素，依托当下快速发展的多源大数据资源及网联大数据技术，赋能产业发展及构建数字生态体系，成为引领新能源汽车产业链及跨产业融合健康发展的重要举措。

　　《中国新能源汽车大数据研究报告（2022）》秉持立足全局、突出热点的编制原则，基于新能源汽车国家监测与管理平台超过 650 万辆新能源汽车实时运行大数据，在涵盖车辆推广应用、车辆技术进步、车辆运行、车辆充电、插电式混合动力汽车、氢燃料电池电动汽车、评价指数、故障与安全、典型城市推广等年度常规研究内容的基础上，进一步聚焦 2021 年新能源汽车产业发展热点，旨在以大数据研究视角总结产业热点现状及发展趋势。具体如下：

　　一是新增换电生态研究，总结换电试点推广成果。经过多年沉淀，换电领域政策、资本、技术齐发力，取得了一定的推广经验。本年度研究报告重点梳理和剖析换电产业政策、车辆推广及运行特征、换电试点城市推广特征及技术经济性分析，为产业链相关主体布局换电领域提供翔实的数据支撑和推广经验参考。

二是对比氢燃料电池电动汽车示范特征，总结冬奥赛区示范成果。通过对氢燃料电池电动汽车推广、车辆运行以及加氢等数据获取、分析和研判，并与纯电动汽车运行特征对比，以及示范城市群之间横向对比，开展冬奥赛区示范效果评估，为氢燃料电池电动汽车大规模示范推广提供科学决策支持。

三是聚焦插电式混合动力汽车，评估纯电模式下车辆运行特征。汽车产业转型发展的中短期内，插电式混合动力汽车肩负着汽车产业快速节能降碳的使命，本报告全方位深入剖析插电式混合动力汽车推广现状、典型城市车辆运行及充电特征，旨在为插电式混合动力汽车产业健康发展提供参考。

四是厘清边界，为"双碳"战略下道路交通领域低碳发展行动建言献策。通过厘清新能源汽车碳减排边界，构建生命周期视角下新能源汽车碳减排核算模型，探讨汽车低碳转型发展与市场需求增长"齐头并进"的新格局。

五是新增乡镇、高速公路节假日充电应用场景分析，以大数据赋能改善充电体验。本报告在已有充电应用场景的基础上，新增乡镇充电场站、高速公路充电场站节假日前后充电行为分析，旨在引导用户合理选择充电时段，平衡充电设施利用效率，提升充电服务体验。

新能源汽车大数据研究报告已连续出版第五个年头，我们希望本报告不仅是新能源汽车产业历史发展的记录者和思考者，更是产业未来健康可持续发展的推动者和引领者。希望本报告能够继续为政府部门、新能源汽车产业链上下游企业、行业研究机构、科研院所和普通读者提供丰富的基础信息和重要的参考价值，让大数据赋能行业发展。

本报告的顺利出版离不开行业专家、合作伙伴的支持。在本报告编撰过程中，新能源汽车国家大数据联盟、新能源汽车国家监测与管理平台、北京理工大学电动车辆国家工程研究中心、工业和信息化部装备工业发展中心、北汽福田汽车股份有限公司北京欧辉客车分公司、国家新能源汽车技术创新中心、中国北方车辆研究所动力电池实验室、懂车帝、北汽新能源、睿研国际信息咨询（北京）有限公司的管理者、专家和相关学者给予了很大支持和帮助，在此表示诚挚的谢意！同时，在中国工程院"中国节能与新能源汽车可持续发展与碳交易战略研究"的项目支持下，碳交易部分研究成果已落实到本报告当中。

由于作者水平有限，报告内容的研究深度和广度尚存在欠缺，敬请各位专家、读者予以批评指正！

北京亿维新能源汽车大数据应用技术研究中心

目录

CONTENTS

序一
序二
前言

第1章

总报告

第2章

车辆推广应用

第3章

车辆运行

第4章
车辆充电

第5章
车辆换电

第6章

氢燃料电池电动汽车

第7章

插电式混合动力汽车

第8章

碳资产管理

第9章

评价指数

第10章

故障与安全

第11章

典型城市应用

第12章

典型案例

附录

新能源汽车网联大数据平台及应用服务生态

第1章

总报告

本章基于新能源汽车国家监测与管理平台（以下简称"国家监管平台"）截至 2021 年 12 月底 665.5 万辆新能源汽车实时运行大数据，通过客观、深刻分析新能源汽车市场特征、车辆运行特征、车辆充电特征等行业关注热点，总结特征并提出相关发展建议，对相关政府部门、科研院所、高等院校及企业具有一定参考价值和借鉴意义。

1.1 新能源汽车市场发展综述

1.1.1 全球新能源汽车市场发展概况

2021 年全球新能源汽车市场销量保持高速增长态势，中国市场表现突出。伴随着各国环保法规政策的引导，全球主要国家新能源汽车产业竞争加剧，汽车电动化普及率快速提升（图 1-1）。2021 年全球新能源汽车销量达 675 万辆，相较于 2020 年翻倍增长。典型国家如中国、德国、美国、英国、法国等，新能源汽车市场销量均在 30 万辆以上（图 1-2）；中国新能源汽车市场规模实现新突破，2021 年新能源汽车市场销量 352.1 万辆，全球市场占比 52.1%，已连续七年位居全球第一，成为全球汽车产业电动化转型的重要力量。

图 1-1　全球新能源汽车历年销量情况

数据来源：中国销量数据来源于中国汽车工业协会；其他国家销量数据来源于 EV-volumes。

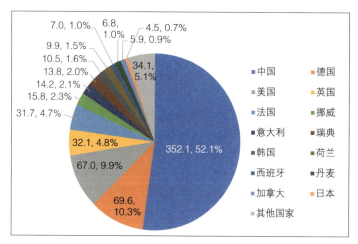

图 1-2　2021 年全球新能源汽车销量前十五国家销量（万辆）及占比

数据来源：中国销量数据来源于中国汽车工业协会；其他国家销量数据来源于 EV-volumes。

1.1.2　我国新能源汽车市场发展概况

（1）我国汽车电动化转型成效显著，新能源汽车市场销量和接入量快速增长

我国新能源汽车产业进入规模化快速发展阶段，市场渗透率曲线加速上扬（图 1-3）。在产品多样化供给、消费者认知度提高等多因素驱动下，2021 年我国新能源汽车市场再创历史新高，全年市场销量 352.1 万辆，同比增长 157.6%，市场需求呈现爆发式增长趋势，迎来全面市场化拐点；新

能源汽车市场渗透率持续提升，2021 年市场渗透率达到 13.4%，相较于 2020 年提升 8 个百分点。

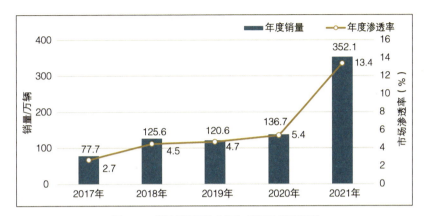

图 1-3 我国新能源汽车历年销量及增速情况

数据来源：中国汽车工业协会。

从国家监管平台新能源汽车历年接入量情况来看（图 1-4），新能源汽车接入量总体呈现规模化快速增长趋势，2018 年和 2019 年存在新能源汽车集中接入情况，年度接入率超过 100%，新能源汽车市场化全面提速。

图 1-4 国家监管平台新能源汽车历年接入量情况

从新能源汽车历年保有量变化情况来看（图 1-5），截至 2021 年底，新能源汽车保有量达到 784 万辆，呈现快速增长趋势；新能源汽车保有量的快速增长带动国家监管平台新能源汽车累计接入量稳步增长（图 1-6）。截至 2021 年，新能源汽车累计接入量达到 665.5 万辆，累计接入率达到 84.9%，说明全国有 84.9% 的新能源汽车的安全状态得到实时监测。

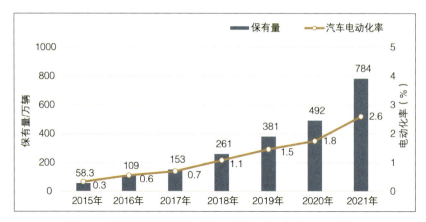

图 1-5　我国新能源汽车历年保有量及汽车电动化率历年变化情况

注：汽车电动化率＝新能源汽车保有量 / 当期汽车保有量。

数据来源：公安部。

图 1-6　国家监管平台新能源汽车历年累计接入量情况

注：汽车累计接入率＝新能源汽车累计接入量 / 当期新能源汽车保有量。

　　新能源汽车产业规模的快速增长带动汽车电动化率快速提升，根据公安部数据显示，2021 年全国汽车保有量 3.02 亿辆，新能源汽车保有量占汽车保有量的比例呈现逐年快速增长趋势，从 2015 年的 0.3% 提升至 2021年的 2.6%，提升 2.3 个百分点。

　　（2）自主品牌全系发力，国产小型纯电动宏光 MINIEV 成爆款车型，高端车领域比亚迪与特斯拉分庭抗争

　　从 2021 年新能源乘用车畅销车型来看（表 1-1），除了特斯拉 Model Y、Model 3 两款车型，前十五畅销车型均为自主品牌，从 A00 到 C 级

各级别全系发力。国产小型纯电动车型五菱宏光 MINIEV 成为爆款车型，2021 年全年销量 39.55 万辆，同比增速 25.70%；比亚迪秦、汉、宋、唐等多款车型上榜，市场销量表现强劲。其中，比亚迪汉作为高端品牌销量排行第一的车型，成为与特斯拉抗衡的明星车型，年销量突破 10 万辆。从新能源汽车年度接入率看，五菱宏光 MINIEV、特斯拉 Model Y、特斯拉 Model 3、奇瑞小蚂蚁、广汽 AION S、欧拉黑猫、比亚迪唐等车型的年度接入率均高于全国新能源汽车接入率水平。

表 1-1　2021 年新能源乘用车前十五位畅销车型

序号	车型名称	2021 年销量 / 万辆	同比增速	2021 年接入量 / 万辆	年度接入率	动力类型	车型类别
1	五菱宏光 MINIEV	39.55	25.70%	35.41	89.5%	BEV	A00 级轿车
2	比亚迪秦	18.72	256.30%	15.03	80.29%	BEV/PHEV	A 级轿车
3	特斯拉 Model Y	16.99	—	16.86	99.2%	BEV	B 级 SUV
4	特斯拉 Model 3	15.09	9.80%	13.35	88.4%	BEV	B 级轿车
5	比亚迪汉	11.73	189.30%	8.13	69.3%	BEV	C 级轿车
6	比亚迪宋	10.42	444.70%	5.19	49.8%	PHEV	A 级 SUV
7	理想 ONE	9.05	177.40%	3.90	43.1%	PHEV	C 级 SUV
8	奇瑞小蚂蚁	7.70	101.30%	7.71	100.1%	BEV	A00 级轿车
9	长安奔奔 EV	7.64	582.70%	3.00	39.3%	BEV	A00 级轿车
10	广汽 AION S	7.39	61.90%	9.32	126.1%	BEV	A 级轿车
11	欧拉黑猫	6.35	35.70%	7.16	112.8%	BEV	A00 级轿车
12	小鹏 P7	6.06	300.50%	4.66	76.9%	BEV	B 级轿车
13	比亚迪唐	5.01	121.20%	4.33	86.5%	PHEV	B 级 SUV
14	欧拉好猫	4.99	2375.20%	4.17	83.6%	BEV	A 级轿车
15	哪吒 V	4.96	1536.90%	2.29	46.1%	BEV	A0 级 SUV

数据来源：销量数据来源于全国乘用车市场信息联席会；接入量数据来源于国家监管平台。

（3）不同省份新能源汽车推广各具特色，广东省新能源汽车推广规模最大，上海市电动化率最高

截至 2021 年底，全国新能源汽车累计接入量前十省份共接入 464.5 万辆，全国占比达到 69.8%（图 1-7）。广东省新能源汽车推广规模超过百万量，已累计接入 105.0 万辆新能源汽车，全国占比 15.8%；其次是浙江省和上海市，分别累计接入 60.5 万辆和 53.2 万辆，全国占比 9.1% 和 8.0%；从各省（市、自治区）电动化率情况来看，上海市新能源汽车累计接入量占当地汽车保有量的比例 12.1%，排在全国首位。

（4）一线城市新能源汽车推广成效显著，二线城市汽车电动化潜力巨大

截至 2021 年底，新能源汽车累计接入量前十五城市中（图 1-8），上

海市、深圳市、北京市、广州市新能源汽车累计接入量排在前四位，累计接入量均在35万辆以上，全国占比均超过5%。其中，上海市新能源汽车累计接入量53.2万辆，全国占比8.0%。从各城市电动化率来看，柳州市电动化率遥遥领先于一线城市，新能源汽车占柳州市汽车保有量的占比达到20.3%，其他城市如重庆市、武汉市、西安市、成都市等城市的汽车电动化率相对较低，新能源汽车替代传统燃油车的需求潜力较大。

图1-7 新能源汽车累计接入量前十省份情况

注：汽车保有量数据来源于《中国统计年鉴（2021）》，采用2020年各省（市、自治区）汽车保有量数据。

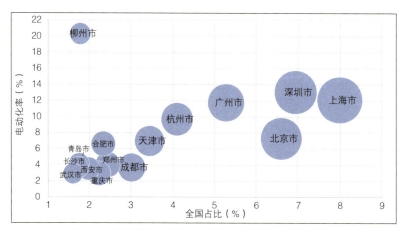

图1-8 新能源汽车累计接入量前十五城市及电动化率情况

注：1.气泡大小表示截至2021年底各城市新能源汽车累计接入量多少。

2.汽车保有量数据来源于公安部2020年汽车保有量数据。

（5）新能源乘用车市场化趋势明显，私人购买成为重要驱动力

新能源乘用车占新能源汽车市场主导地位，市场份额呈逐年扩大趋

势。从国家监管平台各类型车辆历年接入结构变化情况来看，新能源乘用车占市场主导，并且市场占比呈现快速扩大趋势。2021 年，纯电动乘用车和插电式混合动力乘用车接入量分别占全国新能源汽车的 75.9% 和 17.4%，相较于 2020 年分别增长 4.3 个百分点和 2.6 个百分点（图 1-9）。纯电动商用车由于年度接入量较少，市场占比快速缩小。

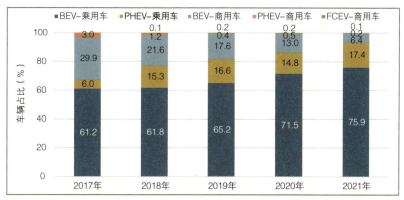

图 1-9　新能源汽车分类别车型历年车辆接入量占比情况

非限购城市新能源乘用车市场份额逐年提升，消费需求旺盛。伴随着汽车促消费政策刺激及新能源汽车下乡活动，非限购城市用户对新能源汽车产品的认知度和认可度逐渐提升，消费需求相对旺盛。根据国家监管平台统计的限购城市与非限购城市的历年接入量占比情况，2021 年非限购新能源乘用车市场份额为 66.4%，相较于 2020 年扩大 4.7 个百分点，市场占比呈现增长趋势（图 1-10）。

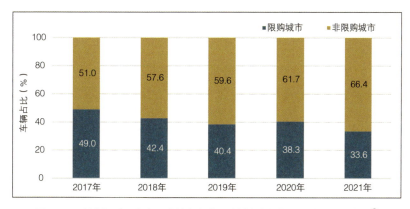

图 1-10　新能源乘用车在限购城市和非限购城市车辆接入量占比变化情况㊀

㊀　本书中所统计的汽车限购城市（区域）包括北京市、上海市、广州市、天津市、杭州市、深圳市、石家庄市和海南省。

从 2021 年新能源汽车接入量前十五城市来看（图 1-11），上海市、深圳市、广州市、杭州市、北京市等限购城市接入量排在前列，消费需求旺盛。其中，上海市年度接入量达到 26.5 万辆，排在首位，全国占比9.7%。前十五城市新能源私家车接入量占当地新能源汽车的比例均在 50%以上，其中柳州市、温州市新能源私家车占比明显高于一线城市，分别为90.3% 和 85.2%。

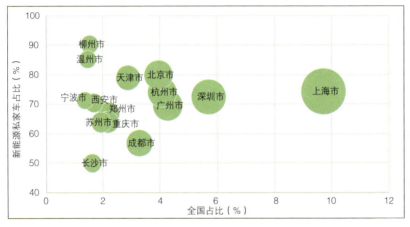

图 1-11 2021 年前十五城市新能源汽车接入量及私家车占比情况

注：1. 气泡大小表示 2021 年国家监管平台各城市新能源汽车的接入量多少。

2. 新能源私家车占比＝城市的新能源私家车年度接入量/该城市的新能源汽车年度接入量。

（6）氢燃料电池电动汽车以示范城市群开展规模化示范推广，产业发展迎来快速增长

伴随着"双碳"战略及燃料电池电动汽车示范应用政策的落地，氢燃料电池汽车产业技术不断进步，全国各地氢能及燃料电池汽车产业发展迅速升温。2021 年地方政府发展氢能的积极性持续高涨，各省份围绕拓展氢能源供给渠道、建设加氢基础设施、重点发展核心零部件、加强车辆示范推广应用等领域相继提出发展目标和行动计划，各地氢燃料电池电动汽车市场规模快速增长。根据国家监管平台数据，截至 2021 年底，全国已累计接入氢燃料电池电动汽车 7737 辆，车辆应用场景从单一的公交客车应用场景，逐渐向公路客车、通勤客车、物流车、工程车等多个应用场景拓展，场景多元化趋势显著。

2021 年，以京津冀城市群、上海城市群、广东城市群、河北城市群、河南城市群为代表的第一批、第二批示范城市群相继落地，五大示范城市群在车辆推广应用环节各具特色。截至 2021 年 12 月 31 日，五大示范城市群累计接入氢燃料电池电动汽车 5629 辆车，占全国氢燃料电池电动汽车累计接入量的 72.8%。在车辆推广结构方面，京津冀城市群、河北城市群、河南城市群氢燃料电池电动客车推广数量占比明显高于专用车；上海城市群、广东城市群氢燃料电池电动专用车的推广规模明显高于氢燃料电池电动客车；车辆累计行驶里程方面，截至 2021 年 12 月 31 日，各示范城市群氢燃料电池电动汽车累计行驶里程共计 14260.2 万 km，累计行驶时长共计 533.3 万 h。其中，广东城市群氢燃料电池电动汽车累计行驶里程 7606.9 万 km，累计行驶时长 258.4 万 h；京津冀城市群和上海城市群，累计行驶里程分别为 1091.2 万 km 和 2178.5 万 km，累计行驶时长分别为 35.6 万 h 和 74.4 万 h，如图 1-12 所示。

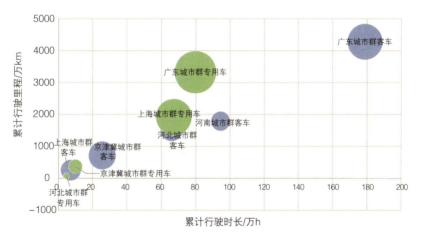

图 1-12　氢燃料电池电动汽车示范城市群车辆的累计行驶里程和行驶时长情况

注：1. 气泡大小表示截至 2021 年各城市分类型氢燃料电池电动汽车的累计接入量多少。

　　2. 上图中蓝色表示氢燃料电池电动客车，绿色表示氢燃料电池电动专用车。

北京冬奥会作为中国向世界展示中国氢燃料电池电动汽车推广成果的一张名片，在车辆推广和运行方面成效突出。截至 2022 年 2 月底，北京冬奥会累计投入使用超过 1300 辆氢燃料电池电动汽车作为主运力开展多场景示范运营服务；2022 年 2 月，冬奥会赛区氢燃料电池电动汽车运行车次达到 13.74 万次，环比增长 66.67%，全力保障奥运会赛区车辆示范运行，彰显中国在低碳交通领域做出的贡献。

1.2   2021 年我国新能源汽车技术演进特征

1.2.1   新能源乘用车技术进步显著

新能源乘用车领域，整车续驶里程总体呈现逐年递增趋势，分车型续驶里程两极分化趋势明显。 新能源乘用车续驶里程均值从 2019 年的 270.5km 增长到 2021 年的 320.9km。纯电动乘用车领域，续驶里程呈现两极分化趋势，400km 以上高续驶里程段的车辆占比快速扩大，2021 年市场占比为 55.4%。小型纯电动乘用车市场需求快速释放，2021 年续驶里程 200km 以下的车辆占比 20.4%，相较于 2020 年提升 13.7 个百分点。

车辆动力蓄电池装配领域，磷酸铁锂电池强势回归。 由于磷酸铁锂 CTP 技术及电池包内部结构创新等新技术，有效对冲原材料成本上涨压力，进一步助推磷酸铁锂电池在更大范围内推广。2021 年磷酸铁锂电池装机量占比达到 51.7%，相较于 2020 年扩大了 13.4 个百分点。分类型来看，纯电动乘用车三元电池装机量仍占据市场主导，但磷酸铁锂电池装机量占比呈现快速增长趋势；商用车领域，磷酸铁锂电池占市场主导。

新能源乘用车整备质量总体呈现逐年下降趋势。小型纯电动乘用车表现突出。 2021 年新能源乘用车整备质量均值为 1471.1kg，相较于 2020 年略有下降（图 1-13）。纯电动乘用车整备质量均值为 1378.1kg，较 2020 年下降 4.4%。其中，A00+A0 级轿车整备质量均值为 914.7kg，同比下降 4.4%。

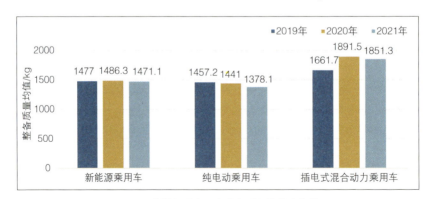

图 1-13   新能源汽车历年整备质量均值变化情况

1.2.2   新能源汽车节能减排成效

截至 2021 年 12 月 31 日，国家监管平台已累计接入新能源汽车 665.5

万辆，车辆行驶里程 2188.5 亿 km，累计实现碳减排 8558 万 t。分年度来看，2019 年以来，新能源汽车年度碳减排贡献明显提升。2020 年和 2021年新能源汽车碳减排量分别为 2481.1 万 t 和 3711.9 万 t。

不同类型纯电动汽车能耗水平均呈现下降趋势。根据国家监管平台不同类型车辆实际运行情况来看（图 1-14），2021 年乘用车能耗均值为 14.6kW·h/100km，比 2020 年下降 7.6%；纯电动公交客车能耗均值为 67.7kW·h/100km，相较于 2020 年下降 8%。纯电动物流车能耗均值为 30.1kW·h/100km，相较于 2020 年下降 10.9%。

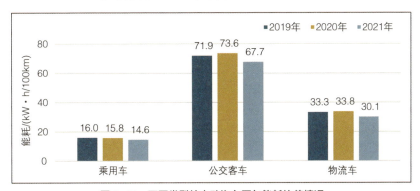

图 1-14　不同类型纯电动汽车历年能耗均值情况

从不同级别纯电动乘用车来看，A00+A0 级别轿车和 B 级及以上级别轿车能耗水平近三年呈现逐渐下降趋势。分级别车型来看（图 1-15），2021 年 A00+A0 级别轿车能耗均值为 10.4kW·h/100km，比 2020 年下降16.1%；B 级及以上纯电动轿车能耗均值为 15.6kW·h/100km，相比 2020年下降 7.7%。2021 年 A 级轿车和 SUV 能耗水平相较于 2020 年有所上升。其中，A 级轿车能耗均值 16.1kW·h/100km，比 2020 年上升 14.2%；2021年纯电动 SUV 能耗均值 18.7kW·h/100km，比 2020 年上升 3.3%。

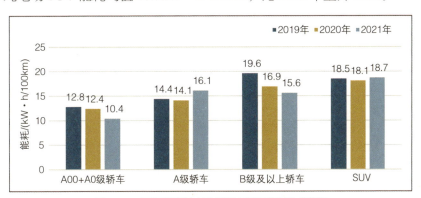

图 1-15　不同级别纯电动乘用车历年能耗均值情况

1.2.3 新能源汽车故障安全评价

伴随着新能源汽车市场需求呈现爆发式增长，我国新能源汽车产业正迈向市场化驱动的新发展阶段，新产业发展阶段更需要在车辆产品质量安全水平上下功夫，加强车辆功能安全。国家监管平台故障报警数据显示，从接入平台 6 个月以下的车辆来看，2021 年新能源私家车的百车故障数占各类型新能源汽车的百车故障数占比接近 70%，明显高于其他类型车辆。其中，A00+A0 级轿车的百车故障数占比为 59.2%，高于其他级别乘用车。从接入平台超过 6 个月的车辆应用周期故障分布来看，新能源物流车和新能源公交客车的每万公里故障数占新能源汽车每万公里故障数的比例分别为 39.82% 和 19.77%，高于其他类型车辆，主要是因为车辆使用频率较高。

从接入 6 个月以下的车辆故障分布情况和接入 6 个月以上的车辆应用周期故障类型分布情况来看，动力蓄电池故障是主要故障类别，占比均在 50% 以上。接入平台 6 个月以下的新能源乘用车和新能源商用车的动力蓄电池故障占比分别为 81.57% 和 63.16%；接入平台超过 6 个月的乘用车和商用车应用周期内，动力蓄电池故障占比分别为 57.08% 和 77.23%。从产业安全角度来看，加强动力蓄电池失控报警和安全防护水平，成为提升新能源汽车产业安全水平的重要命题。

近年来，新能源汽车整体质量趋于稳定，产品逐渐成熟，大型企业技术能力强，产品质量更高。2021 年生产的车辆的着火事故率为 0.0084‰，明显低于往年生产的车辆的着火事故率。

安全是事关新能源汽车产业持续健康发展的第一要务。伴随着新能源汽车保有量的快速增长，老旧车辆不断增多，新能源汽车产品质量安全风险依然存在，部分企业质量保障体系仍然有待健全完善。党中央、国务院高度重视新能源汽车产业安全健康发展，2022 年以来，工业和信息化部办公厅、公安部办公厅、交通运输部办公厅、应急部办公厅、市场监管总局办公厅联合发布《关于进一步加强新能源汽车企业安全体系建设的指导意见》（工信厅联通装〔2022〕10 号），国家层面将从安全管理机制、产品质量、运行监测、售后服务、事故响应处置、网络安全等方面全面增强新能源汽车产业安全保障能力，加快构建系统、科学、规范的安全体系。

1.2.4 新能源汽车评价指数

新能源汽车靠谱指数评价体系旨在针对新能源汽车全产业链的企业及消费者关注焦点，建立公正、公平和公开的指数评价体系。通过对大数据指标的指数计算和车型评价结果，推动新能源汽车技术的进一步提高和消费者实际用车体验的提升。下面基于国家监管平台新能源汽车运行大数据，从车辆里程可信度、能耗稳定性等方面综合评价新能源汽车技术水平。

里程可信度方面，相较于公交客车和物流车，纯电动乘用车总体里程可信度平均值较高。里程可信度是车辆公告续驶里程与实际续驶里程的一致性程度。里程可信度越接近 1，表示车辆实际可行驶总里程的可信度越高。相较于纯电动商用车，纯电动乘用车在各地区的里程可信度平均值均明显高于纯电动商用车的里程可信度。纯电动乘用车领域，华南地区里程可信度为 0.85，明显高于其他地区；纯电动公交客车和纯电动物流车领域，在华南地区的里程可信度表现同样突出，其次是西南地区（图 1-16）。

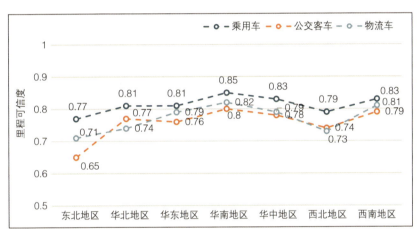

图 1-16　2021 年不同地区分类型纯电动汽车的里程可信度平均值对比

纯电动乘用车领域，对比 2021 年全国各地区里程可信度平均值来看，A00+A0 级轿车在各地区的里程可信度平均值较高，除东北地区外，其他地区均超过 0.8（图 1-17）。

能耗稳定性方面，纯电动乘用车的总体能耗稳定性优于纯电动客车和纯电动物流车。能耗稳定性指数主要用来衡量不同类型的车辆在不同环境下，能耗能否保持稳定，通常采用能耗标准差判定，能耗标准差越小，车辆能耗适应性越强，能耗稳定性越好。纯电动乘用车能耗稳定性排行前十名企业的能耗稳定性在 0.45 ~ 0.66 之间；纯电动客车能耗稳定性排行前十名企业的能耗稳定性在 5.89 ~ 8.70 之间；纯电动物流车能耗稳定性排行前五名企业的能耗稳定性在 1.96 ~ 2.07 之间。纯电动乘用车分不同级别车型来看，B级及以上轿车能耗稳定性较好；分地区来看，华南地区能耗稳定性明显高于其他地区。

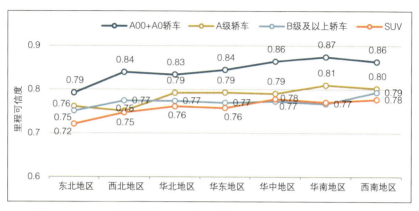

图1-17　2021年全国各地区不同级别纯电动乘用车里程可信度平均值对比

1.3　2021年我国新能源汽车运行特征综述

下面主要从车辆运行特征、车辆充换电特征等内容进行总体评价。

1.3.1　新能源汽车运行特征

（1）截至2021年12月31日，新能源汽车累计行驶里程达到2188.5亿km

根据国家监管平台数据显示，截至2021年12月31日，新能源汽车累计行驶里程达到2188.5亿km。分不同类型车辆来看，纯电动汽车累计行驶里程1843.28亿km，占比为84.22%。其中，纯电动乘用车累计行驶里程1258.3亿km，占比为57.5%；其次是插电式混合动力汽车，累计行驶里程343.06亿km，占比为15.68%；氢燃料电池电动汽车行驶里程2.23亿km，占比为0.1%，处于规模化示范推广阶段（图1-18）。

分应用场景来看，截至2021年底，私人乘用车累计接入量405.90万辆，占国家监管平台新能源汽车累计接入量的比例超过60%，私人乘用车规模化推广带来的车辆累计行驶里程显著领先于其他应用场景车辆。截至2021年12月31日，私人乘用车累计行驶里程621.60亿km，占比28.40%；商用车领域，公交客车和物流特种车累计行驶里程表现突出，分别为417.88亿km和173.80亿km，占比分别为19.09%和7.94%

（图 1-19）。

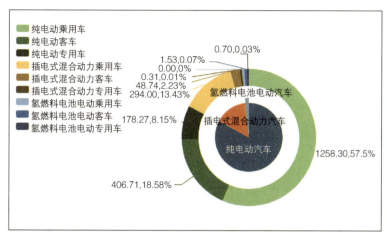

图 1-18　不同动力类型车辆累计行驶里程分布（亿 km）及占比

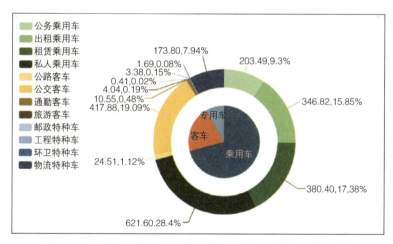

图 1-19　不同应用场景车辆累计行驶里程分布情况（亿 km）及占比

（2）日均行驶里程方面，2021 年各细分市场日均行驶里程均有所提高，乘用车营运车辆日均行驶里程增幅较大

近三年来，各细分市场受疫情影响，车辆日均行驶里程有一定波动。2020 年，网约车、出租车日均行驶里程相较于 2019 年有所下降。2021 年以来，各细分市场的日均行驶里程均实现不同程度增长。其中，乘用车营运领域，网约车、出租车、共享租赁车日均行驶里程同比增幅较大，2021 年车辆日均行驶里程分别为 168.6km、201.9km、124km，分别同比增长

6.8%、8.3%、24.5%（图1-20）。

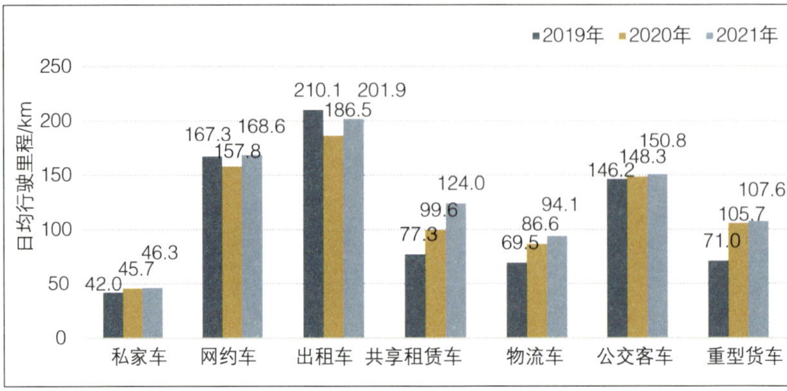

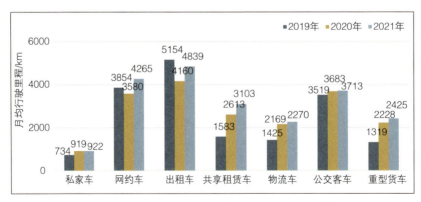

图1-20　新能源汽车重点细分市场历年日均行驶里程情况[一]

（3）月均行驶里程方面，2021年各细分市场车辆月均行驶里程均有所增长，公共领域车辆月均行驶里程增长较快，车辆运行端节能降碳效果更突出

2021年，各细分市场车辆月均行驶里程均有所增长（图1-21）。乘用车营运领域，网约车、出租车、共享租赁车月均行驶里程分别为4265km、4839km、3103km，相较于2020年增幅较大，分别为19.1%、16.3%、18.8%；商用车领域，物流车、重型货车月均行驶里程分别为2270km、2425km，相较于2020年增长4.7%、8.8%。公共领域车辆月均行驶里程基本稳定，车辆运行端节能降碳效果更突出。

图1-21　新能源汽车重点细分市场历年月均行驶里程情况

[一]　"重型货车"引用国家监管平台固有标签"专用车"，按照公安部标准 GA 801—2014，选取总质量 ≥ 12000kg 的专用车，作为重型货车细分市场研究对象。

1.3.2　新能源汽车充电特征

1. 车辆充电方式变化特征

除私家车外，其他细分市场车辆月均快充次数占比均呈现逐年增长的趋势

从历年月均快充次数占比变化情况来看（图 1-22），除私家车外，细分市场的车辆快充次数占比均呈现逐年增长的发展趋势。具体到各细分市场快充次数分布来看，2021 年，网约车、出租车、共享租赁车、物流车、公交客车、重型货车的快充次数占比均在 50% 以上。

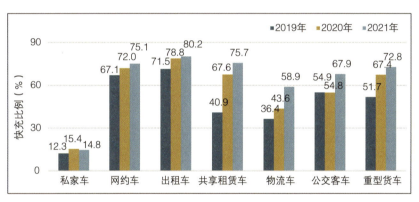

图 1-22　重点细分市场历年快充次数占比

2. 车辆充电时长特征

近两年来，重点细分市场车辆次均充电时长相较于 2019 年总体呈现下降趋势

从各细分市场来看，近两年来重点细分市场次均充电时长总体呈现下降趋势（图 1-23）。私家车次均充电时长 3.7h，相较于 2019 年和 2020 年呈现逐年下降趋势；网约车、出租车、共享租赁车、公交客车、重型货车等细分市场快充占比较高，车辆次均充电时长较短，介于 1 ~ 2h。重点细分市场次均充电时长与快充次数比例存在较强的相关关系，对比图 1-23 和图 1-24 发现，各年度分类型车辆的快充次数占比越高，次均充电时长越短。

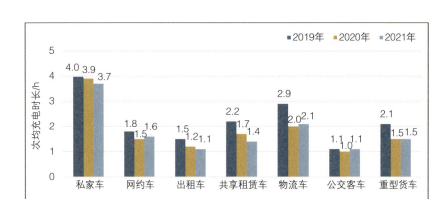

图 1-23　重点细分市场历年次均充电时长

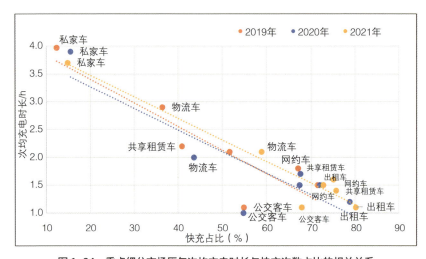

图 1-24　重点细分市场历年次均充电时长与快充次数占比的相关关系

3. 车辆充电次数特征

2021 年各细分市场车辆月均充电次数均有所增长，营运车辆月均充电次数增幅显著，新能源汽车在公共领域常态化运行中扮演越来越重要的角色

2021 年各细分市场的车辆月均充电次数均有所提高（图 1-25）。其中，出租车、共享租赁车、公交客车增幅较大，同比分别提高 43.4%、68.9%、38.4%；月均行驶里程与月均充电次数存在较强的相关关系（图 1-26），出租车、公交客车、网约车月均充电次数多，月均行驶里程也相对较长。新能源汽车在公共交通领域常态化运行方面，逐渐替代传统燃油车，扮演越来越重要的角色，进一步助力交通领域低碳化。

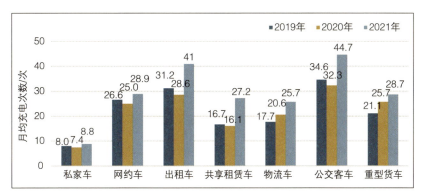

图 1-25　重点细分市场历年月均充电次数

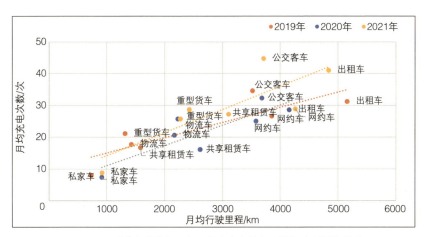

图 1-26　重点细分市场历年月均充电次数与月均行驶里程的关系

4. 充电起始 SOC 特征

各细分市场车辆充电起始 SOC 均值基本保持一致，商用车充电起始 SOC 均值较高

近三年来，各细分市场历年充电起始 SOC 均值基本保持一致（图 1-27）。商用车领域，物流车、公交客车、重型货车的充电起始 SOC 均值普遍略高于乘用车的充电起始 SOC 均值，这与商用车运行规律、多采用专用充电桩充电等因素密切相关。

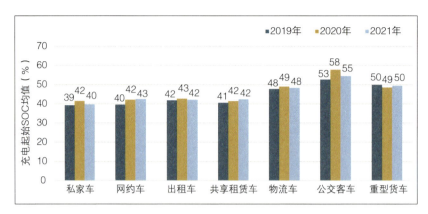

图 1-27　重点细分市场历年充电起始 SOC 均值

1.3.3　换电式纯电动汽车运行特征

伴随着全球能源变革深化推进，汽车"油改电"成为大势所趋，但新能源汽车充电设施布局不均衡、充电体验有待提升等问题仍然是制约新能源汽车高速发展的问题之一。本文基于部分高速充电场站的新能源汽车充电特征统计，2021 年国庆节期间，在高速公路沿线充电的车次明显高于非节假日时段。由于充电车辆数量骤增导致的充电桩数量短缺、车辆充电时间长等问题成为特定时段内影响充电服务体验的重要因素。

近年来，新能源换电模式在私家车、出租车、重型货车等领域取得良好的示范应用效果。 换电模式可以有效解决新能源汽车对电能补给效率的需求。伴随着换电应用场景的多元化应用，换电车辆得到一定推广。截至 2021 年底，我国已累计接入换电式纯电动汽车超过 10 万辆，其中换电式纯电动私家车和换电式纯电动出租车分别累计接入 8.8 万辆和 3.3 万辆，占换电车辆的主要比重；换电式重型货车仍然处于示范运营阶段，2021 年车辆接入量快速增长，累计接入量达到 941 辆。从换电车辆区域集中度分布来看，河北省唐山市换电式重型货车快速推广，已累计接入 378 辆。

换电模式降低了纯电动汽车首次购置成本，提高了车辆运营效率，"车电分离"模式有望成为公共领域电动化的有效路径。 根据国家监管平台换电车辆的换电特征，换电车辆在电能补给效率方面具有很大的优势，换电车辆的换电起始 SOC 普遍低于充电起始 SOC，3~5min 即可完成电池更换。从车辆应用周期总成本来看，电动重型货车首次购置成本较高，采用换电模式，通过购置整车（不含电池）+ 电池租赁的方式，适用于矿区倒短、港口牵引、厂内倒短和城市渣土运输等短距离运输场景，一方面解决了首次购置成本高的问题，另一方面使用经济性优于燃油重型货车，电价低廉进一步降低了运营成本，成为"双碳"战略下重型货车清洁化的有效解决途径。

1.3.4 插电式混合动力汽车运行特征

我国插电式混合动力汽车已逐步由供给侧驱动向供给和消费双侧驱动转变。国家监管平台数据显示，截至 2021 年 12 月 31 日，国家监管平台已累计接入插电式混合动力汽车 110.7 万辆。2021 年国内插电式混合动力汽车市场保持高速增长趋势，2021 年插电式混合动力汽车接入 48.08 万辆，创历年接入量新高；私人购买是插电式混合动力汽车市场的消费主力。2021 年插电式混合动力私家车占全国的占比为 93.2%，相较于 2019 年提升 8.1 个百分点；三线及以下级别城市的市场需求逐步释放，2021 年三线及以下级别城市的插电式混合动力私家车接入量占比 28.4%，相较于 2019 年提升 8.1 个百分点。

插电式混合动力汽车的使用率较高，车辆上线率保持在较高水平。2021 年插电式混合动力汽车上线率均值为 93.0%，明显高于纯电动汽车和燃料电池电动汽车。分车辆类型来看，私家车、网约车、出租车的上线率明显高于其他类型车辆。私家车和网约车在纯电模式下的日均行驶里程明显较高，纯电驱动模式利用率较高。插电式混合动力汽车充电时长基本稳定，车辆多采用慢充方式补充电量。插电式混合动力乘用车历年次均充电时长基本稳定在 3.0h 左右，以慢充方式为主，快充时长基本维持在 0.5h 左右。

1.4 小结

经过多年培育，我国新能源汽车技术水平不断提升，产品供给日趋丰富，产业链逐渐成熟稳定，新能源汽车产业化、市场化全面提速，已成为推动汽车产业高质量发展的新动能。同时，碳达峰、碳中和战略对我国新能源汽车产业提出新的要求，新能源汽车产业涉及产业链上下游环节众多。新的发展形势下，需要行业多方力量多措并举、统筹兼顾、系统推进，进一步推动新能源汽车产业高质量长期向好发展。本章基于国家监管平台超过 650 万辆新能源汽车实时运行大数据，通过深入剖析产业发展特征、技术进步成果、车辆运行及充电特征、产业发展热点，总结新能源汽车产业发展的相关建议，旨在为政策制定部门和相关企业提供决策支撑。

（1）持续完善新能源汽车产业支持政策，依托国家监管平台建设行业碳排放监测平台，建立起后补贴时代健全的汽车节能减排制度体系

当前，全球主要经济体国家均制定了碳达峰、碳中和目标，汽车产业电动化转型步伐明显加快。中国新能源汽车产业作为战略性新兴产业，已经实现从"跟跑"到"并跑"，再到部分"领跑"的历史性跨越，对于落实"双碳"战略、能源发展战略、交通强国战略、汽车强国战略具有重要引领作用。2023 年，新能源汽车国家财政补贴将完全退出。后补贴时代，为持续保持我国新能源汽车产业的先发优势，急需依托市场机制，加速出台产业需求侧的支持和鼓励措施。一方面，制定以使用强度为基础的新能源汽车运行端碳减排奖励机制，形成新能源汽车产品积分交易与新能源汽车使用减排碳奖励政策相结合的双轨机制。同时，探索面向企业和个人的碳减排精准计量及动态评价减排补贴奖励机制，有助于加快助推企业技术迭代、鼓励用户车辆低碳应用，推动绿色低碳良性循环发展；另一方面，依托国家监管平台海量新能源汽车运行大数据资源，建立健全汽车行业碳排放标准体系和管理制度，基于碳排放核算标准，建立行业级车辆应用侧碳排放监测机制，推动交通领域全面低碳、零碳发展。

（2）强化车辆安全监管，充分发挥新能源汽车大数据监测效能，及时对接企业排查安全隐患，提升新能源汽车质量安全水平

新能源汽车是汽车产业转型升级的战略方向，安全是新能源汽车产业发展的命门。2022 年 4 月 8 日，工业和信息化部办公厅、公安部办公厅、交通运输部办公厅、应急管理部办公厅、国家市场监管总局办公厅五部门联合印发了《关于进一步加强新能源汽车企业安全体系建设的指导意见》（以下简称《指导意见》），从完善安全管理机制、保障产品质量安全、提高监测平台效能、优化售后服务能力、加强事故响应处置、健全网络安全保障体系等方面提出了安全监管要求。国家监管平台通过深入挖掘新能源汽车大数据价值，利用大数据来加强安全监管工作，加强事故报告和深化调查分析，进一步推动新能源汽车数字化安全监管，对于创新安全监管模式、提升社会公共服务水平意义重大。下一步，应该充分发挥国家监管平台车辆大数据资源作用，一方面做好车辆故障分析，及时发现安全隐患并妥善处理；另一方面，开展基于新一代信息技术的车－云协同大数据预警和故障识别理论与关键技术研究，突破动力蓄电池应用过程中安全评估及预警难题，进一步提升产品质量安全水平。同时，协助企业建立新能源汽车产品运行安全状态监测平台，不断提升新能源汽车安全预警能力。

（3）营运车辆使用率高，车辆电动化对交通领域节能降碳的贡献度更大，应坚决推进公共领域用车全面电动化，助力"双碳"目标实现

从国家监管平台各领域车辆行驶里程和接入量对比来看，2021 年，我国公共领域用车（含公交客车、出租车、物流车、网约车、共享租赁车等）接入量占比仅为 26.8%，但单车月均行驶里程为 3824.6km，是私家车单车月均行驶里程的 4.7 倍，公共领域车辆使用率更高，电动化率的提升对碳排放的贡献度更大。2021 年，国务院和工信部分别发文推动公共领域用车全面电动化，各地方政府和相关企业应该积极落实部署，综合出台相应的支持引导措施，研发生产适销对路的公共领域用车产品，创新运营模式，坚决推进公共领域用车全面电动化，助力达成"双碳"目标。

（4）充电设施领域，以精细化运营模式不断提升新能源汽车用户的充电服务体验，优化充电设施使用环境

经过多年的发展，我国充电基础设施建设已经进入追求量质齐升的新阶段，充电基础设施保障能力持续提升，我国基础设施体系已经形成了涵盖专用充换电站、城际和城市公共充换电网络、单位和个人充电设施组成的充电基础设施体系，能够"有效支撑新能源汽车推广使用需求"。但是，充电基础设施仍然存在充电桩区域发展不平衡、节假日高速充电场站等候时间过长、城乡地区充电设施服务保障能力不足等问题。下一阶段，地方政府应持续提升基础设施协同服务保障能力，重点从以下几方面展开工作：一是优化充换电网络布局，提升城乡地区充换电服务保障能力，加速完善高速公路快充网络；二是应充分依托充电基础设施大数据资源，结合车辆运行数据、充电热点数据及电网配电容量，进一步优化城市充电基础设施网络布局；三是针对节假日高速充电场站拥堵情况，分时分类差异化引导高速车辆充电行为，营造客货分离、兼容有序的充电服务环境，着力提升节假日高速充电体验；四是支持大功率有序充电场站建设及运营示范，拓展智能有序充电的规模化应用。

第2章

车辆推广应用

2021年是"十四五"开局之年，也是新能源汽车全面市场化元年。新能源汽车成为汽车产业发展的亮点，产业发展呈现市场规模、发展质量双提升的良好局面。下面基于国家监管平台的新能源汽车接入数据，从车辆接入特征和车辆技术进步两个维度分别总结我国新能源汽车产业的推广经验，对于预测产业发展趋势、推动新能源汽车产业平稳高质量发展具有重要的参考意义。

2.1 我国新能源汽车产业发展现状

（1）2021年我国新能源汽车销量352.1万辆，国家监管平台新能源汽车年度接入率77.6%，产业成长超预期增长

根据中国汽车工业协会数据（表2-1），2021年我国新能源汽车销量352.1万辆，同比增长157.5%。乘用车销售333.4万辆，占比为94.7%。其中，纯电动乘用车增幅较大，销售273.4万辆，同比增长173.5%，占新能源汽车销量的比例为77.6%；插电式混合动力乘用车销售60.0万辆，同比增长143.2%。新能源商用车销售18.7万辆，占比为5.3%，销量相较于2020年有所增长。

从2021年国家监管平台接入数据来看，2021年新能源汽车（不含氢燃料电池电动汽车）年度接入量273.2万辆，全年接入率77.6%。新能源

商用车年度接入量 18.3 万辆，接入率达到 97.9%。其中，纯电动商用车接入率 96.2%，插电式混合动力商用车和氢燃料电池电动商用车存在延期接入情况，接入率超过 100%。

表 2-1　2021 年我国新能源汽车销售情况

	销量 / 万辆	接入量 / 万辆	接入率
新能源汽车（合计）	352.1	273.2	77.6%
新能源乘用车（小计）	333.4	254.9	76.5%
BEV	273.4	207.4	75.9%
PHEV	60.0	47.5	79.2%
新能源商用车（小计）	18.7	18.3	97.9%
BEV	18.2	17.5	96.2%
PHEV	0.3	0.6	200.0%
FCEV	0.2	0.2	100.0%

数据来源：销量来源于中国汽车工业协会，接入量来源于国家监管平台。

（2）2021 年新能源汽车月度销量屡创新高，市场渗透率曲线加速上扬

我国新能源汽车已进入加速发展新阶段，2021 年各月份销量明显高于 2020 年（图 2-1）。2021 年 12 月，新能源汽车单月市场销量达到 53.1 万辆。产品供给丰富化、消费者认可度逐渐提升双因素驱动下，新能源汽车市场需求持续旺盛。

图 2-1　我国新能源汽车历年月度销量增长情况

数据来源：中国汽车工业协会。

新能源汽车月度市场渗透率曲线加速上扬，行业爆发点到来。从 2021 年新能源汽车月度市场渗透率走势来看（图 2-2），2021 年 6 月份以后，新能源汽车月度市场渗透率均保持在 12% 以上，12 月新能源汽车市场渗透率创全年最高水平，达到 19.1%。

图 2-2　我国新能源汽车历年月度市场渗透率情况

数据来源：中国汽车工业协会。

从国家监管平台新能源汽车月度接入量走势来看（图 2-3），2021 年新能源汽车月度接入量明显高于 2020 年各月份车辆接入量。伴随着新能源汽车市场增长，车辆接入量同步呈现快速增长趋势。从月度接入量变化情况来看，2021 年 1 月和 2 月，新能源汽车接入率存在大规模接入情况，新能源汽车接入量明显高于新能源汽车同期销量；2021 年第四季度，新能源汽车接入量呈现明显的翘尾现象。

图 2-3　全国新能源汽车历年月度接入量情况

注：接入率 = 国家监管平台车辆接入量 / 同期新能源汽车销量。

2.2 国家监管平台车辆接入特征

下面基于国家监管平台新能源汽车累计接入特征、车辆历年接入特征，从市场集中度、生产集中度、区域集中度等多个维度分别做重点剖析，对于总结新能源汽车产业推广经验，带动产业高质量发展具有重要的意义。

2.2.1 车辆总体接入特征

1. 车辆总体接入情况

截至 2021 年 12 月 31 日，国家监管平台已累计接入新能源汽车665.5 万辆，共有 306 家企业接入 5863 个车型。从不同车辆类型来看（图 2-4），乘用车、客车、专用车接入量分别为 570.8 万辆、44.3 万辆和50.4 万辆，占比分别为 85.8%、6.6% 和 7.6%，乘用车占主要比重。

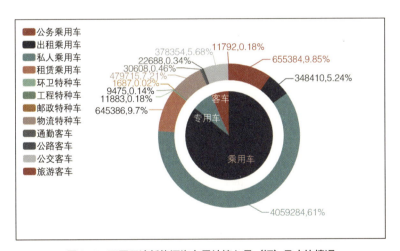

图 2-4　不同用途新能源汽车累计接入量（辆）及占比情况

分应用场景车辆累计接入量来看，私人乘用车累计接入占比超过半数。截至 2021 年 12 月 31 日，私人乘用车累计接入量达到 405.9 万辆，占国家监管平台车辆接入总量的 61.0%；其次是公务乘用车、租赁乘用车、物流车和公交客车，累计接入量分别为 65.5 万辆、64.5 万辆、48.0 万辆、37.8 万辆，占比分别为 9.8%、9.7%、7.2%、5.7%。

2. 分省份车辆推广集中度特征

（1）2021年累计接入量超过30万辆的省份数量和接入份额相较于上两年明显增长

从国家监管平台各省份（自治区、直辖市）新能源汽车累计接入量来看（表2-2），累计接入量超过30万辆的省份数量逐年递增，2021年累计接入量超过30万辆的省份有7个，分别为广东省、浙江省、上海市、北京市、河南省、山东省、江苏省，以上省份车辆累计接入量387.5万辆，全国接入量占比58.3%。

表2-2　新能源汽车分推广级别的省份数量和接入量占比情况

累计接入量级别/万辆	2019年		2020年		2021年	
	省份数量	累计接入量占比（%）	省份数量	累计接入量占比（%）	省份数量	累计接入量占比（%）
0~5	12	5.8	11	4.6	9	2.5
5~10	10	28.1	5	10.6	3	3.8
10~20	6	32.6	8	27.8	7	17.3
20~30	2	16.6	4	23.6	5	18.1
30~50	1	16.9	2	16.7	4	25.4
50 以上	0	0	1	16.7	3	32.9

（2）2021年新能源汽车推广规模快速增长，广东省推广应用效果显著

近三年来，全国各省份新能源汽车推广取得显著的推广成效（图2-5），尤其是排名前十的省份接入量快速增长。截至2021年底，这十个省份已累计接入464.5万辆新能源汽车，全国占比69.8%。广东省、浙江省、上海市新能源汽车累计接入量排在前三位。截至2021年底，三个省市已累计接入77.0万辆新能源汽车，全国占比11.6%。

从各省份新能源汽车推广类型结构占比情况来看（图2-6），广西壮族自治区、上海市、浙江省、山东省新能源乘用车累计接入量占比均在90%以上。其中，广西壮族自治区以新能源乘用车推广为主导，累计接入量占比95.12%，主要以小型纯电动乘用车为主。

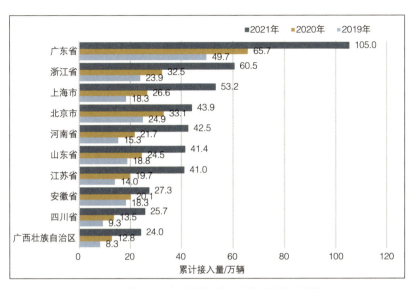

图 2-5　排名前十省份新能源汽车历年累计接入量情况

注：各省份排行以 2021 年各省份累计接入量作为排序标准。

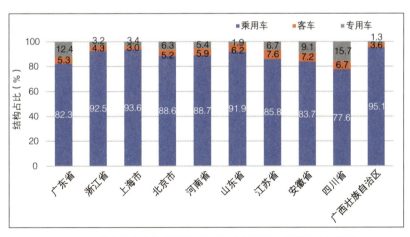

图 2-6　排名前十省份分类型新能源汽车累计接入量结构占比情况

（3）分领域来看，广东省各类型车辆推广均排在全国首位

从分类型车辆历年累计接入情况来看（表 2-3），新能源乘用车累计接入量明显高于客车和物流车。从新能源乘用车历年累计接入量变化情况来看，排名前五省份的新能源乘用车累计接入量由 2019 年的 112.5 万辆增加到 2021 年的 269 万辆；排名前十省份的新能源乘用车累计接入量由 2019 年的 167.1 万辆增加到 2021 年的 408.5 万辆。

表 2-3　各省份不同类型新能源汽车累计接入情况

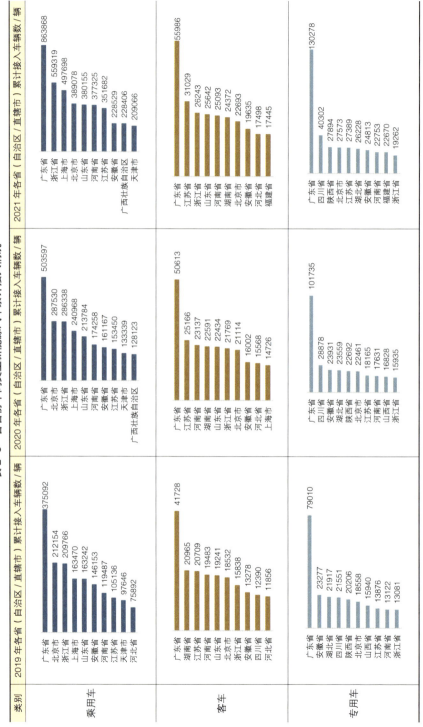

从新能源客车历年累计接入量变化情况来看，广东省、江苏省、浙江省、山东省、河南省、湖南省等省份新能源客车累计接入量排在前列，排名前五省份新能源客车累计接入量由 2019 年的 12.3 万辆增加至 2021 年的 16.4 万辆；排名前十省份新能源客车累计接入量由 2019 年的 19.5 万辆增加至 2021 年的 26.6 万辆。

从新能源专用车历年累计接入量变化情况来看，排名前五省份新能源专用车累计接入量由 2019 年的 16.6 万辆增加至 2020 年的 25.3 万辆；排名前十省份新能源专用车的累计接入量由 2019 年的 24.1 万辆增加至 2020 年的 36.9 万辆。

（4）分类型新能源汽车的区域集中度均呈现总体下降趋势

从不同类型车辆的历年接入集中度情况来看（表 2-4），各类型新能源汽车的前三、前五和前十省份累计接入集中度总体均呈现逐年下降趋势。其中，新能源乘用车领域，排名前十省份的新能源乘用车累计接入量占比分别从 2019 年的 72.4% 降至 2021 年的 71.6%；新能源客车领域，排名前十省份的新能源客车累计接入量占比从 2019 年的 61.4% 降至 2021 年的 59.9%；新能源专用车领域，排名前十省份的新能源专用车累计接入量占比从 2019 年的 77.3% 降至 2021 年的 73.4%。相较于新能源乘用车和新能源客车，新能源专用车的区域集中度相对更高。

3. 分城市车辆推广集中度特征

（1）2021 年新能源汽车推广规模快速增长，一线城市推广效果显著

近三年来，新能源汽车推广规模快速增长（图 2-7），截至 2021 年底，排名前十城市已累计接入 295.2 万辆新能源汽车，全国占比 44.4%。一线城市上海市、深圳市、北京市、广州市新能源汽车累计接入量排在前列。截至 2021 年底，四个城市已累计接入 178.4 万辆新能源汽车，全国占比 26.8%。

从排名前十城市新能源汽车推广类型结构占比情况来看（图 2-8），上海市、杭州市、天津市、合肥市四个城市的新能源乘用车累计接入量占比均在 90% 以上；深圳市、成都市新能源商用车累计接入量占比在 20% 以上，新能源专用车为主要推广车辆类型。

（2）分车辆类型来看，各城市新能源汽车推广各具特色

从排名前十城市新能源乘用车累计接入量来看（图 2-9），截至 2021 年底，上海市、北京市、深圳市、广州市新能源乘用车累计接入量排在前列，分别为 49.8 万辆、38.9 万辆、36.6 万辆，全国占比分别为 8.7%、6.8%、6.4%。从各城市新能源乘用车年度接入量同比增速来看（图 2-10），2021 年苏州市、长沙市、温州市、郑州市等城市接入量增长较快。其中，2021 年苏州市新能源汽车接入量同比增速最高，达到 245.0%。

表2-4 各省份不同类型新能源汽车累计接入量和占比情况

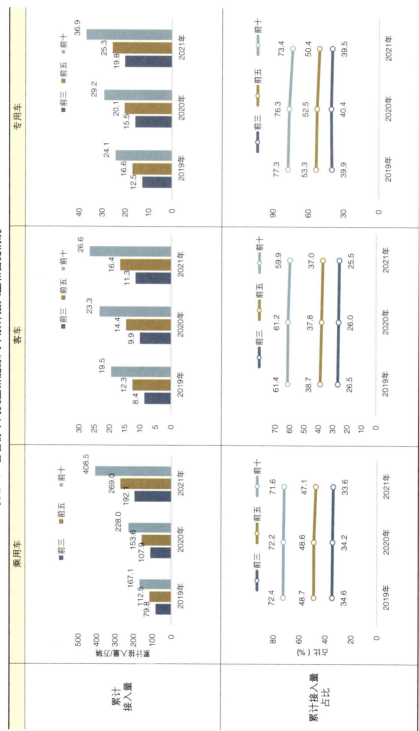

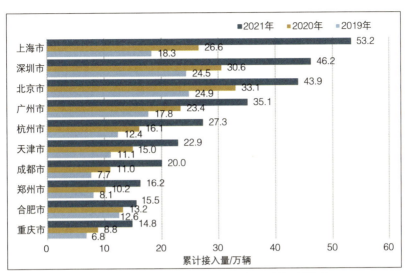

图 2-7　排名前十城市新能源汽车历年累计接入量情况

注：各城市排行以 2021 年各城市累计接入量作为排序标准。

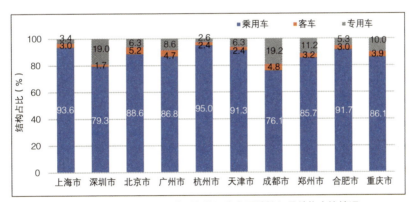

图 2-8　排名前十城市分类型新能源汽车累计接入量结构占比情况

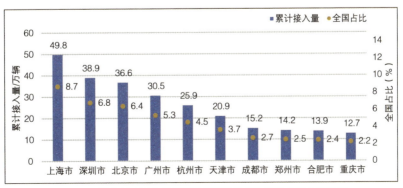

图 2-9　排名前十城市新能源乘用车累计接入量及全国占比情况

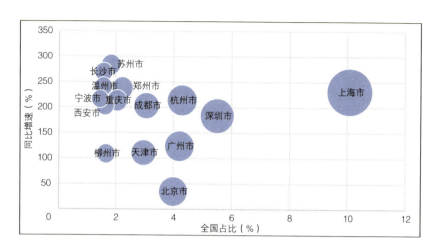

图2-10　2021年排名前十五城市新能源乘用车接入量及增速情况

注：气泡大小表示2021年某城市的新能源乘用车年度接入数量多少。

从新能源客车累计接入量排名前十城市来看（图2-11），截至2021年底，北京市、广州市、上海市排在全国前三位，累计接入量分别为2.3万辆、1.7万辆、1.6万辆，全国占比分别为5.1%、3.7%、3.6%。

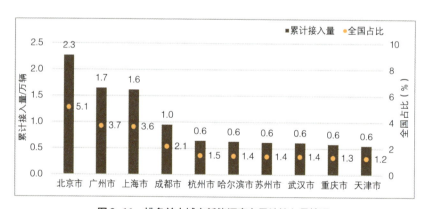

图2-11　排名前十城市新能源客车累计接入量情况

从2021年全国排名前十五城市新能源客车接入量及同比增速来看（图2-12），2021年昆明市、沈阳市、武汉市新能源客车年度接入量增速较快，同比增速均在3倍以上。

从排名前十城市新能源专用车累计接入量来看（图2-13），截至2021年年底，深圳市新能源专用车累计接入量明显高于其他城市，为 8.8 万辆，全国占比 17.4%。

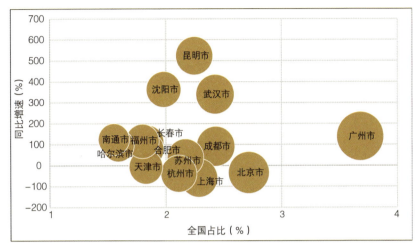

图 2-12　2021 年排名前十五城市新能源客车接入量及增速情况

注：气泡大小表示 2021 年某城市接入国家监管平台的新能源客车数量多少。

图 2-13　排名前十城市新能源专用车累计接入量情况

2021 年排名前十五城市新能源专用车年度接入量及同比增速方面（图 2-14），泉州市、重庆市、上海市新能源专用车接入增速明显高于其他城市，同比增速在 2.5 倍以上。

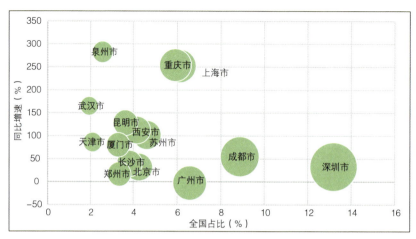

图 2-14　2021 年新能源专用车接入量前十五城市及其增速情况

注：气泡大小表示 2021 年某城市接入国家监管平台的新能源专用车多少。

4. 车辆市场集中度特征

近三年分领域排名前十企业的新能源汽车接入集中度整体呈现下降趋势，典型企业接入量表现突出

从分类型车辆的累计接入数量来看，新能源乘用车领域，排名前十企业的累计接入量由 2019 年的 156.3 万辆增长到 2021 年 365.7 万辆，市场集中度由 2019 年的 67.7% 降至 2021 年的 64.1%（表 2-5）。其中，比亚迪汽车表现突出。截至 2021 年，比亚迪汽车累计接入新能源乘用车 101.4 万辆，占全国新能源乘用车累计接入量的 17.8%。

新能源客车领域，排名前十企业累计接入量由 2019 年的 22.0 万辆增长到 2021 年 30.8 万辆，市场集中度由 2019 年的 69.6% 降至 2021 年的 69.5%。其中，宇通客车推广量排在首位，截至 2021 年 12 月 31 日，宇通客车新能源客车接入量为 10.8 万辆，占全国新能源客车累计接入量的 24.3%。

新能源专用车领域，排名前十企业累计接入量由 2019 年的 17.9 万辆增长到 2021 年 26.9 万辆，市场集中度由 2019 年的 57.3% 降至 53.5%。其中，东风汽车累计接入新能源专用车为 6.6 万辆，占新能源专用车累计接入量的 13.1%。

从不同类型车辆的各企业接入量集中度变化情况来看（表 2-6），前五、前十分领域客车企业和专用车企业的车辆接入量集中度总体呈现下降趋势；而乘用车领域，由于特斯拉、上汽通用五菱、比亚迪等明星车型市场销量强势增长，2021 年企业集中度相较于 2020 年有所提高。

表 2-5 排名前十企业不同类型新能源汽车累计接入情况

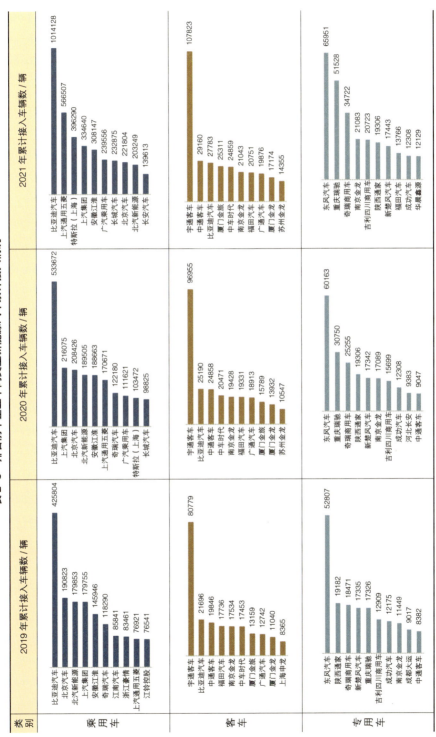

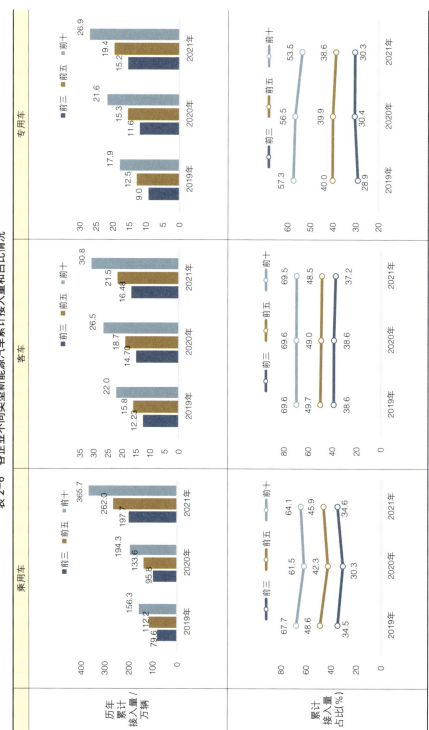

表 2-6　各企业不同类型新能源汽车累计接入量和占比情况

5. 车辆生产集中度特征

（1）乘用车和专用车领域，头部省份产量占比较大；客车领域，主要省份产量占比较为稳定，客车历年区域集中度总体呈下降趋势

从不同类型车辆的历年生产量情况来看（表 2-7），新能源乘用车头部省份产量占比较大。2021 年，上海市、广西壮族自治区、广东省三个省份新能源乘用车产量占比排在前三位，分别在 15% 以上。新能源乘用车领域，前三省份、前五省份、前十省份的生产量占比均呈现上升趋势，主要由于近两年来，新能源乘用车爆款车型五菱宏光 MINI EV、特斯拉系列车型、比亚迪多款畅销车型的生产基地分别分布在上海市、广西壮族自治区、广东省。

新能源客车领域，2021 年河南省、山东省、江苏省生产集中度较高，分别为 16.1%、13.5%、13.2%。从近三年生产集中度变化情况来看，前五省份均呈现小幅下降趋势（表 2-8）。

新能源专用车领域，2021 年重庆市新能源专用车生产量占全国的 26.8%，遥遥领先。从前三、前五和前十省份的新能源专用车生产集中度来看，2021 年均有所下降。

（2）新能源汽车企业生产集中度呈现上升趋势，典型企业生产份额表现突出

分企业的年度生产量集中度来看（表 2-9），乘用车领域，2021 年比亚迪丰富的新能源汽车产品供给使其生产集中度达到 18.3%，稳居全国各企业第一；其次是上汽通用五菱和特斯拉（中国），两家整车企业的车辆生产集中度分别为 15.0% 和 6.8%。近三年新能源乘用车领域前三、前五和前十企业的生产集中度均呈现上升趋势。

新能源客车领域，宇通客车和中通客车生产集中度排在前位，分别为 15.9% 和 13.3%；新能源专用车领域，重庆瑞驰一家企业车辆生产集中度达到 19.9%，排在第一位。商用车领域，2021 年前三、前五企业的生产集中度总体呈现下降趋势（表 2-10）。

表 2-7 各省份不同类型车辆历年生产量占比情况

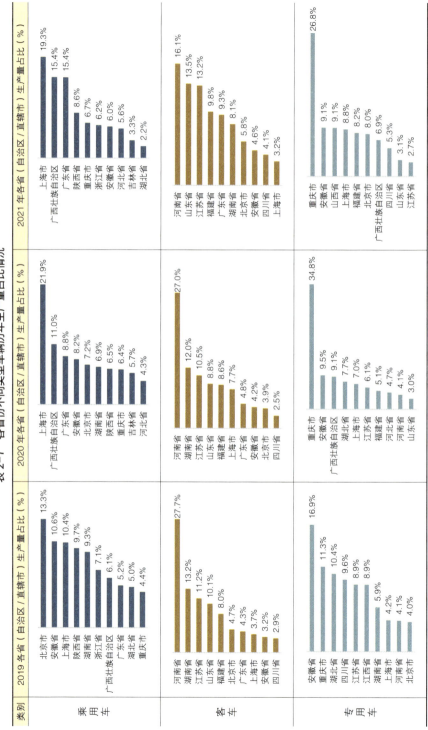

表 2-8 各省份不同类型车辆历年生产量占比情况

纵轴：省份历年生产量占比（%）（0、20、40、60、80、100）

乘用车

类别	2019年	2020年	2021年
前十	81.0	87.0	88.7
前五	53.3	57.2	65.3
前三	34.3	41.7	50.1

客车

类别	2019年	2020年	2021年
前十	88.9	90.0	87.7
前五	70.1	66.9	61.9
前三	52.0	49.5	42.9

专用车

类别	2019年	2020年	2021年
前十	84.2	91.1	88.0
前五	57.1	68.1	62.0
前三	38.6	53.4	45.0

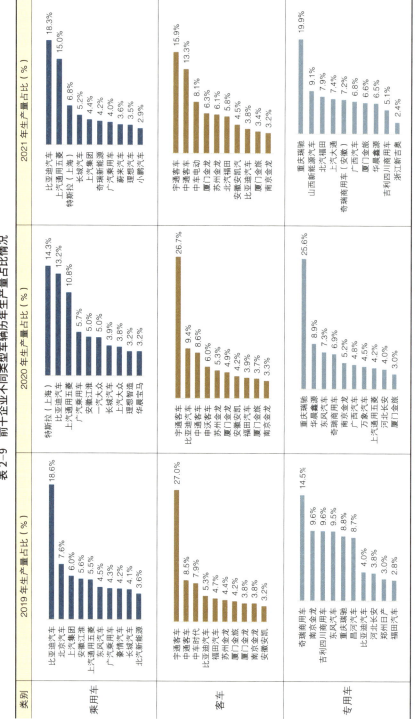

表2-9 前十企业不同类型车辆历年年生产量占比情况

表 2-10　各企业不同类型车辆历年生产量占比情况

类别：乘用车、客车、专用车

企业历年生产量占比（%）　图例：前三、前五、前十

乘用车

类型	2019年	2020年	2021年
前三	64.0	68.0	67.8
前五	43.30	49.04	49.74
前十	32.2	38.3	40.1

客车

类型	2019年	2020年	2021年
前三	72.7	75.8	70.4
前五	53.4	55.9	49.6
前十	43.4	44.7	37.3

专用车

类型	2019年	2020年	2021年
前三	74.3	74.4	78.9
前五	52.0	53.9	51.5
前十	33.7	41.8	36.9

2.2.2 车辆历年接入特征

1. 国家监管平台车辆历年接入情况

2021 年国家监管平台接入 273.2 万辆新能源汽车，同比大幅增长

从表 2-11 看，2021 年国家监管平台接入 273.2 万辆新能源汽车，相较于 2020 年同比增长 177.4%。从国家监管平台新能源汽车年度接入量和新能源汽车年度销量数据对比来看（表 2-12），由于部分企业新能源汽车接入国家监管平台的时间适当延后，2022 年 1 月份和 2 月份的新能源汽车接入量明显高于新能源汽车同期销量，说明部分新能源汽车在 2021 年底销售，但车辆接入国家监管平台的时间为 2022 年 1 月份和 2 月份。

表 2-11 全国新能源汽车历年接入量情况[○]

年份	2019 年	2020 年	2021 年
全国车辆接入量 / 万辆	137.3	98.5	273.2

表 2-12 2022 年 1-2 月份新能源汽车接入量和销量对比

	类型	1 月	2 月
销量 / 万辆	纯电动汽车	34.6	25.8
	插电式混合动力汽车	8.5	7.5
	合计	43.1	33.4
接入量 / 万辆	纯电动汽车	40.9	28.6
	插电式混合动力汽车	10.3	5.6
	合计	51.2	34.1

数据来源：销量数据来源于中国汽车工业协会；接入量数据来源于国家监管平台。

2. 不同驱动类型车辆历年接入情况

纯电动汽车接入量占主要比重，2021 年各月份接入量均在 10 万辆以上

从表 2-13 看，2021 年纯电动汽车接入 224.9 万辆，占比 82.3%；插电式混合动力汽车和氢燃料电池电动汽车接入量分别为 48.1 万辆和 0.2 万辆，分别占比 17.6% 和 0.1%。从全年月度接入量分布来看（图 2-15），2021 年各月份纯电动汽车接入量均在 10 万辆以上，2021 年 12 月，纯电动汽车接入量达到 35.8 万辆，到 2022 年 1 月份延续高位增长趋势，达到 40.9 万辆，部分销售车辆存在接入时间延后现象。

表 2-13 2021 年全国分动力类型新能源汽车接入量

驱动类型	纯电动汽车	插电式混合动力汽车	氢燃料电池电动汽车
全国新能源汽车接入量 / 万辆	224.9	48.1	0.2

○ 由于国家监管平台新能源汽车存在补充接入情况，本报告针对历年新能源汽车接入量数据进行持续更新。

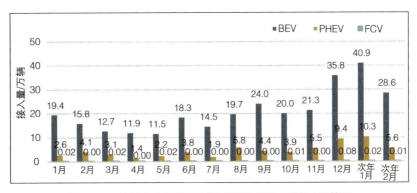

图 2-15   2021 年全国分驱动类型新能源汽车月度接入量情况

3. 不同区域车辆历年接入情况

2021 年全国各地区新能源汽车接入量均呈现稳步增长趋势，华东地区表现突出

华东地区新能源汽车历年接入量均排在首位。从各区域接入量看（图 2-16），2021 年华东地区新能源汽车接入量最高，为 107.7 万辆，全国占比 39.4%；其次是华南地区和华中地区，分别为 55.9 万辆和 39.0 万辆，分别占全国的 20.5% 和 14.3%。

图 2-16   全国各地区新能源汽车历年接入量情况

从不同地区新能源汽车历年接入量占比情况来看（图 2-17），2021 年华东地区、华南地区、华中地区、西南地区接入量占比相较于 2017 年有所提升。其中，2021 年华东地区接入量占比 39.4%，相较于 2017 年提升 9.2 个百分点；华北地区接入量占比呈现明显收窄趋势，2021 年全国占比 12.5%，相较于 2017 年下降 20.6 个百分点。

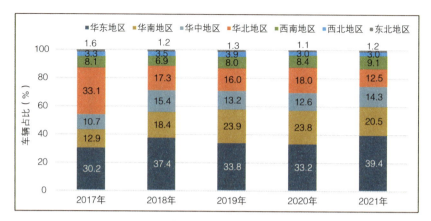

图2-17　不同地区新能源汽车历年接入量占比情况

4. 不同级别城市车辆历年接入情况

各级别城市消费需求旺盛，2021年不同级别城市的新能源汽车接入量快速增长；二线及以下级别城市市场潜力较大

从不同级别城市历年新能源汽车接入量看（图2-18），各级别城市消费需求稳定复苏。2021年一线城市车辆接入量最高，为104.0万辆，同比增长1.4倍；其他级别城市由于低基数及旺盛的市场需求、明显提升的用户接受度等因素共同影响下，车辆接入量同比增幅明显，2021年四线城市、五线城市车辆接入量相较于2020年同比分别增长2.2倍和2.3倍。

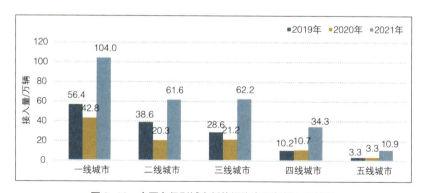

图2-18　全国各级别城市新能源汽车历年接入量情况

从各级别城市新能源汽车历年接入量占比来看（图2-19），一线城市接入量占比有所压缩，从2017年的48.4%下降至2021年的38.1%；二线及以下级别城市车辆接入量占比快速增长，市场潜力较大。

图 2-19　不同级别城市新能源汽车历年接入量占比情况

5. 重点企业车辆历年接入情况

从企业新能源汽车接入量来看（图 2-20），2021 年车辆接入量排行前 3 位的企业分别为比亚迪汽车、上汽通用五菱、特斯拉（上海），接入量分别为 48.6 万辆、39.6 万辆、29.3 万辆，全国接入量占比分别为 17.8%、14.5%、10.7%。

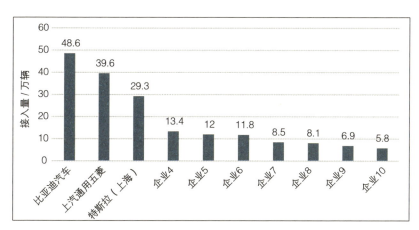

图 2-20　2021 年新能源汽车接入量前十企业情况

6. 不同应用场景车辆接入情况

为了更好地研究重点细分市场车辆行为特征，本书通过大数据智能分析技术从国家监管平台提取私家车、网约车、出租车、共享租赁车、物流车、公交客车、重型货车七个应用场景作为本书重点研究对象。主要应用场景车辆定义如下：

私家车： 从国家监管平台固有标签"私人乘用车"中提取非网约车车辆作为私家车细分市场的研究对象。

网约车： 从国家监管平台固有标签"私人乘用车"中提取网约车，从"公务乘用车"及"租赁乘用车"标签中提取网约车，合计作为网约车细分市场的研究对象。

共享租赁车： 从国家监管平台固有标签"租赁乘用车"中提取分时租赁车、长短租车，合计作为共享租赁车细分市场的研究对象。

出租车： 引用国家监管平台固有标签"出租乘用车"作为出租车细分市场研究对象。

物流车： 引用国家监管平台固有标签"物流车"作为物流车细分市场研究对象。

公交客车： 引用国家监管平台固有标签"公交客车"作为公交客车细分市场研究对象。

重型货车： 引用国家监管平台固有标签"专用车"，按照公安部标准 GA 802—2014 选取总重量 ≥ 12000kg 的载货汽车，作为重型货车细分市场研究对象。

从表 2-14 看，2021 年私家车接入 200.0 万辆，同比增长 2.3 倍；网约车接入 8.9 万辆；出租车接入 12.4 万辆；共享租赁车接入 8.9 万辆；物流车接入 11.4 万辆，同比增长 75.7%；公交客车接入 5.4 万辆，同比下降 10.2%。

表 2-14　重点细分市场车辆接入量情况

重点细分市场	2019 年接入量 / 万辆	2020 年接入量 / 万辆	2021 年接入量 / 万辆	2021 年同比变化（%）
私家车	58.1	59.9	200.0	233.9
网约车	2.5	3.5	8.9	156.2
出租车	9.0	7.3	12.4	70.3
共享租赁车（分时租赁+长短租）	25.0	5.0	8.9	79.4
物流车	12.5	6.5	11.4	75.7
公交客车	10.6	6.1	5.4	−10.2
其他类型	19.5	10.4	26.2	152.4
合计	137.3	98.5	273.2	177.3

私人购买成为市场增长主要驱动力，新能源汽车私家车市场份额创新高

根据国家监管平台数据（图 2-21），新能源私家车接入量占比呈现快速增长趋势，2021 年私家车占新能源汽车年度接入量的七成以上，私人购买成为市场增长的主要驱动力。相比较而言，2021 年其他类型车辆接入份额相对下降。从近两年变化情况来看，2021 年网约车、共享租赁车年度接入份额略有增长，商用车领域客车和物流车年度接入份额有所下降。

图 2-21　新能源汽车细分市场历年接入量占比情况

7. 新能源私家车历年接入情况

汽车下乡政策、多元化产品供给等多因素影响，带动三线及以下级别城市新能源私家车份额快速提升

根据国家监管平台数据（图 2-22），2021 年三线及以下城市新能源私家车接入量占比相较于前两年快速提升，一线城市市场份额相对缩小。2021 年三线及以下级别城市新能源私家车接入量占比 42.4%，相较于 2018 年提升 12.3 个百分点。三线及以下城市新能源私家车市场的快速增长，主要受各地新能源汽车消费刺激政策下沉农村市场，鼓励新能源汽车下乡成为市场增长的一大亮点。

从限购城市和非限购城市新能源私家车接入量占比情况（图 2-23）看，非限购城市的市场份额显著增加，2021 年非限购城市市场份额 66.2%，相较于 2020 年同比增长 9.2 个百分点。

图 2-22　分级别城市新能源私家车历年接入量占比情况

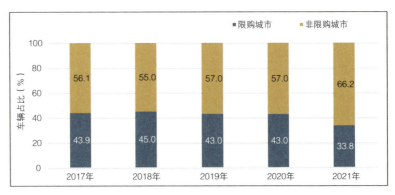

图 2-23　新能源私家车限购 / 非限购城市的历年接入量占比情况

2.3　新能源汽车年度技术特征

　　下面基于国家监管平台新能源汽车接入特征，重点从新能源汽车续驶里程进步、动力蓄电池技术进步、车辆轻量化特征分别进行深入剖析，总结我国新能源汽车关键技术演进特征。这对于推动新能源汽车科技创新和产业平稳发展具有重要的参考意义。

2.3.1　整车续驶里程技术进步情况

1. 整车续驶里程整体进步情况

新能源乘用车整体续驶里程呈现逐年增长趋势

　　从我国新能源乘用车历年续驶里程均值变化情况来看（图 2-24），不同类型新能源汽车续驶里程均值呈现逐年增长趋势。近三年来，新能源乘用车续驶里程均值从 2019 年的 270.5km 增长到 2021 年的 320.9km；2021 年纯电动乘用车续驶里程均值为 395km，相较于 2020 年略有提升，主要由于 2021 年宏光 MINIEV 等小型纯电动乘用车规模快速释放，纯电动乘用车续驶里程年度变化整体稳定；插电式混合动力乘用车续驶里程均值呈现逐年增长趋势，2021 年达到 86km，同比增长 25.5%。

图 2-24 不同类型新能源汽车历年续驶里程均值变化情况

2. 纯电动乘用车不同车型续驶里程进步情况

（1）续驶里程 400km 以上的纯电动乘用车占主导，200km 以内的纯电动乘用车占比增长较快

从纯电动乘用车续驶里程均值变化情况来看（图 2-25），近年来，低续驶里程段纯电动乘用车占比呈现快速增长趋势，200km 以下续驶里程的纯电动乘用车占比从 2020 年的 6.7% 提高至 2021 年的 20.4%，主要是由于小型纯电动乘用车数量的快速增长；400km 以上高续驶里程段的车辆分布逐渐占市场主导，2021 年市场占比达到 55.4%。

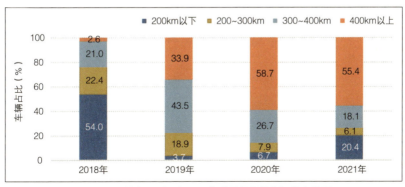

图 2-25 纯电动乘用车不同续驶里程分段车辆分布情况

（2）纯电动乘用车领域，A 级及以上级别轿车及 SUV 续驶里程均呈现较快增长趋势

从不同级别纯电动乘用车续驶里程均值变化情况来看（图 2-26），A 级及以上级别轿车及 SUV 的续驶里程均值呈现逐年快速增长趋势。2021 年，A0+A00 级轿车续驶里程均值为 245.1km，相较于 2020 年下降 13.8%，小型纯电动乘用车不再单纯追求里程增长，更多从满足日常代步使用需求出发，在贴近新能源汽车实际应用需求的前提下，追求性价比；A 级轿车续驶里程均值为 448.2km，相较于 2020 年增长 22.4%；B 级及以上轿车续驶里程均值为 569.9km，相较于其他类型车辆续驶里程增速较快；SUV 续驶里程均值为 479.8km，相较于 2020 年增长 23.3%。

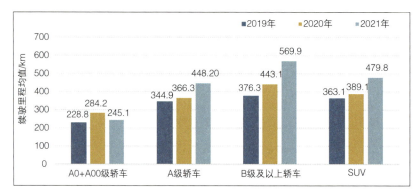

图 2-26　不同级别纯电动乘用车续驶里程均值分布情况

2.3.2　动力蓄电池年度技术特征

1. 动力蓄电池产业发展现状

截至 2021 年底，国家溯源平台累计接入动力蓄电池装机量 418.6GW·h

"新能源汽车国家监测与动力蓄电池回收利用溯源综合管理平台"（简称"国家溯源平台"）按照新能源汽车动力蓄电池信息溯源规则，以新能源汽车为上报主体，涉及的管理环节包括生产（车辆生产，即电池装机阶段）、销售、维修、退役等，各环节综合记录了动力蓄电池从装机使用到退役回收等全生命周期溯源信息。

根据国家溯源管理平台收录数据情况分析，按照车辆生产时间统计，截至 2021 年 12 月 31 日，累计接入新能源汽车 868.1 万辆，配套电池包

1235.4 万包，配套电池电量达到 418.6GW·h（图 2-27）。

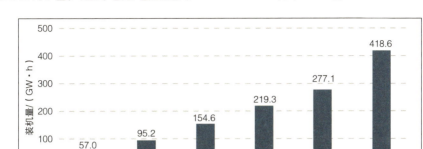

图 2-27　国家溯源平台动力蓄电池历年累计接入装机量情况

备注：国家溯源平台存在少量新能源汽车接入时间滞后情况，历年装机量数据有更新。

2. 分材料动力蓄电池装机结构历年变化情况

（1）三元电池仍是动力蓄电池市场主体，磷酸铁锂电池市场配套比例大幅提升

从国家溯源平台动力蓄电池累计装机量结构来看（图 2-28），三元电池是主流电池类型。截至 2021 年底，三元材料电池累计装机量占比为 49.7%；其次是磷酸铁锂电池，占比为 41.8%。

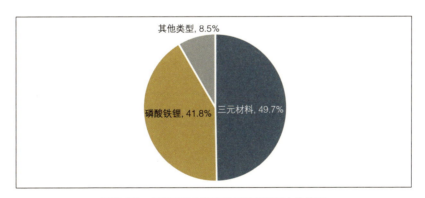

图 2-28　分类型动力蓄电池累计装机量占比情况

从分类型动力蓄电池历年接入的装机量结构来看（图 2-29），根据中国汽车动力蓄电池产业创新联盟统计数据，2021 年磷酸铁锂电池市场份额强势反超三元材料电池，磷酸铁锂电池装机量占比为 51.7%；三元材

料电池装机电量占比48.1%，相较于2020年下降13个百分点。磷酸铁锂CTP技术及电池包内部结构创新等新技术，有效对冲了原材料成本上涨压力，进一步助推磷酸铁锂电池在更大范围内推广。

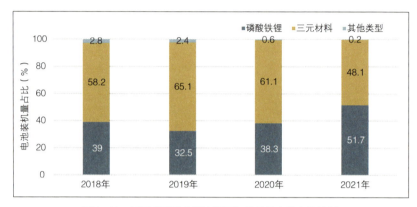

图2-29　不同类型动力蓄电池历年装机量占比变化情况

（2）乘用车领域，磷酸铁锂电池装机量占比快速增长；商用车领域，磷酸铁锂电池装机量占绝对主导

不同材料类型电池因其能量密度、安全性、价格等不同，使用场景也会有一定的差异。从国家溯源平台分类型车辆的动力蓄电池装机量占比变化情况来看（图2-30），乘用车领域，2021年三元电池装机量占主要比重，磷酸铁锂电池装机量占比呈现快速增长，从2019年的4.8%上升到2021年的44.6%；商用车领域，磷酸铁锂电池由于经济性、安全性等优势，基本实现全面装机覆盖。

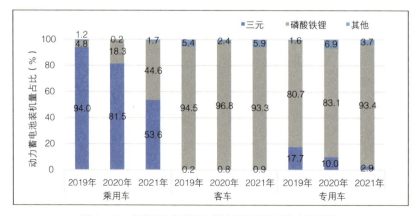

图2-30　分类型车辆的动力蓄电池装机量结构变化情况

3. 分形态动力蓄电池装机结构历年变化情况

国内动力蓄电池企业以方形电池占主导，软包及圆柱形电池份额较少

截至 2021 年 12 月 31 日，国家溯源平台方形电池累计接入量最大，接入量占全国动力蓄电池市场的主要比重，为 75%（图 2-31）。方形电池成组率高，工艺成熟，是动力电池市场的主要应用形态。其次是发展工艺相对成熟的圆柱形电池。圆柱形电池累计接入量占比为 12%。从不同形态电池历年接入结构变化情况来看，近三年方形电池接入量占比均在 70% 以上，占据主要市场份额（图 2-32）。

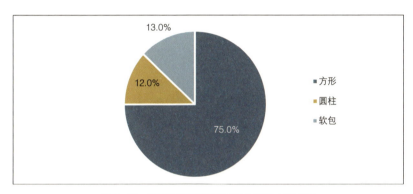

图 2-31　不同形态电池累计接入电量占比情况

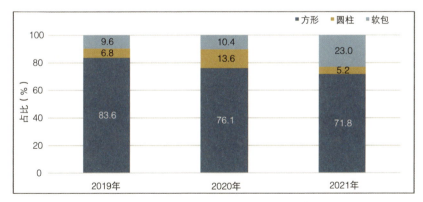

图 2-32　不同形态电池历年接入电量占比情况

4. 动力蓄电池历年能量密度变化情况

从分类型车辆动力蓄电池能量密度历年变化情况来看（图 2-33），纯电动乘用车领域，2021 年纯电动乘用车单体能量密度和系统能量密度分别为 211W·h/kg 和 149W·h/kg，相较于 2016 年分别提升 24.85% 和 41.90%；纯电动客车领域，2021 年纯电动客车单体能量密度和系统能量密度分别为 173W·h/kg 和 154W·h/kg，相较于 2016 年分别提升 39.52% 和 85.54%。伴随着电池配套技术提升和成组效率要求提高，小模组逐渐向大模组演变，动力蓄电池系统逐步实现从传统电池包向 CTP、CTC、滑板底盘形态过渡，动力蓄电池能量密度将进一步提升，高集成化、高能量密度成为纯电平台发展趋势。

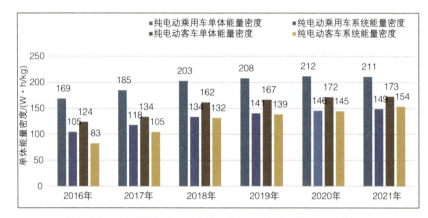

图 2-33　分类型车辆动力蓄电池单体和系统历年能量密度变化情况

数据来源：工业和信息化部装备发展中心《中国汽车产业发展年报》。

5. 动力蓄电池市场竞争格局

截至 2021 年 12 月 31 日，电池溯源平台全国电池接入量前十整车生产企业已累计接入电池包 473.5 万包，装机电量 171.0GW·h，占全国装机电量的 40.9%（图 2-34）。其中，比亚迪汽车（含比亚迪汽车工业有限公司和比亚迪汽车有限公司两家法人）和特斯拉（上海）有限公司、郑州宇通客车电池接入量位居前三。比亚迪电池接入量占比高达 15.3%，市场集中度较高。

从国家溯源平台整车生产企业对应电池装机企业来看（表 2-15），比亚迪汽车主要依靠自产电池供应配套；其他整车生产企业以宁德时代为主要电池供应商，并且存在供应商多元化趋势。

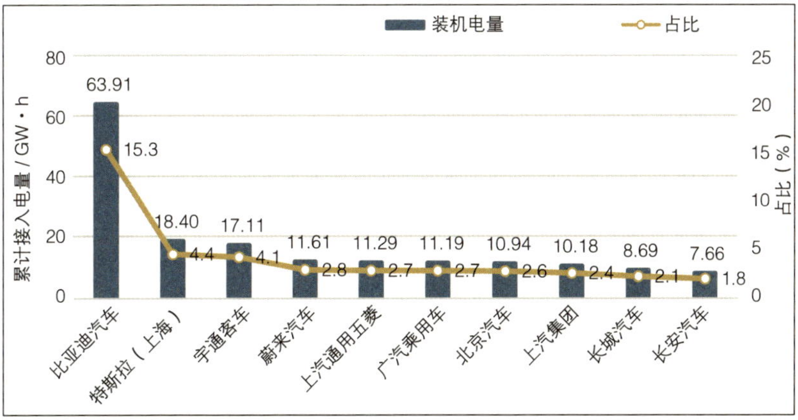

图 2-34　电池接入量前十整车生产企业累计装机情况

表 2-15　整车生产企业对应主要电池供应商企业概况

整车生产企业	主要电池装机企业
比亚迪汽车工业有限公司 比亚迪汽车有限公司	比亚迪、重庆弗迪
特斯拉（上海）有限公司	宁德时代、松下、LG 化学
郑州宇通客车股份有限公司	宁德时代、盟固利、力神电池
上海蔚来汽车有限公司	苏州正力、宁德时代、蔚然（南京）储能
上汽通用五菱汽车股份有限公司	华霆（合肥）动力、国轩高科、苏州科易新动力
广汽乘用车有限公司	中航锂电、宁德时代
北京汽车股份有限公司	宁德时代、孚能科技（赣州）
上海汽车集团股份有限公司	宁德时代、上汽时代动力蓄电池
长城汽车股份有限公司	宁德时代、蜂巢能源
重庆长安汽车股份有限公司	中航锂电、宁德时代、天津力神

　　从电池生产企业看，截至 2021 年 12 月 31 日，全国累计装机电量前十电池供应商累计装机电量 248.7GW·h，占全国累计总电量的 59.4%，宁德时代、比亚迪占据前两位（图 2-35）。其中，宁德时代累计电池装机电量最大，占全国累计总电量的 28%，装机车辆数量达到 234.6 万辆，又持续开拓国际市场，市场竞争力持续增强；比亚迪则凭借自身销量快速增长，装机量稳居第二位，呈现出头部企业强者恒强的发展态势。

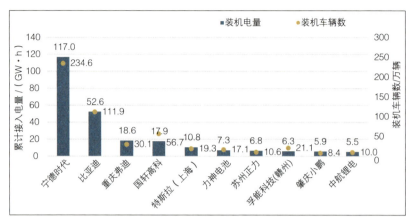

图 2-35　全国累计装机电量前十电池供应商累计装机情况

2.3.3　车辆轻量化技术进步情况

（1）2021年新能源乘用车整备质量相较于2020年略有下降，近三年来行业车辆整备质量均值基本稳定

从我国新能源汽车历年车辆整备质量均值来看（表2-16），2021年新能源乘用车整备质量均值1471.1kg，相较于2020年略有下降。主要由于纯电动A0级及以下轿车、插电式混合动力汽车A级轿车和SUV车型的整备质量有所下降，降低了新能源乘用车整体的整备质量水平。

表 2-16　新能源乘用车历年车辆整备质量均值变化情况

年份	2019 年	2020 年	2021 年
新能源乘用车整备质量均值 /kg	1477.0	1486.3	1471.1

（2）纯电动乘用车轻量化技术进步显著，小型纯电动乘用车表现突出

从纯电动乘用车历年车辆整备质量均值变化情况来看（表2-17），2021年纯电动乘用车整备质量均值为1378.1kg，相较于前两年有所下降。

从不同级别车型来看（图2-36），A00+A0级轿车轻量化技术进步显著，2021年A级轿车整备质量均值与2020年基本保持一致；2021年B级及以上轿车、SUV整备质量均值相较于2020年有所提高，轻量化技术攻关有待进一步加强。整体来看，纯电动乘用车对车辆轻量化要求较高，是铝合金和碳纤维复合材料产业化的良好载体。随着轻量化材料成本的逐渐下降，也为传统汽车产业轻量化技术的普及提供了丰富的经验。

表 2-17 纯电动乘用车历年车辆整备质量均值变化情况

年份	2019 年	2020 年	2021 年
纯电动乘用车车辆整备质量均值 /kg	1457.2	1441.0	1378.1

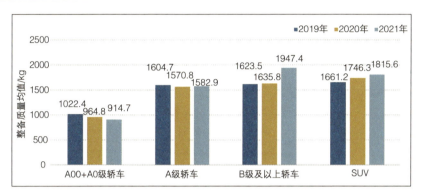

图 2-36 不同级别纯电动乘用车历年整备质量均值变化情况

（3）插电式混合动力乘用车整备质量较上年有所下降

从插电式混合动力乘用车历年整备质量均值变化情况来看（表 2-18），2021 年插电式混合动力乘用车整备质量均值为 1851.3kg，相较于 2020 年略有下降。从不同级别插电式混合动力乘用车整备质量均值分布来看（图 2-37），A 级轿车整备质量均值呈现逐年下降趋势，SUV 整备质量较上年有较大幅度的下降；而 B 级及以上轿车历年整备质量均值增长较快。

表 2-18 插电式混合动力乘用车历年整备质量变化情况

年份	2019 年	2020 年	2021 年
插电式混合动力乘用车车辆整备质量均值 /kg	1661.7	1891.5	1851.3

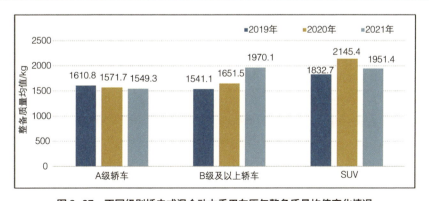

图 2-37 不同级别插电式混合动力乘用车历年整备质量均值变化情况

2.4 小结

  2021 年，虽然面临动力蓄电池原材料价格上涨、芯片供应短缺、国内新冠肺炎疫情多点爆发等各项因素，新能源汽车市场销量依然迎来"十四五"的开门红，新能源汽车产业成为汽车产业发展的亮点，产业发展进入加速发展阶段，对全球汽车产业电动化引领作用进一步增强。根据国家监管平台历年车辆接入数据，新能源汽车产业发展呈现如下特征：

  新能源汽车市场需求旺盛，产业发展迈向市场驱动新阶段。截至2021 年 12 月 31 日，国家监管平台已累计接入 665.5 万辆新能源汽车，共有 306 家企业接入 5863 个车型数量。典型省份推广方面，广东省累计推广规模超过 100 万辆，成为全国新能源汽车市场推广的排头兵，全国占比 15.8%。浙江省和上海市累计推广规模均超过 50 万辆，全国占比分别在8.0% 以上。

  新能源汽车推广区域集中度逐年下降，二线及以下级别城市的市场份额快速扩大。2021 年各级别城市的新能源汽车市场销量均呈现较大幅度增长，二线及以下城市的车辆推广份额快速扩大，从 2017 年的 51.6% 扩大至 2021 年的 61.9%。苏州市、温州市、长沙市、宁波市等非限购城市车辆推广规模快速增长。

  私人购买成为市场增长的主要驱动力，新能源汽车私家车市场份额创新高。从历年分类型车辆接入占比来看，新能源私家车接入量占比呈现快速增长趋势，2021 年私人购买市场份额超过 70%。受多元化产品供给、新能源汽车下乡政策等因素影响，四线及以下级别城市新能源私家车市场份额快速提升。2021 年，四线城市和五线城市新能源私家车市场份额分别为 13.8% 和 4.3%，相较于 2017 年分别提升 6.3 个百分点和 2.7 个百分点。

  新能源乘用车技术进步显著，车辆整体续驶里程逐年递增，轻量化技术进步显著。新能源乘用车整体续驶里程呈现稳步增长趋势，近年来，新能源乘用车续驶里程均值从 2019 年的 270.5km 增长到 2021 年的 320.9km；纯电动乘用车领域，由于小型纯电动乘用车规模快速增长，车辆续驶里程均值略有下降；从纯电动乘用车续驶里程均值占比历年变化来看，2021 年高行驶里程和低行驶里程车辆均呈现份额扩大趋势。400km 以上长续驶里程段的车辆逐渐占据市场主导，2021 年市场占比达到 55.4%。200km 以下续驶里程的纯电动乘用车占比从 2019 年的 3.7% 提高至 2021 年的 20.4%；车辆轻量化领域，纯电动乘用车轻量化技术进步显著，小型纯电动轿车表现更好。2021 年纯电动乘用车整备质量均值为

1478.1kg，相较于前两年有所下降。

磷酸铁锂电池强势回归，2021 年市场份额反超三元材料电池。电池 CTP 技术及电池包内部结构创新等新技术的规模化应用，有效对冲了原材料成本上涨压力。2021 年磷酸铁锂电池市场配套量呈快速上升趋势，市场配套占比达到 51.7%，超过三元材料电池。未来，伴随着电池系统结构的持续优化，整车设计将加快向集成化、平台化趋势迈进，进一步带动整车轻量化和整车能耗水平的进步。

第3章 车辆运行

截至 2021 年 12 月 31 日，国家监管平台已累计接入新能源汽车 665.5 万辆。本章基于国家监管平台百万级的新能源汽车实时行驶数据，重点分析私人乘用车、网约车、出租车、共享租赁车、物流车、公交客车、重型货车七大细分市场的车辆运行特征，对于研究和评估汽车电动化进程、构建智慧交通系统具有重要的研究和参考价值。

3.1 2021 年新能源汽车上线率情况

车辆上线率表示当期车辆的运行数量占车辆累计接入量的比值。车辆上线率反映当期车辆的使用情况。车辆上线率越高，说明车辆的使用需求越高，车辆利用率越高；反之，则说明当期车辆存在一定的闲置情况。本节通过分析近三年国家监管平台车辆整体上线率及重点市场的车辆上线率情况，总结当前我国新能源汽车市场的车辆利用率情况。

3.1.1 全国车辆上线率情况

（1）2021 年全国新能源汽车月上线率均值为 81.8%，连续三年呈持续增长趋势

全国新能源汽车年度月均上线率均值逐渐趋于稳定。从近三年全国车辆月均上线率来看，2021 年月均上线率均值为 81.8%，相较于 2019 年

和 2020 年分别提高了 1.8 个百分点和 0.7 个百分点，连续两年稳步提高（表 3-1）。

表 3-1　全国车辆历年月上线率的平均值

年份	2019 年	2020 年	2021 年
全国车辆月上线率平均值（%）	80.0	81.1	81.8

从历年车辆月上线率分布情况来看（图 3-1），2019 年和 2020 年月上线率波动较大（尤其是前五个月）。2021 年各月车辆上线率基本保持均衡，说明车辆使用情况趋于常规和稳定。

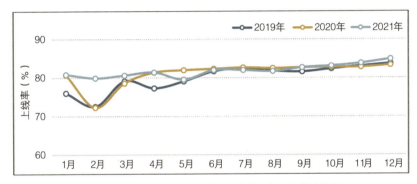

图 3-1　全国分驱动类型新能源汽车的历年月上线率情况

（2）分驱动类型车辆来看，PHEV 的上线率高于 BEV 和 FCV

从表 3-2 看，2021 年 PHEV 的上线率均值明显高于 BEV 和 FCV，PHEV 用户车辆使用频率更高；其次是 BEV，上线率均值为 79.7%；FCV 的上线率均值相对较低，为 72.0%。FCV 目前处于规模化示范运营阶段，车辆类型主要为商用车，2021 年上线率均值为 72%，接近于 BEV 的均值79.7%，车辆运行效果较好。

表 3-2　2021 年全国分驱动类型分驱动类型上线率均值

驱动类型	BEV	PHEV	FCV
全国车辆上线率均值（%）	79.7	93.0	72.0

3.1.2　全国各区域车辆上线率情况

全国各区域车辆月均上线率差距逐渐缩小，东北地区车辆月均上线率普遍高于其他地区

从全国各区域车辆月均上线率看（图 3-2），除了东北地区、华北地区外，其他区域车辆月均上线率持续小幅提高。2021 年，东北、华南地区的车辆月均上线率分别为 86.3%、85.6%，普遍高于其他地区；华北地区车辆月均上线率 78.3%，相对较低。东北地区月均上线率均值高于其他地区，主要是因为东北地区商用车（客车、物流车、其他类型专用车辆）累计接入量占比明显高于其他地区，车辆出勤频次较高（图 3-3）。

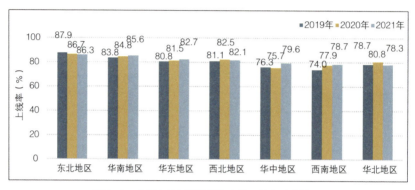

图 3-2　全国各地区新能源汽车的月均上线率情况

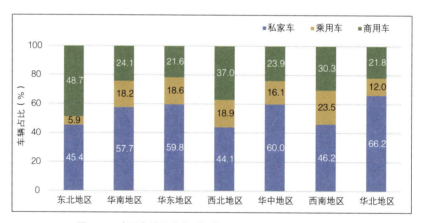

图 3-3　全国各地区分类型新能源汽车累计接入量占比情况

3.1.3　全国各级别城市车辆上线率情况

各级别城市车辆月均上线率差异性明显缩小，五线城市上线率明显高于其他级别城市

从全国各级别城市车辆的月均上线率来看，整体呈现逐年上升的趋势，2021 年一、二线城市的车辆月均上线率差异逐渐缩小。具体到各区域的车辆月均上线率来看（图 3-4），四、五线城市年度月均上线率明显较高，说明用车需求较高；与此同时，四、五线城市的新能源汽车保有量基数较小，是未来新能源汽车推广不可忽视的区域，推广的同时应同时注意车辆性能和价格的相应匹配。

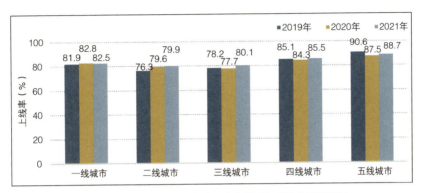

图 3-4　全国各级别城市新能源汽车的历年月均上线率情况

3.1.4　各细分市场车辆上线率情况

网约车月均上线率高于其他细分市场

从重点细分市场上线率看（图 3-5），2021 年网约车月均上线率最高，达到 96.5%；从车辆上线率年度变化情况来看，网约车、私家车、重型货车的月均上线率呈现逐年递增趋势。上线率较为真实地反映用车需求，网约车和共享租赁车同为近几年出现的新业态。从 2021 年来看，网约车上线率（96.5%）远高于共享租赁车上线率（63.8%），且共享租赁车的上线率逐年递减。由此看来，共享租赁车在使用、停车、车况维护方面需要多样化突破性创新，以提高车辆上线率，实现车辆运行良性可持续发展。

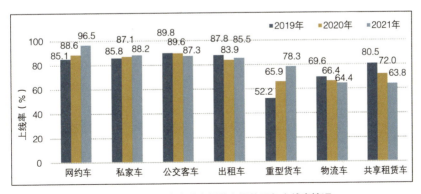

图 3-5　新能源汽车重点细分市场的历年上线率情况

3.2 重点细分市场车辆运行特征

研究重点细分市场的车辆运行特征，总结用户出行特征，对于推动新能源汽车产业由政策驱动向市场驱动发展起到重要的助推作用。下面分别从私家车、网约车、出租车、共享租赁车、物流车、公交客车、重型货车七个细分市场展开分析，重点就车辆次均出行特征、日均出行特征、月均出行特征进行归纳总结，得出不同细分市场的车辆运行特征，具体指标及其说明见表 3-3。

表 3-3　新能源汽车市场运行特征指标

分析维度	分析指标	指标含义
次均出行特征	次均行驶时长	单次出行行驶时长的平均值
	次均行驶里程	单次出行行驶里程的平均值
	次均车速	单次出行车速的平均值
日均出行特征	日均行驶时长	单日内行驶时长的平均值
	日均行驶里程	单日内行驶里程的平均值
	行驶时刻	单日内 24 小时行驶时刻分布
月均出行特征	月均行驶天数	单月行驶天数的平均值
	月均行驶里程	单月行驶里程的平均值

3.2.1 私家车运行特征

1. 私家车次均出行特征

（1）2021 年私家车整体次均行驶时长高于 2020 年

从历年私家车次均行驶时长来看，2021 年私家车次均行驶时长为 0.63h，相较于 2019 年、2020 年均有所提升（表 3-4）。

表 3-4　私家车历年次均行驶时长的平均值

年份	2019 年	2020 年	2021 年
次均行驶时长 /h	0.47	0.42	0.63

（2）2021 年私家车次均行驶向高时长段迁移，次均行驶 0.5h 的车辆占比明显提升

从次均行驶时长分布看（图 3-6），2021 年我国私家车次均行驶时长在 0.5h 以内的车辆占比明显下降；超过 0.5h 的车次占比为 56.33%，相较于 2020 增长 27.69 个百分点。

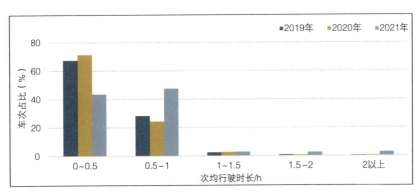

图 3-6 基于次均行驶时长的私家车历年分布情况

（3）一线城市私家车次均行驶时长更长

虽然各级别城市私家车次均行驶时长主要集中在 1h 以内，但从图 3-7 看，一线城市的私家车次均行驶时长分布主要集中在 0.5 ~ 1h，占比达到 56.8%，而其他级别城市的车辆次均行驶时长主要集中在 0.5h 以内。究其原因，主要归因于一线城市普遍存在区域面积较大、城市交通路况易拥堵等因素。

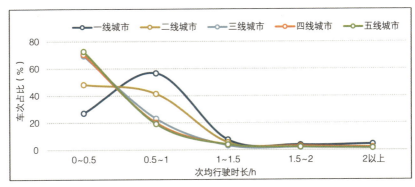

图 3-7 2021 年基于次均行驶时长的分城市级别私家车分布情况

（4）2021 年私家车次均行驶里程主要集中在 20km 以内，次均行驶里程均值高于前两年

从历年次均行驶里程月度均值看（表 3-5），2021 年私家车月度次均行驶里程均值高于 2019 年和 2020 年。

表 3-5 私家车历年次均行驶里程的平均值

年份	2019 年	2020 年	2021 年
次均行驶里程 /km	13.15	11.44	14.43

私家车次均行驶里程主要分布在20km以内，历年车次占比在80%左右。2021年次均行驶里程10km以上的车辆占比61.38%，相较于2020年增长9.71个百分点。其中，次均行驶里程20～30km的比例同比增加21.1%，30～40km的车次比例同比增加17.3%，均创新高（图3-8）。将该项数据结合次均行驶时间，可以看出私家车的日常出行半径在逐步增加。

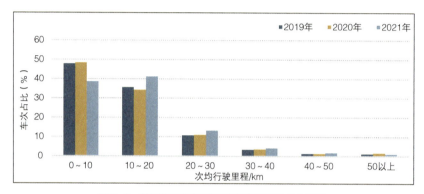

图3-8　基于次均行驶里程的私家车历年分布情况

一线和二线城市私家车次均行驶里程分布与其他城市有一定差异。从图3-9看，2021年一线城市私家车次均行驶10km以内比例最低，二线城市次之，三线及以上级别城市曲线基本重合，次均里程更多集中于30km以下。

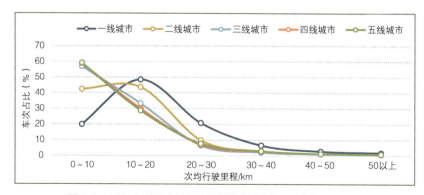

图3-9　2021年基于次均行驶里程的分城市级别私家车分布情况

（5）私家车次均车速主要集中在 10 ～ 40km/h，2021 年私家车次均车速均值为 23.39km/h

2021 年私家车次均车速均值为 23.39km/h，同比下降 20.6%（表 3-6）。从图 3-10 私家车历年次均车速分布情况来看，私家车次均车速主要集中在 10 ～ 40km/h。2021 年，次均车速在 10 ～ 30km/h 的车次占比为 86.1%，低车速占比相较于 2019 年和 2020 年继续上升。

表 3-6　私家车次均车速的平均值

年份	2019 年	2020 年	2021 年
次均车速 /（km/h）	26.39	29.46	23.39

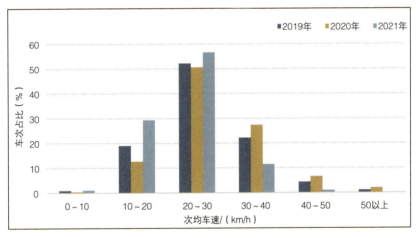

图 3-10　基于次均车速的私家车历年分布情况

2. 私家车日均出行特征

（1）私家车日均行驶时长近三年呈增长趋势，相较去年增长 5.1%

私家车日均行驶时长总体维持在 1.6h 左右，近三年呈现增长趋势。2021 年私家车日均行驶时长 1.66h，相较于 2019 年和 2020 年分别增长 7.8% 和 5.1%（表 3-7）。

表 3-7　私家车日均行驶时长的平均值

年份	2019 年	2020 年	2021 年
日均行驶时长 /h	1.54	1.58	1.66

2021 年私家车日均行驶时长月度平均值在 2h 以上的比例增长迅速（图 3-11）。从历年私家车日均行驶时长分布来看（图 3-12），2021 年日均行驶时长分布在 2h 以上的车辆占比 27.6%，相较于 2019 年和 2020 年有明显的提升。

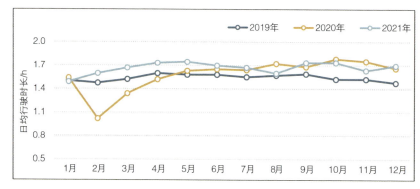

图 3-11　私家车历年日均行驶时长的月度均值情况

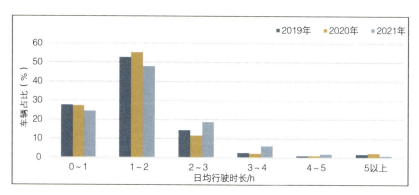

图 3-12　基于日均行驶时长的私家车历年分布情况

（2）2021 年私家车日均行驶里程整体水平高于往年

从历年车辆日均行驶里程月度均值来看（表 3-8），2021 年私家车日均行驶里程 46.25km，同比提高 1.14%，高于过去两年平均水平。

表 3-8　私家车日均行驶里程的平均值

年份	2019 年	2020 年	2021 年
日均行驶里程 /km	42.00	45.73	46.25

从日均行驶里程分布看（图 3-13），私家车主要集中在 10 ~ 50km。

2021 年 20km 以上的车辆同比增幅较为明显，说明中长途出行的车辆比例有所增长。

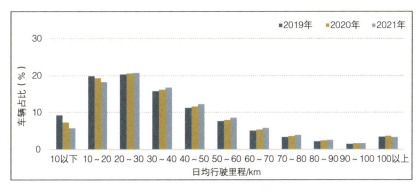

图 3-13　基于日均行驶里程的私家车历年分布情况

从图 3-14 看，一线城市私家车的日均行驶里程明显高于其他级别城市。一线城市日均行驶里程 40km 以上占 45.6%，而其他级别城市最高占 34.6%，这说明一线城市的规模对行驶强度产生了一定的影响。

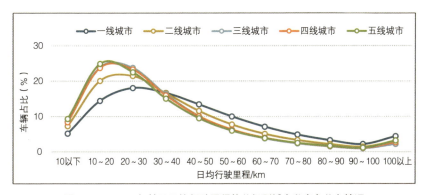

图 3-14　2021 年基于日均行驶里程的分级别城市私家车分布情况

（3）私家车行驶时刻呈现"双高峰"特点，目前主要用途仍是通勤

从私家车行驶时刻分布规律看（图 3-15），私家车出行在 7:00、17:00 左右形成了两个小波峰。早高峰时段，私家车在 6:00 之后出行量迅速攀升，尤其是 7:00—8:00 时段攀升比例最高，2021 年早晨 7:00 达到出行最高峰；晚高峰主要集中在 16:00—18:00，近三年车辆出行量占全天总量的占比均在 23.00% 以上。各级别城市出行规律基本一致（图 3-16），均集

中在早晚通勤高峰时段，说明目前在各级城市新能源私家车的主要用途就是通勤。

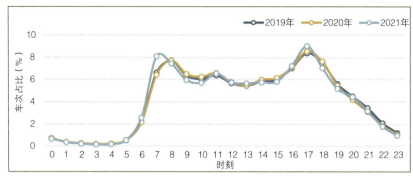

图3-15 基于各行驶时刻的私家车分布情况

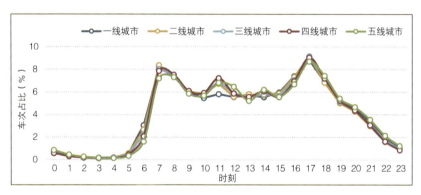

图3-16 2021年基于各行驶时刻的分级别城市私家车分布情况

3. 私家车月均出行特征

（1）2021年私家车月均出行天数逐年增加，月均行驶20天以上占比较高

从历年私家车月均行驶天数均值来看，用户对新能源私家车的依赖性稳步提升。从表3-9来看，2021年私家车月均行驶天数均值为19.42天，相较于2019年和2020年分别增加了3.80天和0.74天。

表3-9 私家车月均行驶天数的平均值

年份	2019年	2020年	2021年
月均行驶天数	15.62	18.68	19.42

从月均行驶天数分布看（图3-17），2021年车辆月均行驶天数在25

天以上的比例最多，并且增幅较大。车辆月均行驶天数大幅增加说明新能源乘用车在私人应用方面越来越获得认可，用户将新能源私家车作为家庭代步车的比例加大。

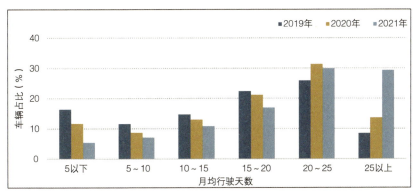

图 3-17　基于月均行驶天数的私家车历年分布情况

（2）2021 年私家车车辆月均行驶里程 921.70km，相比 2020 年提升 0.34%（表 3-10）

从车辆月均行驶里程分布看（图 3-18），行驶里程在 1000km 以内的车辆占比居多，但近两年同比略有下降。月均行驶为 1000 ~ 3000km 的车辆占比有所增加，从 2019 年的 22.80% 增长到 2021 年的 29.60%。

表 3-10　私家车月均行驶里程的平均值

年份	2019 年	2020 年	2021 年
月均行驶里程 /km	733.84	918.54	921.70

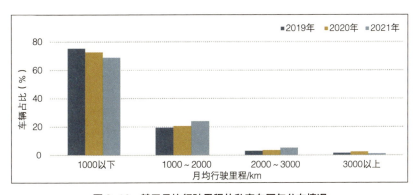

图 3-18　基于月均行驶里程的私家车历年分布情况

3.2.2 网约车运行特征

1. 网约车日均出行特征

（1）2021 年网约车日行驶时长为 6.34h，相比 2020 年小幅增长

近两年，网约车整体日均行驶时长维持在 6h 左右。2021 年网约车日均行驶时长 6.34h（表 3-11），相较于 2020 年略有增长。

表 3-11　网约车日均行驶时长的平均值

年份	2019 年	2020 年	2021 年
日均行驶时长 /h	6.99	6.10	6.34

从日均行驶时长分布看（图 3-19），2021 年网约车的日均行驶时长在 8h 以上的车辆占比最高，达到 34.75%。

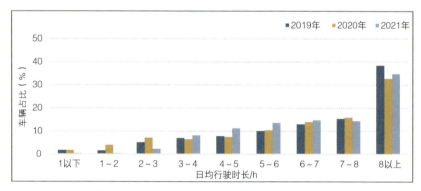

图 3-19　基于日均行驶时长的网约车历年分布情况

从图 3-20 看，一线城市车辆日均行驶时长在 6h 以上的占比低于其他级别城市。

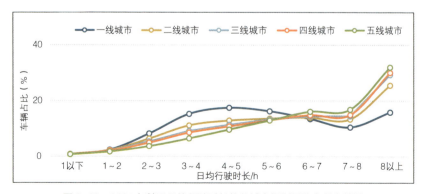

图 3-20　2021 年基于日均行驶时长的分城市级别网约车分布情况

（2）网约车日均行驶里程主要集中在 100 ～ 250km，凸显出商业化运营特性，新能源乘用车作为网约车在经济性和便利性上得到认可

从网约车历年日均行驶里程来看，2021 年网约车日均行驶里程为 168.56km，相较于 2019 年和 2020 年分别增长 0.78% 和 6.81%（表 3-12）。从历年日均行驶里程月度变化情况来看（图 3-21），2021 年全国网约车上线率水平明显高于 2020 年同期水平，用户共享出行意愿明显提升。

表 3-12　网约车日均行驶里程的平均值

年份	2019 年	2020 年	2021 年
日均行驶里程 /km	167.25	157.81	168.56

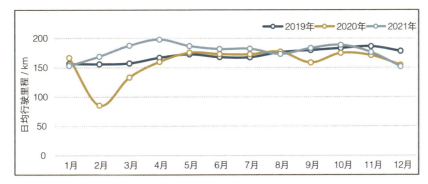

图 3-21　网约车历年日均行驶里程的月度均值情况

网约车日均行驶里程主要集中在 100 ～ 250km（图 3-22），占比达到 84.78%，该里程范围基本符合商业化运营车辆的行驶特征，说明在无政策驱动情况下，新能源汽车作为网约车在经济性、便利性上得到了市场的认可。

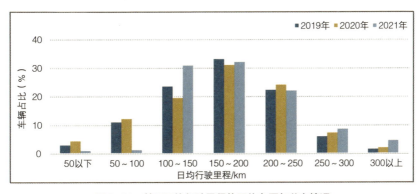

图 3-22　基于日均行驶里程的网约车历年分布情况

　　一线、二线城市网约车的日均行驶在低里程区间分布比例较大（图 3-23），其他级别城市在高里程分布区间的比例相对更大，且分布曲线基本相同。

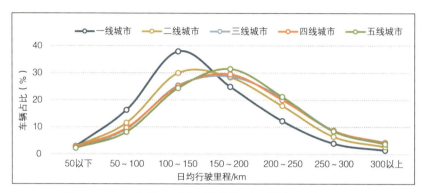

图 3-23　2021 年基于日均行驶里程的分级别城市网约车分布情况

　　（3）网约车行驶时刻主要分布在 7:00—21:00，各年份行驶时刻分布基本一致

　　从网约车行驶时刻分布看（图 3-24），网约车行驶时刻主要集中在 7:00—21:00，2021 年早高峰提前出行的比例略高于往年，6:00—8:00 之间出行车次占比明显高于 2019 年和 2020 年。

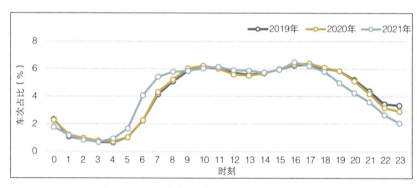

图 3-24　基于各行驶时刻的历年网约车分布情况

2. 网约车月均出行特征

　　（1）网约车市场月均行驶天数逐年增加，2021 年网约车月均行驶天数 24.6 天，相较于 2020 年增加 3 天

　　近三年来，网约车整体月均行驶天数呈现逐年增长的趋势。2021 年网约车月均行驶天数 24.60 天，分别比 2019 年、2020 年增长 3.83 天、3

天（表 3-13）。

表 3-13　网约车月均行驶天数的平均值

年份	2019 年	2020 年	2021 年
月均行驶天数	20.77	21.60	24.60

2021 年网约车行驶天数在 25 天以上的车辆占比为 43.32%，接近满勤，一方面说明网约车市场需求较强，另一方面说明新能源网约车各项性能基本可满足运营需求（图 3-25）；各级别城市车辆月均行驶天数占比分布的总体趋势一致（图 3-26）。

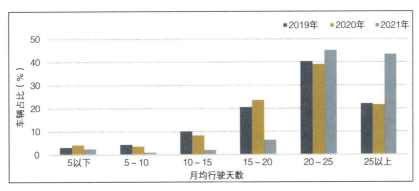

图 3-25　基于月均行驶天数的网约车历年分布情况

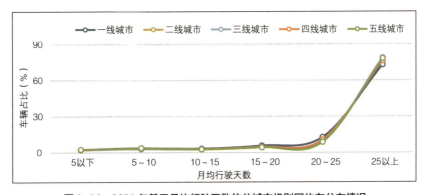

图 3-26　2021 年基于月均行驶天数的分城市级别网约车分布情况

（2）2021 年网约车月均行驶里程有明显增长，相较去年增长 19.1%

从网约车历年月均行驶里程来看（表 3-14），2021 年网约车月均行驶里程平均值为 4265.16km，相较于 2020 年增长 19.13%，相较 2019 年涨幅也超过 10.67%。

表 3-14　网约车月均行驶里程的平均值

年份	2019 年	2020 年	2021 年
月均行驶里程 /km	3854.08	3580.24	4265.16

从网约车月均行驶里程分布看（图 3-27），2021 年月均行驶里程高于 5000km 的占比增幅明显，从 2020 年的 23.5% 增长到 2021 年的 34.2%。

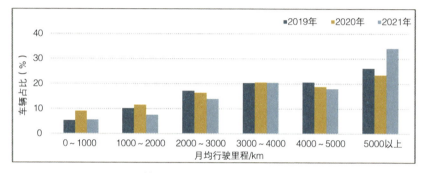

图 3-27　基于月均行驶里程的网约车历年分布情况

从图 3-28 看，一线城市网约车月均行驶里程超过 5000km 的车辆占比为 29.15%；二线、三线、四线、五线城市网约车月均行驶里程超过 5000km 的车辆占比分别为 38.48%、42.00%、40.33%、41.54%，长距离行驶的车辆占比明显高于一线城市。

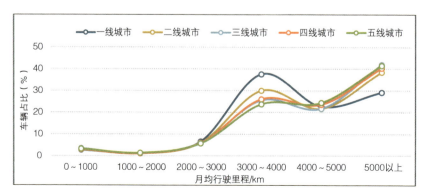

图 3-28　2021 年基于月均行驶里程的分城市级别网约车分布情况

3.2.3 出租车运行特征

1. 出租车日均出行特征

（1）2021年出租车日均行驶时长逐渐恢复正轨，相较于2020年明显增长

近三年以来，出租车日均行驶时长均超过7h。2021年，出租车日均行驶时长8.17h，相比2020年增长11.01%（表3-15）。

表3-15　出租车日均行驶时长的平均值

年份	2019年	2020年	2021年
日均行驶时长/h	8.82	7.36	8.17

从日均行驶时长分布看（图3-29），出租车日均行驶时长8h以上的车辆占比从2020年的52.06%上升到2021年的58.98%。

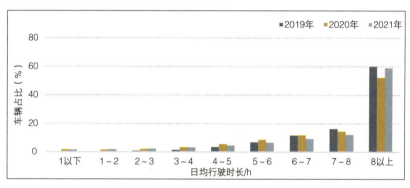

图3-29　基于日均行驶时长的出租车历年分布情况

（2）2021年出租车运营逐渐步入正轨，日均运行里程相较于2020年有所提升

从出租车历年日均行驶里程来看，2021年出租车日均行驶里程201.88km，相较于2020年增长8.27%（表3-16）。

表3-16　出租车日均行驶里程的平均值

年份	2019年	2020年	2021年
日均行驶里程/km	210.07	186.46	201.88

从历年日均行驶里程月度变化情况看（图 3-30），2021 年出租车各月份日均运行情况基本实现与 2019 年持平，月度日均运行里程基本保持在 200km 左右，相较于 2020 年上半年情况明显好转。

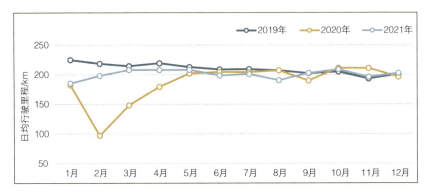

图 3-30　出租车历年日均行驶里程的月度均值情况

从日均行驶里程分布看（图 3-31），出租车日均行驶里程 200km 以上的车辆占比与 2020 年基本持平，为 44.18%。

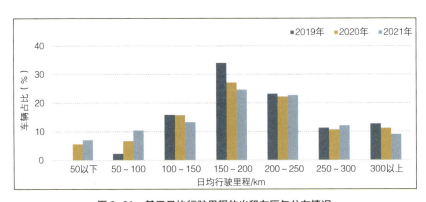

图 3-31　基于日均行驶里程的出租车历年分布情况

2021 年二线城市出租车日均行驶 150 ～ 200km、200 ～ 250km 的车辆比例高于其他级别城市，占比分别为 24.67%、27.69%；五线城市在 250km 以上的车辆占比相对较高，原因可能是交通路况较好，日均行驶里程相对更高（图 3-32）。

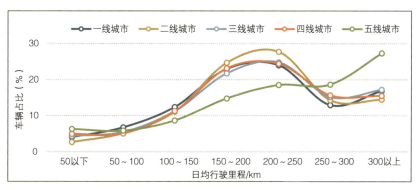

图 3-32　2021 年基于日均行驶里程的分级别城市出租车分布情况

（3）2021 年出租车在早高峰时间明显提前到来，次日 5:00—8:00 的车次出行比例高于上两年

从出租车行驶时刻分布看（图 3-33），出租车行驶大多集中在 6:00—19：00。2021 年出租车早高峰时间明显提前，次日 5:00—8:00 的车次出行比例高于 2019 年和 2020 年。

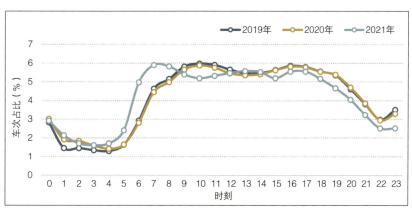

图 3-33　基于各行驶时刻的历年出租车分布情况

2. 出租车月均出行特征

（1）出租车月均行驶天数主要集中在 20 天以上，2021 年出行天数有所增长

从出租车历年月均行驶天数来看，2021 年出租车月均行驶天数 24.91 天，同比增长 11.80%（表 3-17）。

表 3-17 出租车月均行驶天数的平均值

年份	2019 年	2020 年	2021 年
月均行驶天数	23.07	22.28	24.91

　　出租车月均行驶天数主要集中在 20 天以上（图 3-34），2021 年出租车行驶天数在 25 天以上的车辆占比为 49.33%，占比涨幅明显，基本与燃油出租车使用天数接近。

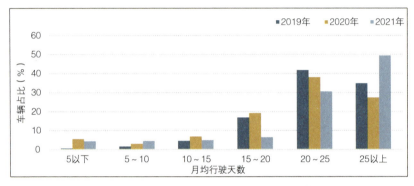

图 3-34 基于月均行驶天数的出租车历年分布情况

　　（2）2021 年出租车月均行驶里程 4838.73km，较 2020 年提升 16.3%

　　从月均行驶里程分布看（图 3-35），2021 年出租车月均行驶 5000km 以上的车辆比例 48.04%，相较于 2019 年和 2020 年分别增长 2.07 个百分点和 10.45 个百分点。车辆月均行驶里程的提升，一方面是由于疫情管控常态化，用户共享出行强度提升，另一方面是由于充换电装置与车辆匹配趋于合理化，新能源出租车运行逐渐步入正轨。

表 3-18 出租车月均行驶里程的平均值

年份	2019 年	2020 年	2021 年
月均行驶里程 /km	5154.38	4159.89	4838.73

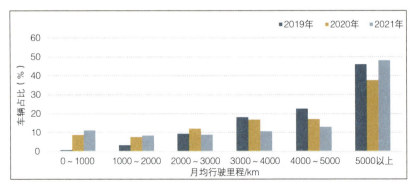

图 3-35 基于月均行驶里程的出租车历年分布情况

3.2.4 共享租赁车运行特征

1. 共享租赁车次均出行特征

（1）2021 年共享租赁车车辆次均行驶时长增长明显，用户出行意愿大幅提高

从共享租赁车历年次均行驶时长来看，2021 年共享租赁车次均行驶时长达到 0.92h，相较于 2019 年和 2020 年分别增加 0.26h、0.34h（表 3-19），次均行驶时间显著增长。从共享租赁车次均行驶时长分布看（图 3-36），2021 年共享租赁车次均行驶时长 1h 以上的车辆占比为 45.33%，相较往年大幅提升。

表 3-19　共享租赁车次均行驶时长的平均值

年份	2019 年	2020 年	2021 年
次均行驶时长 /h	0.66	0.58	0.92

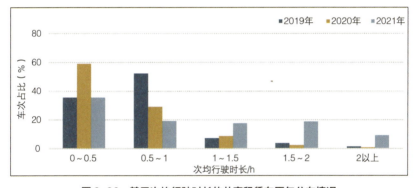

图 3-36　基于次均行驶时长的共享租赁车历年分布情况

一线城市在出行时长分布方面相对分散（图 3-37），相较其他级别城市，长时间行驶的需求更高。

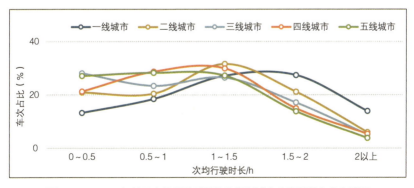

图 3-37　2021 年基于次均行驶时长的分级别城市共享租赁车分布情况

（2）车辆次均行驶里程稳步增长，2021年同比增长39.4%

从共享租赁车历年次均行驶里程来看，2021年，共享租赁车次均行驶里程29.07km，相较于2020年增长39.42%（表3-20）。纵观2019—2021年，共享租赁车次均行驶里程向高里程分布段迁移，其中，2021年的次均行驶里程在20km以上的车次占比接近50%（图3-38）。

表3-20 共享租赁车次均行驶里程的平均值

年份	2019年	2020年	2021年
次均行驶里程/km	18.32	20.85	29.07

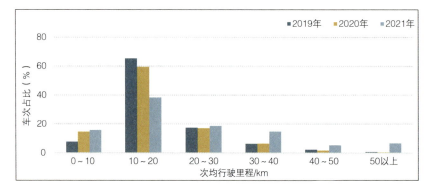

图3-38 基于次均行驶里程的共享租赁车历年分布情况

次均行驶里程对共享租赁车的停车网点和充换电设施分布有较大的参考价值，一线城市次均行驶30km以上的车次比例达到56.4%，高于其他级别城市（图3-39）。

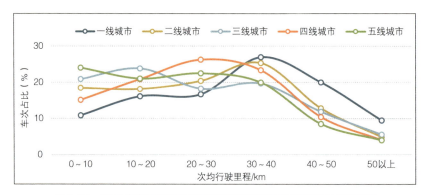

图3-39 2021年基于次均行驶里程的分级别城市共享租赁车分布情况

（3）2021年共享租赁车次均车速24.06km/h，相比2020年下降21.3%

2021年，共享租赁车次均车速为24.06km/h，同比下降21.3%（表3-21）。同时，次均车速30km/h以内的共享租赁车次占比由2020年的55.7%提高到2021年的90.9%（图3-40）。综合来看，可以初步断定2021年新增的共享租赁车分布城市的交通拥堵情况比较严重，或者指定网点分布主要集中于城市中心相对拥堵的区域。

表 3-21　共享租赁车次均车速的平均值

年份	2019 年	2020 年	2021 年
次均车速 /（km/h）	28.65	30.56	24.06

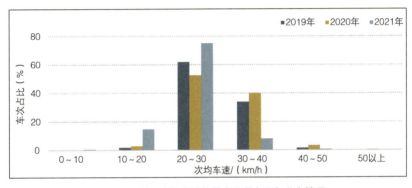

图 3-40　基于次均车速的共享租赁车历年分布情况

2. 共享租赁车日均出行特征

（1）2021年共享租赁车日均行驶时长5.06h，相比往年大幅增长

2021年共享租赁车日均行驶时长5.06h，相比2019年、2020年大幅增长（表3-22）。2021年，短途出行的分时租赁市场逐渐萎缩，共享租赁市场选择月租或者假期的长距离出行的用户越来越多。

表 3-22　共享租赁车日均行驶时长的平均值

年份	2019 年	2020 年	2021 年
日均行驶时长 /h	2.78	2.74	5.06

从历年日均行驶时长月度均值来看（图3-41），冬季日均行驶时长最短，这与假期和冬季电池性能降低相叠加的因素有关。2021年3月起，共享租赁车日均行驶时长接近5h，随后稳定在5h以上。

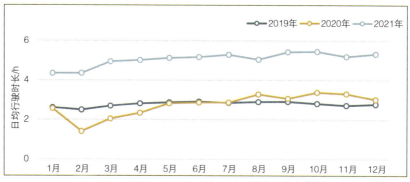

图 3-41　共享租赁车历年日均行驶时长的月度均值情况

2021 年，共享租赁车日均行驶时长更多集中在 1 ~ 2h 及 8h 以上两个分布段（图 3-42），说明共享租赁车的运营主要集中在两个距离段，提示运营企业在合理布局网点、提升用户体验等方面要针对短途出行和长距离出行分别下功夫。

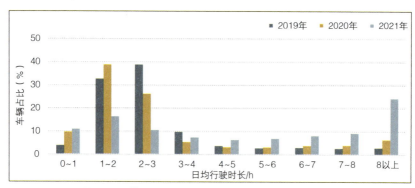

图 3-42　基于日均行驶时长的共享租赁车历年分布情况

一线城市共享租赁车日均行驶时长分布与其他城市存在一定差异，各分布段相对比较平均，说明车辆周转和利用情况较其他级别城市稍好（图 3-43）。

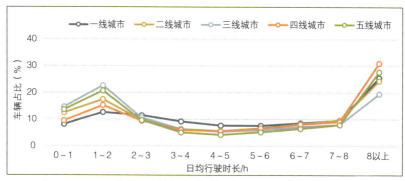

图 3-43　2021 年基于日均行驶时长的分级别城市共享租赁车分布情况

（2）2021 年共享租赁车日均行驶里程 123.96km，用于月租或者节假日长距离出行的车主越来越多

近三年，我国共享租赁车日均行驶里程逐年提高。2021 年，共享租赁车日均行驶里程 123.96km，同比增长 24.4%（表 3-23），但低于出租车（201.88km）和网约车（168.56km）的日均行驶里程。由于出租车和网约车有空驶情况存在，而共享租赁车不存在空驶，所以如果共享租赁车日行驶里程可以达到网约车的水平，则可以认为其运营更为高效，同等条件下运营经济性也更好。

表 3-23 共享租赁车日均行驶里程的平均值

年份	2019 年	2020 年	2021 年
日均行驶里程 /km	77.30	99.63	123.96

从日均行驶里程分布来看（图 3-44），2021 年共享租赁车在日均行驶 150km 以上的车辆占比为 40.56%，相较于 2019 年、2020 年分别提高 32.82 和 11.22 个百分点，车辆日均行驶里程逐渐向高里程段过渡。

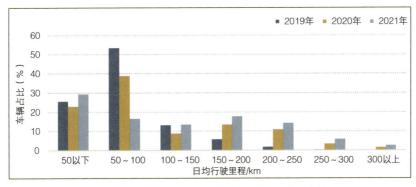

图 3-44 基于日均行驶里程的共享租赁车历年分布情况

一线城市共享租赁车日均行驶里程分布与其他城市存在明显差异（图 3-45）。一线城市共享租赁车日均行驶里程在 50 ~ 150km 的分布相对较高，而其他级别城市则在 0 ~ 50km 分布段比例更高。

（3）2021 年共享租赁车早高峰及上午出行比例高于 2019 年、2020 年

从行驶时刻分布来看（图 3-46），共享租赁车出行时间主要集中在白天。近三年来，共享租赁车早高峰及上午行驶时刻的车次出行比例呈现逐年递增的趋势。2021 年共享租赁车行驶时刻在 5:00—8:00 的车次分布明显高于往年。

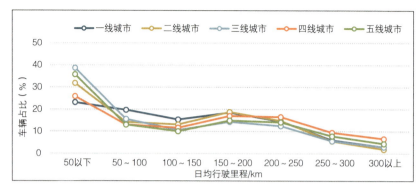

图 3-45　2021 年基于日均行驶里程的共享租赁车的分级别城市车辆分布情况

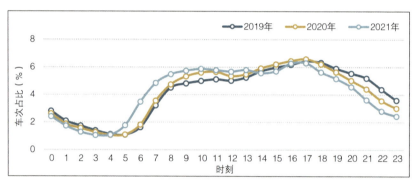

图 3-46　基于各行驶时刻的历年共享租赁车分布情况

　　分城市级别来看，低线城市共享租赁车辆日间行驶的车次占比相对较高；一线城市在 0:00—次日 5:00 行驶的比例为 11.9%，略高于其他级别城市（图 3-47）。

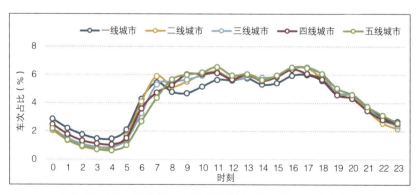

图 3-47　2021 年基于各行驶时刻的分城市级别共享租赁分布情况

3. 共享租赁车月均出行特征

（1）2021 年共享租赁车月均出行天数 21.74 天，较去年增长 18%

从共享租赁车历年月均行驶天数来看（表 3-24），2021 年共享租赁车月均行驶天数突破 20 天，相较于 2019 年、2020 年均有较大幅度增长（图 3-48）。

表 3-24　共享租赁车月均行驶天数的平均值

年份	2019 年	2020 年	2021 年
月均行驶天数	18.57	18.43	21.74

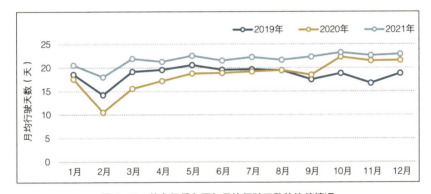

图 3-48　共享租赁车历年月均行驶天数的均值情况

从共享租赁车月均行驶天数分布来看（图 3-49），共享租赁月均行驶天数在 15 天以上的车辆占比从 2020 年的 67.60% 上升到 2021 年的 73.83%，涨幅明显。

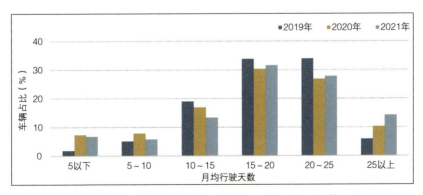

图 3-49　基于月均行驶天数的共享租赁车历年车辆分布情况

（2）共享租赁车月均行驶里程呈逐年增长趋势

2021年共享租赁车月均行驶里程3103.41km，同比增长18.8%（表3-25）。从月均行驶里程分布来看（图3-50），2021年月均行驶里程3000km以上的共享租赁车占比由2020年的28.31%提高到2021年的34.99%，增长6.68个百分点，基本符合以日租和长租共享租赁车的市场现状。

表 3-25　共享租赁车月均行驶里程的平均值

年份	2019 年	2020 年	2021 年
月均行驶里程 /km	1582.7	2612.85	3103.41

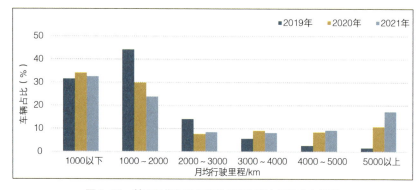

图 3-50　基于月均行驶里程的共享租赁车历年分布情况

3.2.5　物流车运行特征

1. 物流车次均出行特征

（1）2021年物流车次均行驶时长为0.87h，相较于2019年、2020年明显有所提升

2021年物流车的次均行驶时长有明显提升（表3-26），较2019年和2020年分别增长67.3%和89.1%。2021年各月物流车次均行驶时长均值高于过去两年同期水平（图3-51），且各月较为平均，没有明显的低谷，说明新能源物流车的使用较为常规。

表 3-26　物流车次均行驶时长的平均值

年份	2019 年	2020 年	2021 年
次均行驶时长 /h	0.52	0.46	0.87

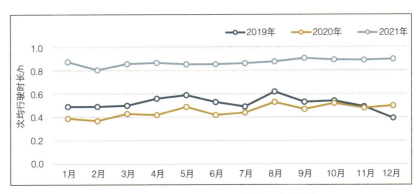

图 3-51 物流车历年次均行驶时长的月度均值情况

从次均行驶时长分布来看（图 3-52），2021 年次均行驶时长在 1h 以上的物流车次占比为 30%，相比 2019 年和 2020 年大幅增长。

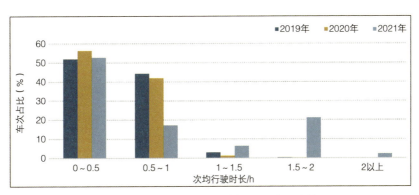

图 3-52 基于次均行驶时长的物流车历年分布情况

（2）2021 年物流车次均行驶里程 18.96km，相比过去两年均有所增长

2021 年，物流车次均行驶里程相比过去两年有较大幅度的增长（表 3-27）。

表 3-27 物流车次均行驶里程的平均值

年份	2019 年	2020 年	2021 年
次均行驶里程 /km	13.12	11.29	18.96

从车辆次均行驶里程分布来看（图 3-53），2021 年次均行驶里程在 20km 以上的物流车次占比为 12.4%，相比 2019 年和 2020 年有所增长。

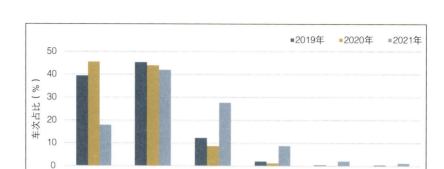

图 3-53 基于次均行驶里程的物流车历年分布情况

一线城市次均行驶里程在 20 ～ 40km 的物流车车次占比明显高于其他级别的城市，达到 43.1%，物流车配送里程相对较高（图 3-54）。

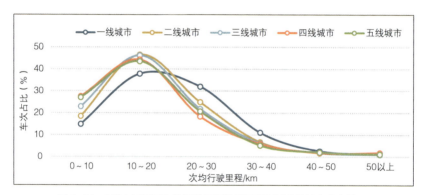

图 3-54 2021 年基于次均行驶里程的不同级别城市物流车分布情况

（3）2021 年物流车次均车速 23.25km/h，相比 2020 年有所下降

2021 年物流车次均车速 23.25km/h，相较于 2019 年、2020 年分别下降 4.6%、17.3%（表 3-28）。从物流车次均车速分布来看（图 3-55），行驶车速在 30km/h 以上的车次占比由 2020 年的 26.3% 下降到 2021 年的 11.3%，新布局物流的区域交通效率普遍较低。

表 3-28 物流车次均车速的平均值

年份	2019 年	2020 年	2021 年
次均车速 /（km/h）	24.36	28.13	23.25

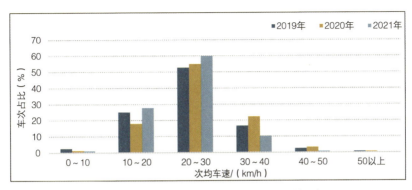

图 3-55　基于次均车速的物流车历年分布情况

2. 物流车日均出行特征

（1）物流车日均行驶时长呈现逐年增长趋势

近三年，我国物流车日均行驶时长呈现逐年递增趋势。2021 年日均行驶时长 4.12h，比 2019 年和 2020 年分别增长了 1.27h 和 0.88h（表 3-29）。

表 3-29　物流车日均行驶时长的平均值

年份	2019 年	2020 年	2021 年
日均行驶时长 /h	2.85	3.24	4.12

从历年日均行驶时长月度均值来看（图 3-56），近三年来，共享租赁车日均行驶时长均值迅速提升，2021 年日均行驶时长均超过往年同期水平。

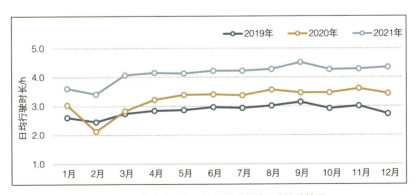

图 3-56　物流车历年日均行驶时长的月度均值情况

从物流车日均行驶时长分布来看（图 3-57），日均行驶时长在 4h 以上的车辆占比逐渐增大。2021 年日均行驶时长在 4h 以上的车辆占比为

50.2%，相较于 2019 年、2020 年分别提升 25.3 个百分点、16.5 个百分点，物流车的日均行驶时长明显提升。

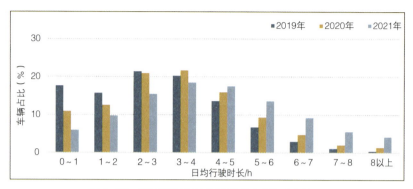

图 3-57　基于日均行驶时长的物流车历年分布情况

从图 3-58 来看，一线城市日均行驶 5h 以上的物流车占比 38.1%，明显高于其他级别城市。三线及以下城市物流车日均行驶时长更多集中在 2 ~ 4h。

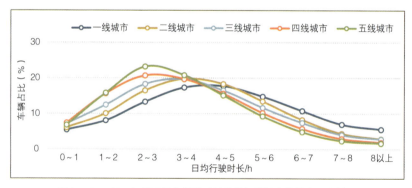

图 3-58　2021 年基于日均行驶时长的分级别城市物流车分布情况

（2）物流车日均行驶里程近三年呈增长趋势，2021 年较去年增长 8.7%

从物流车历年日均行驶里程来看（表 3-30），2021 年物流车日均行驶里程 94.12km，相较于 2019 年和 2020 年分别增长 35.4% 和 8.7%，日均行驶里程快速提升。

表 3-30　物流车日均行驶里程的平均值

年份	2019 年	2020 年	2021 年
日均行驶里程 /km	69.53	86.62	94.12

从日均行驶里程分布来看（图 3-59），物流车日均行驶里程主要集中在 150km 以下，但 2021 年行驶里程在 150km 以上的车辆占比明显提高，由 2019 年的 5.7% 提高到 2021 年的 17.9%。

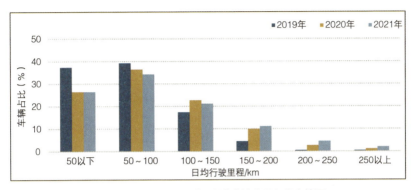

图 3-59 基于日均行驶里程的物流车历年分布情况

一线城市日均行驶里程在高行驶里程的车辆占比相对于其他级别城市更高（图 3-60）。

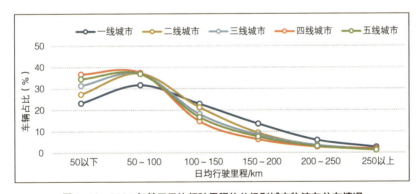

图 3-60 2021 年基于日均行驶里程的分级别城市物流车分布情况

（3）物流车行驶时刻分布在上午和下午两个工作时段形成波峰

2021 年物流车行驶时刻相比 2019 年、2020 年有所提前。从行驶时刻分布来看（图 3-61），物流车行驶时刻以 12:00—13:00 为界形成了两个较为显著的波峰，峰值分别在 8:00—10:00 和 15:00—16:00。分城市级别来看，一线城市物流车行驶的两个峰值时刻分布相比其他城市较低（图 3-62），整体更趋于平均。

图 3-61　基于各行驶时刻的历年物流车分布情况

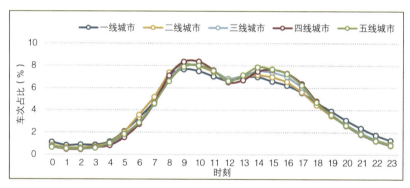

图 3-62　2021 年基于各行驶时刻的分级别城市物流车分布情况

3. 物流车月均出行特征

（1）物流车月均行驶天数近三年呈稳步增长趋势，2021 年较去年增长 11.7%

近三年来，物流车月均行驶天数呈现逐年增加的趋势。2021 年物流车月均行驶天数 21.94 天，相较于 2019 年和 2020 年增加 6.32 天和 2.29 天，物流车出行频次显著提升（表 3-31）。

表 3-31　物流车月均行驶天数的平均值

年份	2019 年	2020 年	2021 年
月均行驶天数	15.62	19.65	21.94

从物流车月均行驶天数分布来看（图 3-63），2021 年超过六成的物流车月行驶 20 天以上，说明物流车基本处于常规使用状态。

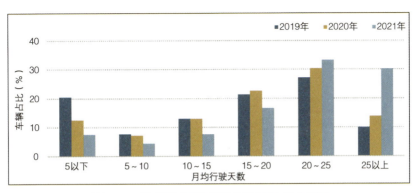

图 3-63　基于月均行驶天数的物流车历年分布情况

（2）物流车月均行驶里程近三年呈稳步增长趋势，2021 年较去年增长 4.7%

近三年来，物流车月均行驶里程呈现快速增长趋势。2021 年物流车月均行驶里程 2270.33km，同比增长 4.7%（表 3-32）。

表 3-32　物流车月均行驶里程的平均值

年份	2019 年	2020 年	2021 年
月均行驶里程 /km	1425.45	2169.17	2270.33

从物流车月均行驶里程分布来看（图 3-64），月均行驶里程 3000km 以上的物流车占比由 2019 年的 10.7% 快速提升至 2021 年的 29.2%，新能源物流车逐渐趋于良性化运营。

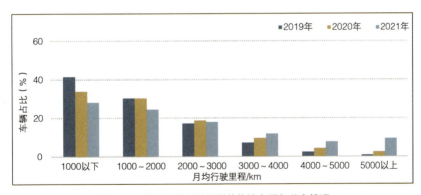

图 3-64　基于月均行驶里程的物流车历年分布情况

分城市级别来看，一线城市高行驶里程段的车辆占比明显高于三线及以下城市的车辆占比。从图 3-65 来看，一线城市月均行驶 3000km 以上的物流占比 33.9%，三线及以下城市月均行驶 3000km 以上的物流车占比均在 25% 以下。

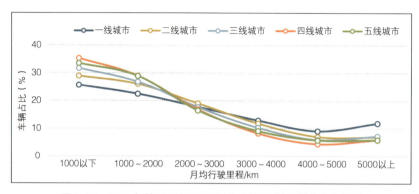

图 3-65　2021 年基于月均行驶里程的分级别城市物流车分布情况

3.2.6　公交客车运行特征

1. 公交客车次均出行特征

（1）2021 年公交客车次均行驶时长 1.39h，相比去年提高 0.41h

2021 年公交客车次均行驶时长为 1.39h，相比 2019 年、2020 年分别提高了 0.23h、0.41h（表 3-33）。2021 年公交客车次均行驶时长月度均值明显超过往年同期水平（图 3-66）。从次均行驶时长分布来看（图3-67），2021 年公交客车次均行驶时长 1.0h 以上的车次占比有所提升，从2020 年的 39.93% 提升至 2021 年的 43.47%。

表 3-33　公交客车次均行驶时长的平均值

年份	2019 年	2020 年	2021 年
次均行驶时长 /h	1.16	0.98	1.39

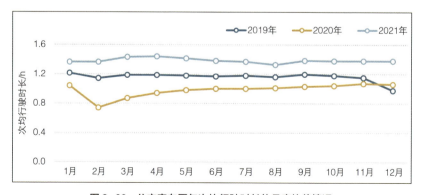

图 3-66　公交客车历年次均行驶时长的月度均值情况

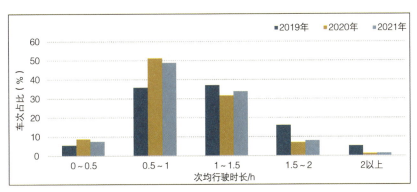

图 3-67　基于次均行驶时长的公交客车历年分布情况

　　分城市级别来看，一线、二线、三线城市在次均行驶时长 1.5h 以上的车次占比明显高于三线以下的城市（图 3-68）。

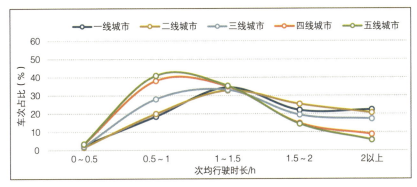

图 3-68　2021 年基于次均行驶时长的分城市级别公交客车分布情况

　　（2）2021 年公交客车次均行驶里程 25.10km，恢复到新冠肺炎疫情前的水平

　　2021 年公交客车次均行驶里程 25.10km，车辆行驶特征恢复到新冠肺炎前的水平（表 3-34）。次均行驶里程在 10 ~ 30km 的公交客车占主要比重（图 3-69）。

表 3-34　公交客车次均行驶里程的平均值

年份	2019 年	2020 年	2021 年
次均行驶里程 /km	24.76	19.44	25.10

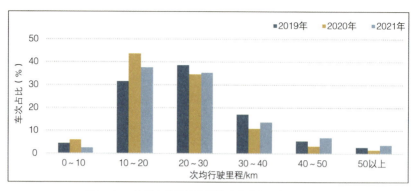

图 3-69　基于次均行驶里程的公交客车历年分布情况

（3）公交客车历年次均车速均高于 20km/h，一线、二线城市公交客车更多集中在低速段

近三年，公交客车次均车速均略高于 20km/h（表 3-35），各年度次均车速基本一致。次均车速在 10～30km/h 的车辆占主要比重（图 3-70）。

表 3-35　公交客车次均车速的平均值

年份	2019 年	2020 年	2021 年
次均车速 /（km/h）	22.18	22.65	22.13

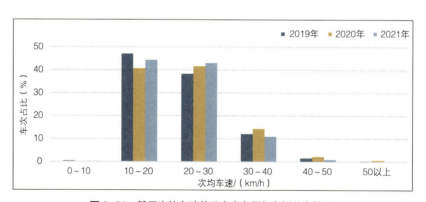

图 3-70　基于次均车速的公交客车历年车辆分布情况

一线、二线城市受城市交通环境影响，道路出现拥堵的次数较多，车辆次均车速在 10～20km/h 低速段的公交客车占比相对更加集中；反之，其他级别城市次均车速大于 20km/h 的公交客车占比明显高于一线、二线城市（图 3-71）。

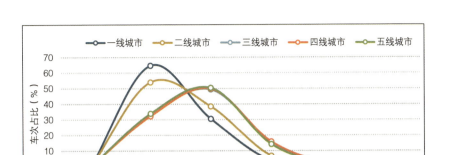

图 3-71　2021 年基于次均车速的分级别城市公交客车分布情况

2. 公交客车日均出行特征

（1）公交客车日常运营规律性较强，车辆日均出行稳定保持在 7h 左右

历年公交客车日均行驶时长相对稳定，2021 年公交客车日均行驶时长为 6.85h，与往年基本一致（表 3-36）；日均行驶时长 8h 以上的车辆占主要比重，达到 30% 以上（图 3-72）。

表 3-36　公交客车日均行驶时长的平均值

年份	2019 年	2020 年	2021 年
日均行驶时长 /h	7.01	6.75	6.85

图 3-72　基于日均行驶时长的公交客车历年分布情况

一线城市公交客车在长行驶时段内的车辆分布更高。分城市级别来看（图 3-73），一线城市日均行驶时长超过 8h 以上的车辆占比为 42.3%，明显高于其他级别城市。

（2）2021 年公交客车日均行驶里程相比往年基本维持不变

2021 年公交客车日均行驶里程为 150.78km，相较往年基本维持不变（表 3-37），车辆日均行驶里程主要集中在 100 ~ 200km（图 3-74）。

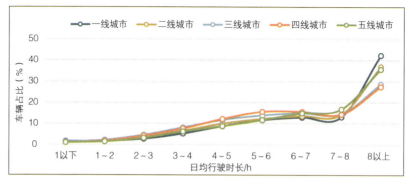

图 3-73　2021 年基于日均行驶时长的分级别城市公交客车分布情况

表 3-37　公交客车日均行驶里程的平均值

年份	2019 年	2020 年	2021 年
日均行驶里程 /km	146.21	148.29	150.78

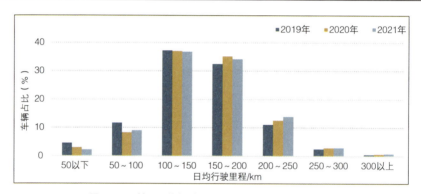

图 3-74　基于日均行驶里程的公交客车历年分布情况

从图 3-75 来看，由于平均车速相对较低，一线、二线城市日均行驶里程在 150km 以内的比例略高于其他级别城市。

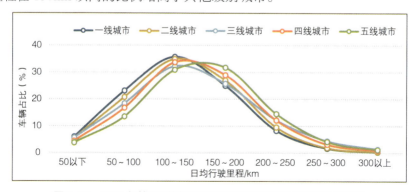

图 3-75　2021 年基于日均行驶里程的分级别城市公交客车分布情况

（3）一线城市公交客车夜间行驶比例较高

从公交客车历年行驶时刻分布来看（图 3-76），2021 年公交客车行驶时刻相比 2019 年、2020 年有所提前，行驶时刻在 8:00—16:00 的车次占比相对平稳，符合公交客车的行驶特征；一线城市在 18:00—23:00 行驶的车次占比为 16.6%，略高于其他级别城市，后者均低于 13%（图 3-77）。

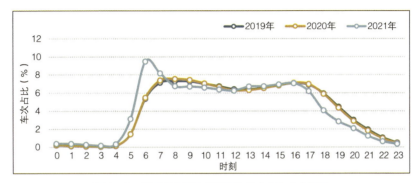

图 3-76　基于各行驶时刻的历年公交客车分布情况

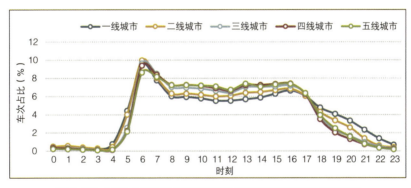

图 3-77　2021 年基于各行驶时刻的分级别城市公交客车分布情况

3. 公交客车月均出行特征

（1）2021 年超过六成的公交客车月均行驶 25 天以上

2021 年公交客车月均行驶天数 23.44 天，与往年基本一致（表 3-38）。月均行驶 25 天的车辆占比明显提高，由 2020 年的 28.58% 提高至 2021 年的 61.74%（图 3-78），新能源公交客车运营趋于常规化。

表 3-38　公交客车月均行驶天数的平均值

年份	2019 年	2020 年	2021 年
月均行驶天数	22.15	22.55	23.44

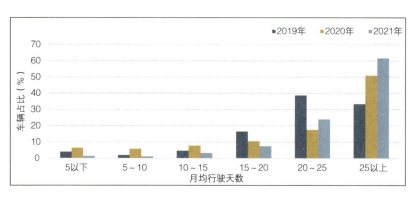

图 3-78　基于月均行驶天数的公交客车历年分布情况

（2）公交客车历年月均行驶里程较为稳定，2021 年月均行驶里程 3712.63km

2021 年公交客车月均行驶里程 3712.63km，历年月均行驶里程较为稳定（表 3-39）。2021 年公交客车月均行驶里程在 5000km 以上的比例相比 2019 年、2020 年有所提升（图 3-79）。

表 3-39　公交客车月均行驶里程的平均值

年份	2019 年	2020 年	2021 年
月均行驶里程 /km	3519.06	3682.57	3712.63

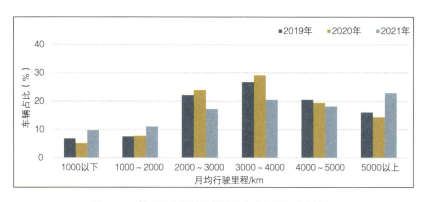

图 3-79　基于月均行驶里程的公交客车历年分布情况

五线城市公交客车月均行驶 4000km 以上的比例高于其他城市（图 3-80）。

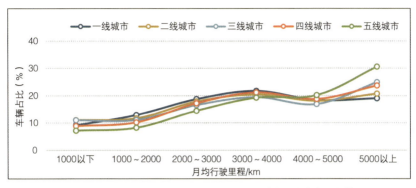

图 3-80　2021 年基于月均行驶里程的分级别城市公交客车分布情况

3.2.7　重型货车运行特征

1. 重型货车次均出行特征

（1）近两年重型货车次均行驶时长稳定在 1.1h，相较 2019 年提升明显

近两年，重型货车次均行驶时长相对稳定在 1.1h 左右，2021 年与 2020 年基本持平（表 3-40）。2021 年重型货车次均行驶时长 1.5h 以上的车次占比 38.7%，与 2020 年接近，但比 2019 年高出 9.5 个百分点（图 3-81）。

表 3-40　重型货车次均行驶时长的平均值

年份	2019 年	2020 年	2021 年
次均行驶时长 /h	0.86	1.11	1.10

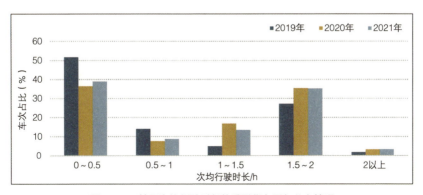

图 3-81　基于次均行驶时长的重型货车历年分布情况

（2）2021年重型货车次均行驶里程与去年持平，但高于2019年

从重型货车历年次均行驶里程来看，2021年重型货车次均行驶里程22.97km，与2020年次均行驶里程持平（表3-41）。

表3-41　重型货车次均行驶里程的平均值

年份	2019年	2020年	2021年
次均行驶里程/km	15.44	22.98	22.97

重型货车的次均行驶里程主要集中在30km以内（图3-82），2021年车次占比为74.53%，但次均行驶30km以上的车次占比呈上升趋势，由2019年的12.5%提高到2021年的25.5%。

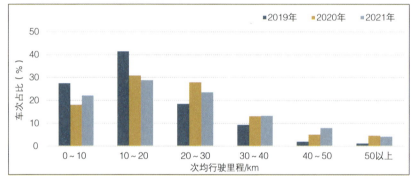

图3-82　基于次均行驶里程的重型货车历年分布情况

近两年重型货车次均车速均略高于20km（表3-42）。2021年重型货车次均车速为20.65km/h，与上年基本持平。

表3-42　重型货车次均车速的平均值

年份	2019年	2020年	2021年
次均车速/（km/h）	18.79	20.68	20.65

从次均车速分布来看（图3-83），次均车速为30km/h以上的比例有所提高，由2020年的4.1%提高至2021年的7.3%。

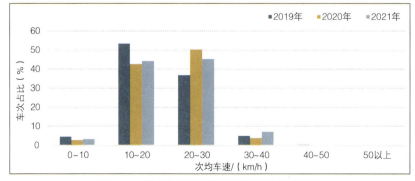

图3-83　基于次均车速的重型货车历年分布情况

2. 重型货车日均出行特征

（1）重型货车日均行驶时长呈现逐年增长趋势

近两年重型货车日均行驶时长相对稳定，2021 年重型货车日均行驶时长为 5.21h，相比 2020 年增长 1.8%（表 3-43）。

表 3-43　重型货车日均行驶时长的平均值

年份	2019 年	2020 年	2021 年
日均行驶时长 /h	3.89	5.12	5.21

从历年日均行驶时长月度均值来看（图 3-84），2021 年 1—5 月，重型货车日均行驶时长高于 2020 年同期，随后有所下降，与去年同期接近。

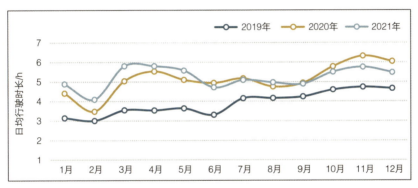

图 3-84　重型货车历年日均行驶时长的月度均值情况

从车辆日均行驶时长分布来看（图 3-85），车辆占比较为分散；车辆日均行驶时长占比从低时长向高时长逐渐转移，日均行驶时长 4～7h 的比例由 2019 年的 29.9% 提升至 2021 年的 49.1%。

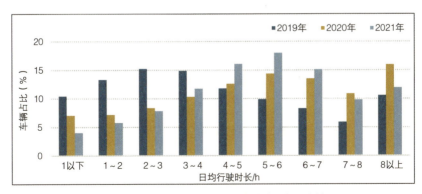

图 3-85　基于日均行驶时长的重型货车历年分布情况

（2）近三年来，重型货车日均行驶里程逐渐提高

2021 年重型货车日均行驶里程为 107.57km，同比增长 1.7%（表 3-44）。2021 年重型货车日均行驶里程月度均值与 2020 年同期基本一致（图 3-86）。

表 3-44　重型货车日均行驶里程的平均值

年份	2019 年	2020 年	2021 年
日均行驶里程 /km	71.02	105.73	107.57

图 3-86　重型货车历年日均行驶里程的月度均值

从重型货车日均行驶里程分布来看（图 3-87），日均行驶里程在 100km 以上的车辆占比从 2019 年的 27.2% 提高至 2021 年的 48.4%。

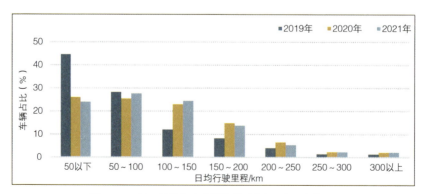

图 3-87　基于日均行驶里程的重型货车历年分布情况

（3）重型货车凌晨行驶的车次占比逐年提高

从重型货车历年行驶时刻分布来看（图 3-88），行驶时刻在 0:00—7:00 的车次占比逐年提高，从 2019 年的 15.2% 提高到 2021 年的 25.8%，

符合重型货车的行驶特征。

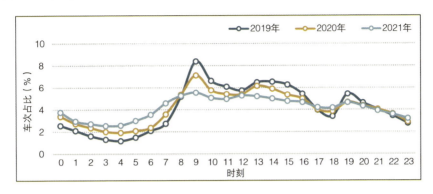

图 3-88　基于各行驶时刻的历年重型货车分布情况

3. 重型货车月均出行特征

（1）近三年来，重型货车月均行驶天数逐渐提高

近三年来，重型货车月均行驶天数逐年提高，2021 年月均行驶天数为 20.77 天，相比 2020 年提高 13.6%（表 3-45）。

表 3-45　重型货车月均行驶天数的平均值

年份	2019 年	2020 年	2021 年
月均行驶天数	15.37	18.28	20.77

从历年月均行驶天数来看（图 3-89），除了 2 月、11 月，2021 年其他月份重型货车月均行驶天数高于 2020 年同期。

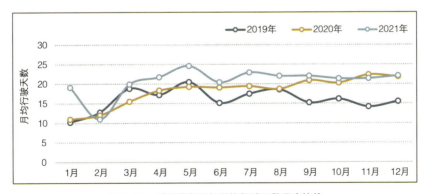

图 3-89　重型货车历年月均行驶天数月度均值

从重型货车月均行驶天数分布来看（图 3-90），月均行驶 20 天以上的车辆占比明显提高，由 2019 年的 41.9% 提高至 2021 年的 66.3%。

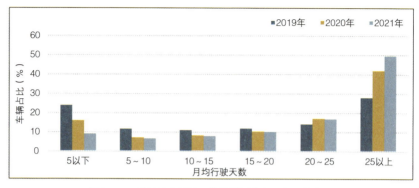

图 3-90　基于月均行驶天数的重型货车历年分布情况

（2）重型货车历年月均行驶里程逐年提高，2021 年月均行驶里程 2424.87km

2021 年重型货车月均行驶里程 2424.87km，相比 2020 年提高 8.8%（表 3-46）。从历年月均行驶里程均值来看（图 3-91），2021 年 1—5 月，重型货车月均行驶里程高于往年同期水平，随后有所下降；从月均行驶里程分布来看（图 3-92），2021 年重型货车月均行驶里程在 2000km 以上的比例从 2019 年的 27.2% 提高到 2021 年的 50.8%。

表 3-46　重型货车月均行驶里程的平均值

年份	2019 年	2020 年	2021 年
月均行驶里程 /km	1318.65	2228.24	2424.87

图 3-91　重型货车历年月均行驶里程的均值情况

相较于其他类型车辆，纯电动重型货车车身庞大，对电机、电控在内的三电系统要求更高，需要适应更多不同场景，比如上下坡的路段、不平整路段、大风大雪等恶劣气候环境。纯电动重型货车更适合短距离运输或是固定线路运输，避免续驶里程不足等突发情况。在此背景下，换电重型货车就具备了较高的推广应用价值。换电重型货车仅需要 3 ~ 10min 即可完成换电，运营效率更高；经济性方面，由于车电分离减少首次购车成本，虽然整车加电池的成本仍高于燃油重型货车，但运营过程的经济性高于燃油车。根据公开资料数据显示，换电重型货车的电耗为 1.2kW·h/km，相比燃油大概能节省 60 元 /100km。目前，换电重型货车已经在城市运输、建筑工地、矿山、港口等多个场景取得较好的推广应用效果。虽然换电模式可以加速重型货车电动化的进程，但当前仍面临着诸多困难：一是无论采用租赁还是购买电池的方式，当前购置成本和运营成本都比较高；二是虽然单车换电时间较短，但是由于换电站少，一旦遇上排队换电，等待的时间就会延长，而且换电站是否有数量充足的备用电池也不确定等，后续需要在技术、商业推广模式等方面持续进行创新。

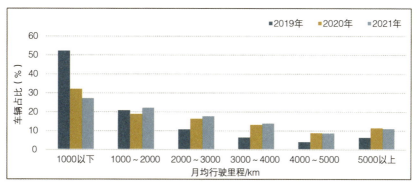

图 3-92　基于月均行驶里程的重型货车历年分布情况

3.3　小结

1. 车辆上线率

近三年来，我国新能源汽车上线率持续增长，2020 年和 2021 年基本稳定在 80% 左右。其中，插电式混合动力汽车（PHEV）的上线率高于纯电动汽车（BEV）和氢燃料电池电动汽车（FCV）。值得注意的是，FCV 目前处于产业化和商业运营初期，2021 年 72% 的上线率均值接近 BEV 的 79.7%，车辆运营趋于常规化。

四、五线城市各年度月均上线率更高，说明用车需求较高。与此同时，其保有量较一、二线城市低。未来一段时间，四、五线城市是新能源汽车重点推广区域，同时需要结合当地市场环境推广适销对路的车型。

在各细分市场，网约车月均上线率最高。网约车和共享租赁车同为近几年出现的新业态，从 2021 年来看，前者上线率（96.5%）远高于后者（63.8%），且后者的上线率逐年递减。由此看来，共享租赁车运营方还要在网点布局、使用、停车、车况维护等方面再做些突破性创新，提高上线率，才能实现可持续发展。近三年来，重型货车上线率呈现大幅提升趋势，增长率位于各细分市场之首，说明其处于运行需求快速释放期，重型货车的电动化对于我国实现"双碳"目标具有很重要的意义。

2. 重点细分市场车辆运行特征

（1）乘用车领域

1）私家车。我国私家车次均行驶时长超过 0.5h 的车次占比为 56.3%，相较于 2020 增长 27.7 个百分点，在一定程度上说明私家车中长途出行比例增大。私家车次均行驶里程主要分布在 20km 以内，历年车次占比在 80% 左右。2021 年次均行驶里程 10km 以上的车辆占比 61.4%，相较于 2020 年增长 9.7 个百分点，结合次均行驶时间来看，可以推断私家车的日常出行半径在逐步增大。

2021 年，私家车月均行驶天数在 25 天以上的车辆占比增幅较大，说明新能源私家车作为家庭首辆车和唯一工具车的比例加大，使用频率大幅提升。

2）出租车、网约车。网约车日均行驶里程主要集中在 100 ～ 250km，占比达到 84.8%。该行驶里程范围基本符合商业化运营车辆的行驶特征，说明在无政策驱动情况下，新能源汽车作为网约车在经济性上得到了初步认可。网约车月均行驶 5000km 以上的车辆快速增长，车辆占比从 2020 年的 23.5% 增长到 2021 年的 34.2%，高月均行驶里程段的车辆占比增加的主要原因是充换电装置与车辆匹配逐渐趋于合理，网约车运营进一步常规化。

出租车日均行驶里程基本在 200km 左右，日均行驶里程在 100 ～ 250km 的车辆占主要比重；2021 年月均行驶 5000km 以上的出租车占比 48.04%，相较于 2019 年和 2020 年分别增长 2.1 个百分点和 10.5 个百分点。

3）共享租赁车。2021 年，共享租赁车在日均行驶时长和日均行驶里程相较于往年均有大幅提升。2021 年共享租赁车日均行驶时长 5.1h，分别比 2019 年和 2020 年增长 82.0% 和 84.7%；2021 年共享租赁车日均行驶里程 124.0km，同比增长 24.4%。受分时租赁市场重资产及利用率相对较低等问题，分时租赁市场逐渐缩小，而用于月租或周末节假日长距离出行的共享租赁市场快速增长，车辆运行时长和里程均有明显提升。

（2）商用车领域

1）物流车。2021 年物流车的次均行驶时长和次均行驶里程分别为 0.87h 和 18.96km，相较于 2020 年有所提升，逐渐恢复到新冠肺炎前的水平，说明新能源物流车的使用逐渐趋于常规化。近三年来，物流车月均行驶里程呈现快速增长趋势。2021 年物流车月均行驶里程 2270.33km，同比增长 4.7%。从月均行驶里程分布看，月均行驶里程 3000km 以上的物流车占比由 2019 年的 10.7% 快速提升至 2021 年的 29.2%，新能源物流车逐渐趋于良性化运营。

2）公交客车。公交客车日常运营规律性较强，车辆日均出行稳定保持在 7h 左右，日均行驶里程与往年基本一致，主要集中在 100～200km；月度行驶特征方面，2021 年超过六成的公交客车月均行驶在 25 天以上，历年月均行驶里程较为稳定，均在 3500km 以上。伴随着公交客车常态化运营，新能源公交客车逐渐替代更多的燃油公交客车，承担起较长线路的运营任务。

3）重型货车。从次均行驶里程分布来看，近三年来，重型货车的次均行驶里程主要集中在 30km 以内，2021 年车次占比为 74.5%，但次均行驶里程 30km 以上的占比呈上升趋势，由 2019 年的 12.5% 提高到 2021 年的 25.5%，次均行驶里程的提升为扩大纯电动重型货车的应用场景提供了更多可能。2021 年重型货车的日均行驶时长和日均行驶里程分别为 5.2h 和 107.6km，相较于往年均有所提升，车辆运行逐渐趋于常规化。当前，全国各城市均面临节能减排的压力，而重型货车在交通领域节能降碳起到至关重要的作用，需要切实关注如何提高新能源重型货车的使用率，从路权、商业模式、基础设施完善等角度进行创新，并从全生命周期角度评估新能源重型货车的能耗和碳排放指标，进一步承担起"减污降碳"的重任。

第4章

车辆充电

　　充电基础设施是电动汽车用户绿色出行的重要保障，是促进新能源汽车产业发展、推进新型电力系统建设、助力"双碳"目标实现的重要支撑。2022 年 1 月 10 日，国家发展改革委、国家能源局等多部门联合印发了《关于进一步提升电动汽车充电基础设施服务保障能力的实施意见》(发改能源规〔2022〕53 号)(以下简称"《实施意见》")，对于指导"十四五"时期建设形成适度超前、布局均衡、智能高效的充电基础设施体系做出明确的目标计划和指导意见。本章针对不同应用场景下车辆充电特征、不同充电场景下充电行为、换电模式运行特征等内容进行分析，总结电动汽车用户的充电规律，为我国充电基础设施进一步完善布局及完善规划提供一定的研究借鉴。

4.1　充电基础设施建设情况

4.1.1　充电基础设施建设进展

　　（1）充电设施建设规模持续保持高速增长，截至 2021 年底，我国充电基础设施保有量达到 261.7 万台

　　近年来，我国充电基础设施从充电技术、标准体系到产业生态稳步发展，已建成世界上数量最多、辐射面积最大、服务车辆最全的充电基础设

施体系。根据中国电动汽车充电基础设施促进联盟（以下简称"中国充电联盟"）统计数据显示（图 4-1），截至 2021 年底，全国充电设施规模达到 261.7 万台，换电站 1298 座，为我国新能源汽车产业发展提供了有力支撑。随着随车配建充电设施快速增加，私人充电桩保有量占比逐渐增长，截至 2021 年底，私人充电桩保有量达到 147 万台，占全国充电基础设施的 56.2%。

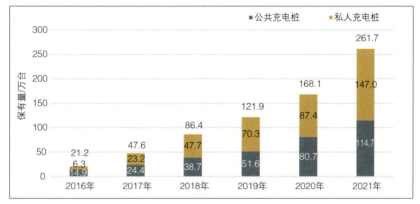

图 4-1　我国充电基础设施历年保有量情况

数据来源：中国充电联盟。

（2）新增充电桩数量有较大幅度提升，2021 年新增充电桩数量 93.6 万台，车桩增量比 3.8:1

2021 年，充电基础设施数量与新能源汽车销量均呈现爆发式增长。其中，新能源汽车销量 352.1 万辆，同比增长 157.6%。2021 年充电基础设施相较于 2020 年增量 93.6 万台（图 4-2），车桩增量比为 3.8:1，充电基础设施建设能够基本满足新能源汽车的快速发展。

图 4-2　我国充电基础设施历年增量情况

数据来源：中国充电联盟。

公共充电桩领域，交流充电桩保有量占公共类充电设施保有量的比重较大。从图4-3来看，截至2021年底，交流充电桩保有量达到67.7万台，占充电基础设施保有量的比例约为59.0%；直流充电桩保有量47万台，占充电设施保有量的比例约为41.0%，交直流一体充电桩589台。2021年，新增公共类充电桩以交流充电桩为主。

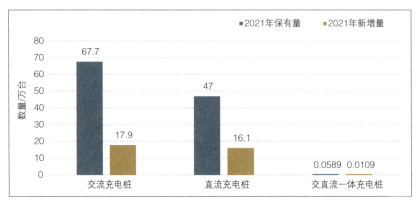

图4-3　我国公共类充电桩保有量和新增情况

数据来源：中国充电联盟。

私人领域，车企未随车配建充电桩的原因较为集中。根据中国充电联盟采样的车桩相随信息显示（图4-4），在2021年新能源汽车未随车配建充电设施的原因中，集团用户自行建桩、居住地没有固定停车位、居住地物业不配合这3个因素是未随车配建充电设施的主要原因，占比分别为48.6%、10.3%、9.9%，合计68.8%，用户选用专用场站充电、工作地没有固定车位、报装难度大及其他原因占比为31.2%。

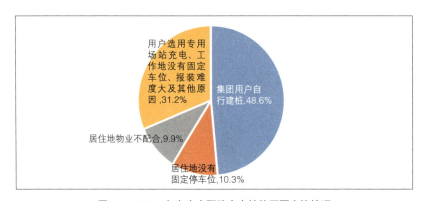

图4-4　2021年车企未配建充电桩的原因占比情况

数据来源：中国充电联盟。

4.1.2　充电技术进步情况

（1）充电技术持续进步，公共直流充电桩平均充电功率稳步提升

从图 4-5 来看，公共充电桩平均充电功率基本保持平稳，自 2016 年以来，基本保持在 9kW 左右；公共直流充电桩充电功率快速提升，自 2019 年以来，公共类直流充电桩平均功率突破 100kW，以满足电动汽车行驶里程长、充电时间短的要求。

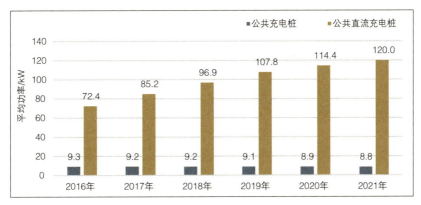

图 4-5　公共领域充电桩平均功率历年变化情况

数据来源：中国充电联盟。

（2）公共充电设施领域大功率化趋势逐步显现

从新建公共直流充电桩历年平均功率变化情况来看（图 4-6），120kW 及以上大功率充电桩增长迅速，充电桩逐步向大功率趋势发展。

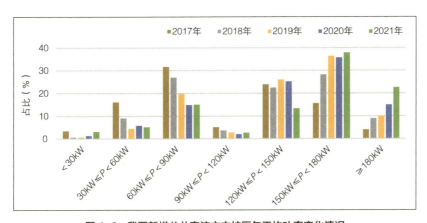

图 4-6　我国新增公共直流充电桩历年平均功率变化情况

数据来源：中国充电联盟。

伴随着新能源汽车大功率充电需求日益紧迫，2020年6月，国家电网有限公司发布《电动汽车ChaoJi传导充电技术白皮书》，标志着ChaoJi充电技术迈入标准制定与产业应用新阶段。ChaoJi传导充电技术电缆组件采用液冷方式，最大充电功率900kW，满足大功率充电需求，使充电像加油一样快捷。伴随着新一代超级充电技术的落地，将激发更多超级快充车型的发布。2020年以来，比亚迪、吉利、极狐、现代、广汽、小鹏、理想、华为等整车企业及运营商陆续发布了搭载800V高电压平台解决方案及车型。其中，极氪、小鹏、比亚迪等分别将800V电压平台车型的量产时间定在2022年。伴随新能源企业带电量的快速增长，车企层面选择高压架构是实现大功率快充、改善用户充电体验的必经之路。

4.2 重点细分市场车辆充电特征

本节重点通过新能源私家车、纯电动网约车、纯电动出租车、纯电动共享租赁车、纯电动物流车、纯电动公交客车6个细分市场展开分析，分别就不同时段的车辆充电特征展开分析，重点就车辆次均充电特征、日均充电特征、月均充电特征进行归纳总结（表4-1），总结车辆充电规律，以期对充电设施政策完善、运营商合理布局充电设施等形成一定的参考意义。

表4-1　新能源汽车细分市场分析指标

分析维度	分析指标	指标含义
次均充电特征	次均充电时长	单次充电时长的平均值
	次充电起始SOC	单次充电起始SOC的平均值
日均充电特征	充电时刻	单日内24h充电时刻分布
月均充电特征	月均充电次数	单月充电次数的平均值
	月均快充次数	单月快充次数的平均值
	月均慢充次数	单月慢充次数的平均值
	月均充电电量	单月充电电量的平均值

4.2.1 新能源私家车充电特征

1. 新能源私家车次均充电特征

（1）私家车次均充电时长主要集中在1～4h，近两年次均充电时长1～4h的车辆占比均达到60%以上

2021年，新能源私家车次均充电时长为3.7h，相较于2020年下降

0.2h（表 4-2）。2021 年不同次均充电时长的车辆分布情况与 2020 年基本一致（图 4-7），车辆次均充电时长主要集中在 1 ~ 4h。

表 4-2　新能源私家车历年次均充电时长的平均值

年份	2019 年	2020 年	2021 年
次均充电时长 /h	4.0	3.9	3.7

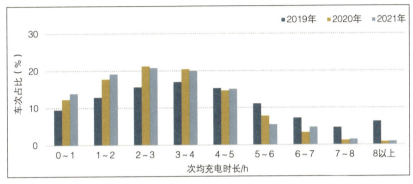

图 4-7　基于不同次均充电时长的新能源私家车历年车次分布情况

从纯电动私家车工作日和周末的次均充电时长分布来看，纯电动汽车次均充电时长主要集中在 2 ~ 5h，周末时段纯电动及插电式混合动力私家车次均充电时长高于 8h 的车辆占比明显高于工作日时段（图 4-8）。插电式混合动力私家车次均充电时长主要集中在 2 ~ 3h（图 4-9）。

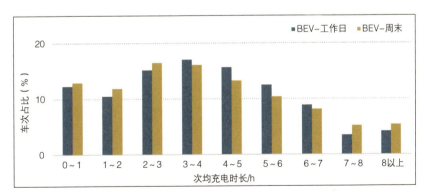

图 4-8　2021 年工作日和周末基于次均充电时长的纯电动私家车分布情况

从新能源私家车充电方式来看（图 4-10），快充时长主要集中在 2h以内，车次占比 93.3%；慢充时长分布相对分散，时长在 2 ~ 6h 的车次占比为 60%。

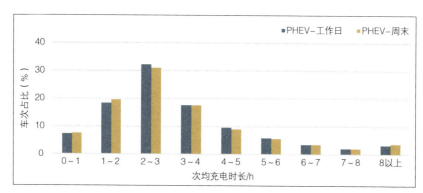

图4-9　2021年工作日和周末基于次均充电时长的插电式混合动力私家车分布情况

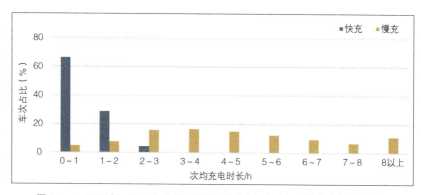

图4-10　2021年不同充电方式下基于次均充电时长的新能源私家车分布情况

（2）私家车次充电起始SOC为39.8%，与往年基本持平

从新能源私家车历年次充电起始SOC来看，2021年新能源私家车次充电起始SOC为39.8%，与往年基本持平（表4-3）。2021年，私家车次充电起始SOC在50%以上的车次占比为26.5%（图4-11），比2019年和2020年分别提高2.7和3.9个百分点。

无论是纯电动汽车还是插电式混合动力汽车，私家车在周末时间充电时起始SOC在低电量区间（10%~20%）和高电量区间（70%~90%）的比例均高于工作日，其余电量区间（30%~60%）周末充电车辆数量则低于工作日充电车辆数量（图4-12、图4-13）。这是由于私家车周末中长途出行的车辆增多，提前做充电储备的行为更为集中，所以在更低和更高SOC段车辆充电行为更多。虽然新能源私家车的主要用途是通勤，但其已经可以兼顾中长途出行的需求。

表 4-3　新能源私家车历年次充电起始 SOC 的平均值

年份	2019 年	2020 年	2021 年
次充电起始 SOC（%）	39.3	41.6	39.8

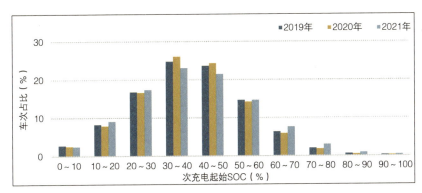

图 4-11　基于次充电起始 SOC 的新能源私家车历年车次分布情况

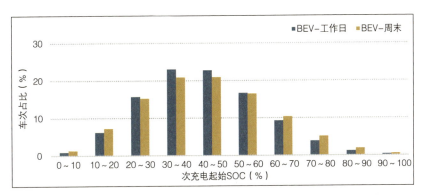

图 4-12　2021 年工作日和周末基于次充电起始 SOC 的纯电动私家车分布情况

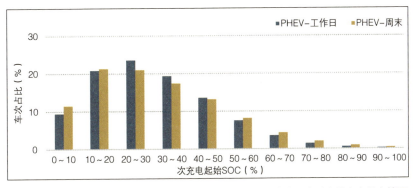

图 4-13　2021 年工作日和周末基于次充电起始 SOC 的插电式混合动力私家车分布情况

从车辆充电方式来看，新能源私家车快充次充电起始 SOC 更多集中在 10% ～ 50%，车次占比为 80.3%，高于慢充 14.4 个百分点；新能源私家车慢充次充电起始 SOC 更多集中在 20% ～ 60%，车次占比为 73.8%（图 4-14）。从数据可以看出，快充更多用于低电量时快速补电，慢充更多用于常规充电。

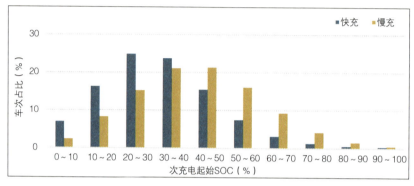

图 4-14　2021 年不同充电方式下基于次充电起始 SOC 的新能源私家车分布情况

2. 新能源私家车日均充电特征

2021 年新能源私家车日均充电时刻主要集中在早高峰及夜间

从充电时刻分布来看，2021 年新能源私家车充电主要集中在早高峰和夜间。其中，充电时刻在 7:00—9:00 的车次占比为 16.34%，充电时刻在 18:00—22:00 的车次占比达到 34.68%，明显高于其他时间段（图 4-15），通勤目的地充电（工作单位和居住地）特征明显。

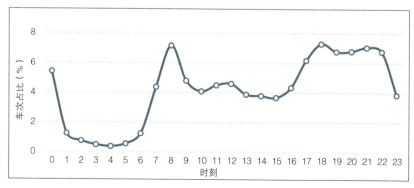

图 4-15　2021 年新能源私家车各充电时刻的车次分布情况

从工作日和周末车辆日均充电特征来看，纯电动及插电式混合动力私家车在工作日早高峰 7:00—9:00 充电的车次占比高于周末（图 4-16、图 4-17）。

图 4-16　2021 年工作日和周末纯电动私家车各充电时刻的车次分布情况

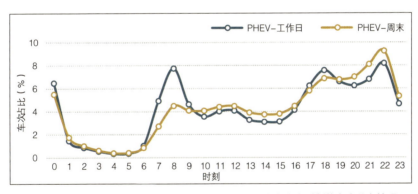

图 4-17　2021 年工作日和周末插电式混合动力私家车各充电时刻的车次分布情况

从充电方式来看，8:00—18:00 时段，采用快充方式的车次占比总体高于采用慢充方式的车次占比；而在 18:00—24:00 时段，更多的车辆采用慢充方式。其中，在 18:00—22:00 采用慢充方式的车次比例达到 36.3%（图 4-18）。

3. 新能源私家车月均充电特征

（1）2021 年新能源私家车月均充电次数 8.8 次（表 4-4），较往年有所提升

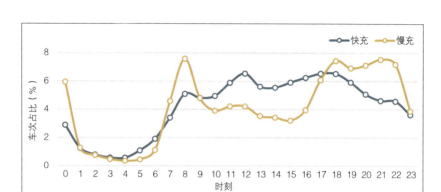

图 4-18　2021 年不同充电方式下新能源私家车各充电时刻的车次分布情况

表 4-4　新能源私家车历年月均充电次数的平均值

年份	2019 年	2020 年	2021 年
月均充电次数	8.0	7.4	8.8

从新能源汽车月均充电次数分布来看，2021 年，月均充电次数在 5 次以上的车辆占比为 61.3%，较 2020 年提升 14.7 个百分点（图 4-19），主要是由于月均充电高频次的车辆占比相较于 2020 年有所提升。纯电动私家车月均充电次数主要集中在 5 次以内，占比为 57.9%，但是纯电动私家车充电次数在 5 ~ 15 次的车辆占比明显提高（图 4-20）；插电式混合动力私家车月均充电次数在 5 次以内的车辆占比相较于 2020 年有所增长（图 4-21）。

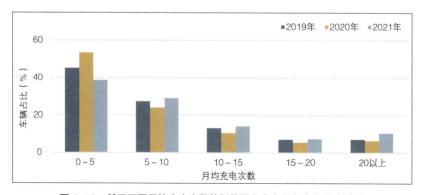

图 4-19　基于不同月均充电次数的新能源私家车历年车辆分布情况

图 4-20　基于不同月均充电次数的纯电动私家车历年车辆分布情况

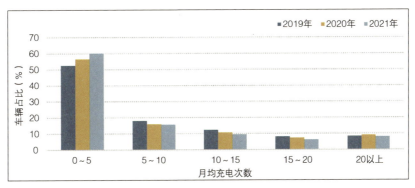

图 4-21　基于不同月均充电次数的插电式混合动力私家车历年车辆分布情况

从历年车辆充电方式变化情况来看，近三年来新能源私家车慢充比例基本稳定。2021 年，新能源私家车月均充电次数中慢充比例为 85.2%，与 2020 年基本持平（图 4-22）。

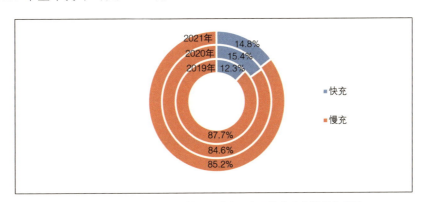

图 4-22　不同充电方式新能源私家车历年月均充电次数分布情况

（2）2021年新能源私家车月均快充次数1.3次（表4-5），较往年小幅提高

表4-5　新能源私家车历年月均快充次数的平均值

年份	2019 年	2020 年	2021 年
月均快充次数	0.8	1.2	1.3

新能源私家车月均快充次数在 5 次以内的车辆仍然占主要比重，2021年车辆占比达到89.5%（图4-23）；月均快充次数在 5 次以上的车辆占比有所上升，从2019年的3.4%提高到2021年的10.6%，主要得益于公共快充设施快速增长，新能源私家车快充次数呈上升趋势。

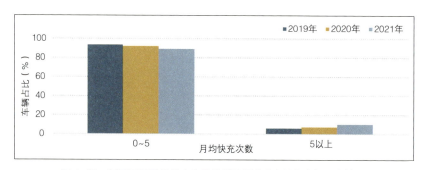

图4-23　基于不同月均快充次数的新能源私家车历年车辆分布情况

（3）2021年新能源私家车月均慢充次数6.9次（表4-6），相比2020年有所提高

表4-6　新能源私家车历年月均慢充次数的平均值

年份	2019 年	2020 年	2021 年
月均慢充次数	7.4	6.5	6.9

慢充仍然是新能源私家车的主要充电方式，占月均充电次数的85.2%。从次数分布看（图4-24），月均慢充次数在 5 次以上的车辆占比从2020年的39.6%提高到2021年的54.1%，2021年私家车慢充的频次更高。

不同驱动方式的私家车慢充频次都在提高，其中纯电动私家车月均慢充次数 5 次以上的车辆占比从2019年的39.2%提高到2021年的46.3%（图4-25）；插电式混合动力私家车月均慢充次数 5 次以上的车辆占比从2020年的40.8%提高到2021年的47.4%（图4-26）。

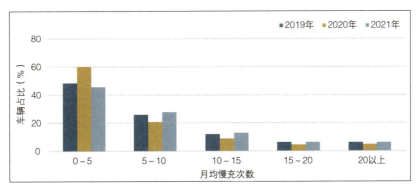

图 4-24　基于不同月均慢充次数的新能源私家车的历年车辆分布情况

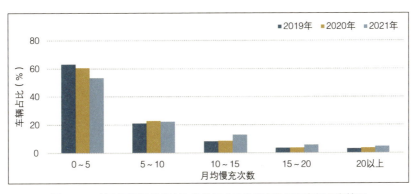

图 4-25　基于不同月均慢充次数的纯电动私家车的历年车辆分布情况

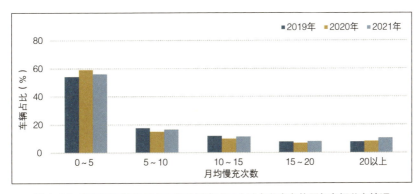

图 4-26　基于不同月均慢充次数的插电式混合动力私家车的历年车辆分布情况

（4）2021 年新能源私家车月均充电电量 105.5kW·h（表 4-7），较上年增长 25.3%

表 4-7   新能源私家车历年月均充电电量的平均值

年份	2019 年	2020 年	2021 年
月均充电电量 /kW·h	86	84.2	105.5

2021 年月均充电电量集中在 100kW·h 以内的新能源私家车占主要比重，达到 44.3%。从历年变化趋势来看（图 4-27），月均充电电量高于 50kW·h 的车辆占比呈现明显上升趋势，从 2019 年的 49.4% 提高到 2021 年的 55.7%。月均充电电量的增长有多项原因，主要是行驶里程的增长，也不排除车辆大型化的趋势所致。

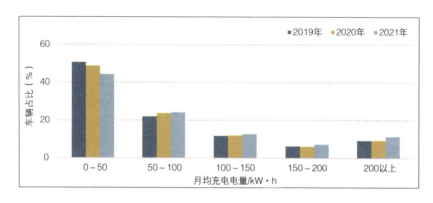

图 4-27   基于不同月均充电电量的新能源私家车的历年车辆分布情况

4.2.2   纯电动网约车充电特征

1. 纯电动网约车次均充电特征

（1）2021 年纯电动网约车次均充电时长 1.6h，与 2020 年基本保持一致

从表 4-8 来看，2021 年纯电动网约车次均充电时长 1.6h，与 2020 年基本保持一致。从次均充电时长分布看（图 4-28），纯电动网约车次均充电 2h 以上的比例从 2020 年的 26.1% 提高到 2021 年的 32.9%，在一定程度上说明纯电动网约车使用慢充的比例在提高。

表 4-8   纯电动网约车历年次均充电时长的平均值

年份	2019 年	2020 年	2021 年
次均充电时长 /h	1.8	1.5	1.6

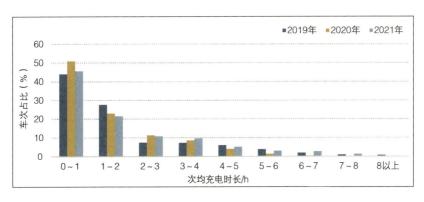

图 4-28　基于不同次均充电时长的纯电动网约车历年车次分布情况

从充电方式来看，纯电动网约车快充主要集中在 1h 以内，车次占比达到 84.2%；网约车采用慢充方式的次均充电时长分布较为分散（图 4-29）。作为运营用途，纯电动网约车次均充电时长更多集中在 4 ~ 5h，长于纯电动私家车的 2 ~ 3h。

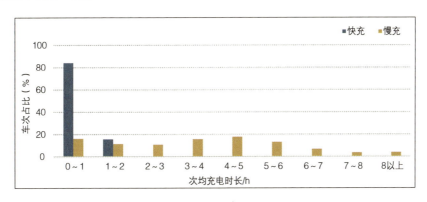

图 4-29　2021 年不同充电方式下基于次均充电时长的纯电动网约车分布情况

（2）2021 年纯电动网约车次充电起始 SOC 为 42.5%，与往年基本持平

2021 年纯电动网约车次充电起始 SOC 为 42.5%（表 4-9），与往年基本持平。从次充电起始 SOC 分布看（图 4-30），纯电动网约车次充电起始 SOC 主要集中在 30% ~ 50%，历年车次占比均在 75% 以上。

表 4-9　纯电动网约车历年次充电起始 SOC 的平均值

年份	2019 年	2020 年	2021 年
次充电起始 SOC（%）	43.2	43.4	42.5

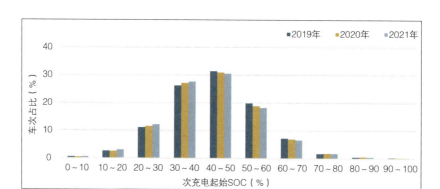

图 4-30　基于次充电起始 SOC 的纯电动网约车历年车次分布情况

从充电方式来看，采用快充方式，纯电动网约车次充电起始 SOC 主要集中在 20%～50%；采用慢充方式，车辆次充电起始 SOC 分布相对分散（图 4-31）。

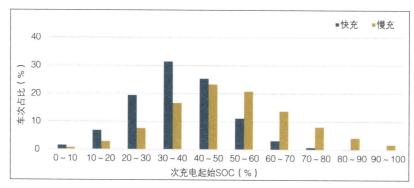

图 4-31　2021 年不同充电方式下基于次充电起始 SOC 的纯电动网约车分布情况

2. 纯电动网约车日均充电特征

2021 年纯电动网约车整体充电时刻主要分布在午间和夜间，比上两年同时段有所提高

2021 年，纯电动网约车的充电时刻主要分布在午间和夜间，其中，19:00—次日 0:00 时段充电的车次占比从 2019 年的 30.9% 提高到 2020 年的 41.0%（图 4-32）。2021 年上午 11:00—12:00 的充电小高峰时段，相较于往年的车次占比有所提升。

从充电方式来看，纯电动网约车慢充充电时段主要集中在夜间，19:00—次日 0:00 这一时段的车次占比达到 55.3%；采用快充方式，车辆充电时间主要集中在 11:00—16:00 和 22:00—次日 0:00，主要与网约车运营属性有关，部分网约车在夜间时段运营，因此 22:00 以后也会有较高的快充需求（图 4-33）。

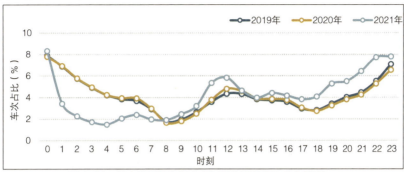

图 4-32　纯电动网约车各充电时刻的历年车次分布情况

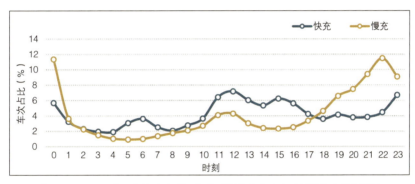

图 4-33　2021 年不同充电方式下纯电动网约车各充电时刻的车次分布情况

3. 纯电动网约车月均充电特征

（1）2021 年纯电动网约车月均充电次数 28.9 次，高充电频次的车辆占比有所提高

2021 年纯电动网约车月均充电次数达到 28.9 次，较前两年有较大增长（表 4-10）。从月均充电次数看（图 4-34），纯电动网约车月均充电 30 次以上的车辆占比从 2020 年的 28.8% 提高到 2021 年的 43.9%，上升 15.1 个百分点；从充电方式来看，纯电动网约车快充比例略高一些（图 4-35）。

表 4-10　纯电动网约车历年月均充电次数的平均值

年份	2019 年	2020 年	2021 年
月均充电次数	26.6	25.0	28.9

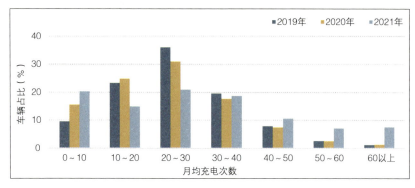

图 4-34　基于月均充电次数的纯电动网约车历年车辆分布情况

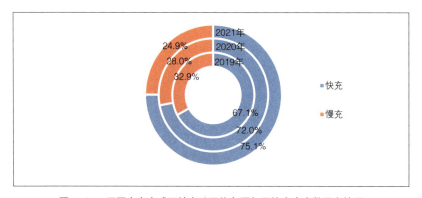

图 4-35　不同充电方式下纯电动网约车历年月均充电次数分布情况

（2）2021 年纯电动网约车月均快充次数 21.7 次，总体快充次数有所增长

2021 年纯电动网约车月均快充次数为 21.7 次，相较于上两年有所提高（表 4-11）。从月均快充次数分布看（图 4-36），月均快充次数超过 30 次的车辆占比 26.3%，相较于上两年分别增长 7.9 个百分点和 9.3 个百分点。总体来看，越来越多的车辆选择快充方式快速补充电量。

表 4-11　纯电动网约车历年月均快充次数的平均值

年份	2019 年	2020 年	2021 年
月均快充次数	19.2	18.0	21.7

（3）纯电动网约车月均慢充次数主要集中在 10 次以内

2021 年，纯电动网约车月均慢充次数 7.2 次，与 2019 年和 2020 年基本保持一致（表 4-12）。从月均慢充次数分布来看（图 4-37），纯电动网约车月均慢充 10 次以内的车辆占主要比重，近三年来车辆占比均在 70% 以上。

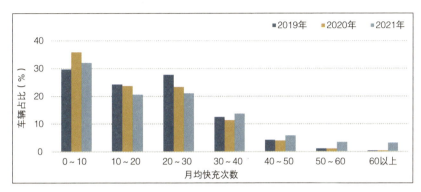

图 4-36　基于月均快充次数的纯电动网约车历年车辆分布情况

表 4-12　纯电动网约车历年月均慢充次数的平均值

年份	2019 年	2020 年	2021 年
月均慢充次数	7.5	7.0	7.2

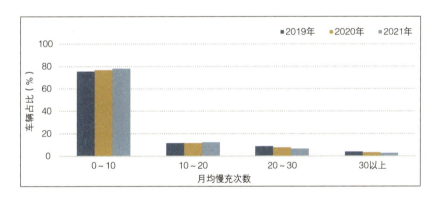

图 4-37　基于月均慢充次数的纯电动网约车历年车辆分布情况

（4）2021 年纯电动网约车月均充电电量 652.8kW·h（表 4-13），较上年增长 19.0%

表 4-13　纯电动网约车历年月均充电电量的平均值

年份	2019 年	2020 年	2021 年
月均充电电量 /kW·h	640.4	548.4	652.8

　　从月均充电电量分布看（图 4-38），纯电动网约车快充月均充电电量高于 1000kW·h 的比例从 2020 年的 4.9% 提高到 2021 年的 12.5%，增长率最高，说明网约车在高里程行驶时更倾向于使用快充方式。2021 年纯电动网约车慢充月均充电电量在 500kW·h 以上的车辆占比有较大幅度提升（图 4-39）。

图4-38　快充方式下基于月均充电电量的纯电动网约车历年分布情况

图4-39　慢充方式下基于月均充电电量的纯电动网约车历年分布情况

4.2.3　纯电动出租车充电特征

1. 纯电动出租车次均充电特征

（1）纯电动出租车年度次均充电时长分布主要集中在1h以内

2021年纯电动出租车次均充电时长1.1h，与去年基本持平（表4-14）。从次均充电时长分布看（图4-40），纯电动出租车次均充电时长分布主要集中在1h以内，次均充电时长小于1h的比例从2019年的52.2%提高到2021年的68.9%，与公共直流充电桩平均功率不断提高有较大关系。

表4-14　纯电动出租车历年次均充电时长的平均值

年份	2019年	2020年	2021年
次均充电时长/h	1.5	1.2	1.1

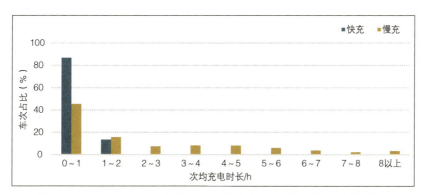

图 4-40　基于不同次均充电时长的纯电动出租车历年车次分布情况

从充电方式来看，纯电动出租车次均充电时长较短的车辆占主导，快充次均充电时长小于 1h 的比例为 86.6%，慢充次均充电时长小于 2h 的车次比例为 61%（图 4-41）。无论快充还是慢充，充电时间尽量小于 2h 是纯电动出租车的切实需求。

图 4-41　2021 年不同充电方式下基于次均充电时长的纯电动出租车分布情况

（2）纯电动出租车次充电起始 SOC 与往年基本持平

2021 年，纯电动出租车次充电起始 SOC 为 42.2%，相较于 2020 年变化不大（表 4-15）。从次充电起始 SOC 分布看（图 4-42），纯电动出租车次充电起始 SOC 主要分布在 30% ~ 50%，车次占比从 2020 年的 58.7%提升到 2021 年的 61.6%。

表 4-15　纯电动出租车历年次充电起始 SOC 的平均值

年份	2019 年	2020 年	2021 年
次充电起始 SOC（%）	44.2	43.3	42.2

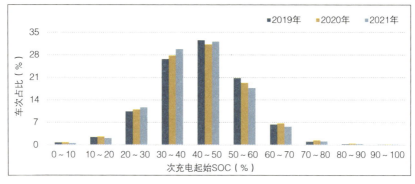

图4-42 基于次充电起始SOC的纯电动出租车历年车次分布情况

从不同充电方式来看，采用快充方式，车辆次充电起始SOC主要集中在30%～50%；采用慢充方式的车辆次充电起始SOC分布相对分散（图4-43）。

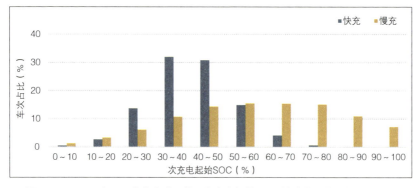

图4-43 2021年不同充电方式下基于次充电起始SOC的纯电动出租车分布情况

2. 纯电动出租车日均充电特征

2021年纯电动出租车在日间11:00—17:00时段充电的车次占比明显高于往年

从充电时刻分布来看（图4-44），2021年纯电动出租车在中午、下午和夜间这3个时段充电更为集中，较前两年峰值更高。随着出租车电动化进程的加快，如果充电时段集中度不断提高，尤其是在出租车更多选用大倍率快充的情况下，对电网负荷方面要引起重视。

从不同充电方式来看，纯电动出租车快充主要集中在11:00—17:00、23:00—凌晨0:00；慢充方式充电时段主要集中在21:00—次日1:00（图4-45），这符合出租车多在出行需求高峰期间充电的运营特点。

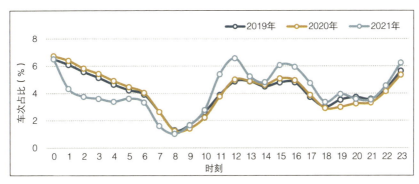

图 4-44　纯电动出租车各充电时刻的历年车次分布情况

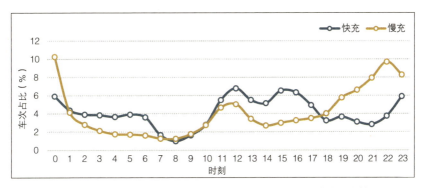

图 4-45　2021 年不同充电方式下纯电动出租车各充电时刻车次分布情况

3. 纯电动出租车月均充电特征

（1）2021 年纯电动出租车月均充电次数 41 次（表 4-16），相较于前两年均有所提高

表 4-16　纯电动出租车历年月均充电次数的平均值

年份	2019 年	2020 年	2021 年
月均充电次数	31.2	28.6	41.0

从月均充电次数分布来看，纯电动出租车月均充电次数在 30 次以上的车辆占比从 2019 年的 42.1% 提高到 2021 年的 66.8%（图 4-46）。也就是说，在 2021 年，近 70% 的纯电动出租车平均每天充电超过一次。

从不同充电方式来看，纯电动出租车主要选择快充方式补充电量。2021 年，纯电动出租车采用快充方式的次数占比为 80.2%（图 4-47）。

（2）2021 年纯电动出租车月均快充 32.9 次（表 4-17），同比增长 44.9%

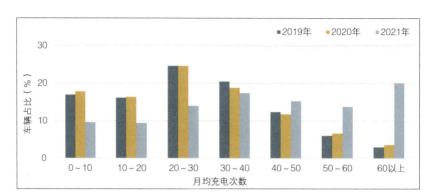

图4-46　基于月均充电次数的纯电动出租车历年分布情况

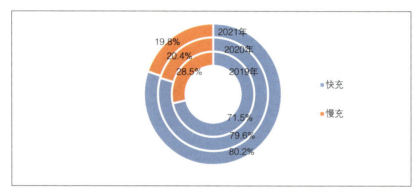

图4-47　不同充电方式下纯电动出租车历年月均充电次数分布情况

表4-17　纯电动出租车历年月均快充次数的平均值

年份	2019 年	2020 年	2021 年
月均快充次数	22.6	22.7	32.9

　　从月均快充次数分布来看（图4-48），月均快充30次以上的车辆比例呈现上升趋势，从2019年的27.5%提高到2021年的59.0%，其中月均快充60次以上的占比较2019年增长8.6倍。可以看出，纯电动出租车对于快速补充电量的需求非常大，而快充行为的增加对车辆电池安全管理和车辆安全监控提出了更高的要求。

　　（3）2021年纯电动出租车月均慢充次数8.1次，相较于2020年有所提高

　　2021年纯电动出租车月均慢充次数8.1次，相较于2020年有所提高（表4-18）。从月均慢充次数分布来看（图4-49），主要是集中在月均10次以内。2021年，10次以上的车辆的占比有所增长。

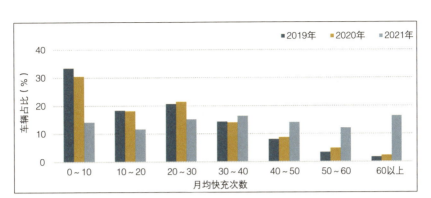

图 4-48　基于月均快充次数的纯电动出租车历年分布情况

表 4-18　纯电动出租车历年月均慢充次数的平均值

年份	2019 年	2020 年	2021 年
月均慢充次数	8.5	5.8	8.1

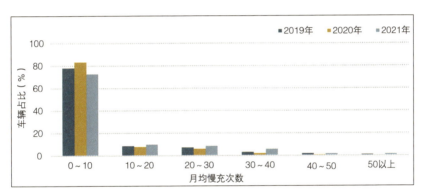

图 4-49　基于月均慢充次数的纯电动出租车历年车辆分布情况

（4）2021 年纯电动出租车月均充电电量为 944.5kW・h，同比增长 43.9%

2021 年，纯电动出租车月均充电电量为 944.5kW・h，相较于前两年有所提升（表 4-19）。从月均充电电量分布来看（图 4-50），纯电动出租车快充月均充电电量高于 1000kW・h 的比例从 2019 年的 10.7% 提高到 2021 年的 39.0%；纯电动出租车慢充月均充电电量高于 100kW・h 的比例从 2020 年的 20.5% 提高到 2021 年的 32.0%（图 4-51）。

表 4-19　纯电动出租车历年月均充电电量的平均值

年份	2019 年	2020 年	2021 年
月均充电电量 /kW・h	742.8	656.5	944.5

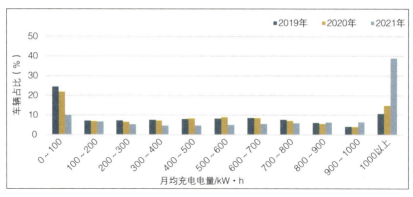

图 4-50 快充方式下基于月均充电电量的纯电动出租车历年车辆分布情况

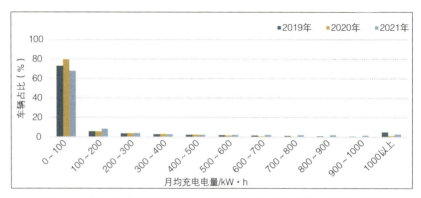

图 4-51 慢充方式下基于月均充电电量的纯电动出租车历年车辆分布情况

4.2.4 纯电动共享租赁车充电特征

1. 纯电动共享租赁车次均充电特征

（1）纯电动共享租赁车次均充电时长主要集中在 1h 以内

2021 年纯电动共享租赁车次均充电时长 1.4h，相较于 2020 年下降 0.3h（表 4-20）。从次均充电时长分布来看（图 4-52），2021 年次均充电时长在 1h 以内的车次占比达到 51%，相较于 2019 年和 2020 年提升幅度较大。

表 4-20 纯电动共享租赁车历年次均充电时长的平均值

年份	2019 年	2020 年	2021 年
次均充电时长 /h	2.2	1.7	1.4

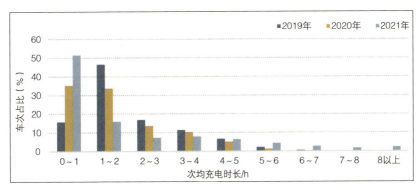

图 4-52 基于次均充电时长的纯电动共享租赁车历年车次分布情况

从工作日和周末充电时长来看，工作日时段，纯电动共享租赁车辆次均充电时长 2h 以内的占比低于周末时段（图 4-53）。

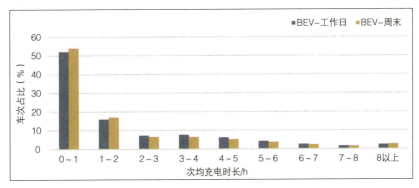

图 4-53 2021 年工作日和周末基于次均充电时长的纯电动共享租赁车分布情况

从不同充电方式来看，超过 80% 的纯电动共享租赁车快充主要集中在 1h 以内；采用慢充的车次分布相对分散（图 4-54）。

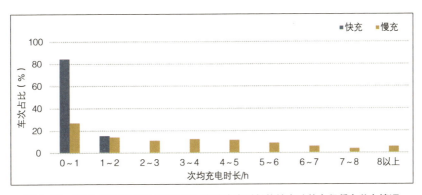

图 4-54 2021 年不同充电方式下基于次均充电时长的纯电动共享租赁车分布情况

（2）纯电动共享租赁车次充电起始 SOC 主要集中在 30%～50%，与上年基本持平

2021 年纯电动共享租赁车次充电起始 SOC 为 42.5%，与 2020 年基本持平（表 4-21）。从次充电起始 SOC 分布来看（图 4-55），次充电起始 SOC 主要分布在 30%～50%，该区间段的历年车次占比均在 50% 以上。

表 4-21　纯电动共享租赁车历年次充电起始 SOC 的平均值

年份	2019 年	2020 年	2021 年
次充电起始 SOC（%）	44.0	42.6	42.5

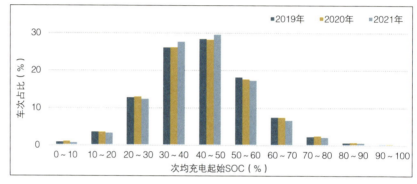

图 4-55　基于次均充电起始 SOC 的纯电动共享租赁车历年车次分布情况

从工作日和周末车辆次充电起始 SOC 分布来看，工作日次充电起始 SOC 超过 40% 的比例高于周末时段（图 4-56），即工作日高 SOC 段进行充电的车次占比更高。

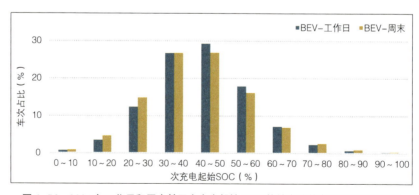

图 4-56　2021 年工作日和周末基于次充电起始 SOC 的纯电动共享租赁车分布情况

从不同充电方式来看，采用快充方式的车辆次充电起始 SOC 主要集中在 30%～50%，该时段的车次占比为 61.9%；采用慢充方式的车辆次充

电起始 SOC 分布相对分散（图 4-57）。

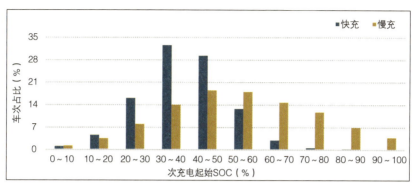

图 4-57　2021 年不同充电方式下基于次充电起始 SOC 的纯电动共享租赁车分布情况

2. 纯电动共享租赁车日均充电特征

2021 年纯电动共享租赁车在日间 11:00—16:00 时段充电的车次占比明显高于往年

从充电时刻来看（图 4-58），2021 年纯电动共享租赁车在 11:00—16:00 充电的车次占比相较于上两年明显提高，波峰更明显。

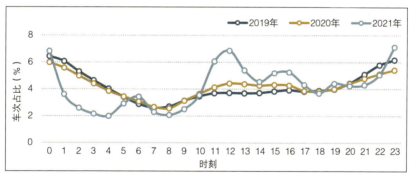

图 4-58　纯电动共享租赁车各充电时刻的历年车次分布情况

从工作日和周末车辆日均充电特征来看，车辆在不同时刻的充电分布曲线基本一致，但纯电动共享租赁车在工作日 11:00—12:00 充电的车次占比高于周末（图 4-59）。

从不同充电方式来看，采用快充方式，车辆充电时刻主要集中在 11:00—16:00、23:00—次日 01:00 两个时间段；采用慢充方式充电的车辆则在夜间分布较多（图 4-60）。

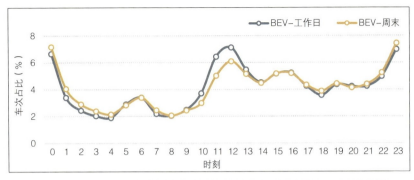

图 4-59　2021 年工作日和周末纯电动共享租赁车各充电时刻的车次分布情况

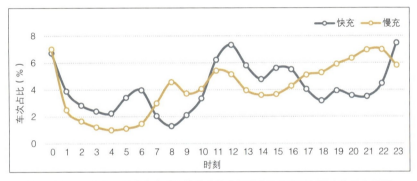

图 4-60　2021 年不同充电方式下纯电动共享租赁车各充电时刻的车次分布情况

3. 纯电动共享租赁车月均充电特征

（1）2021 年纯电动共享租赁车月均充电次数 27.2 次，较上年增长 68.9%

2021 年纯电动共享租赁车月均充电次数 27.2 次，相比前两年有所提高（表 4-22）。从月均充电次数分布来看（图 4-61），2021 年月均充电次数在 30 次以上的车辆比例从 2019 年的 24.1% 提高到 2021 年的 41.4%，说明使用频率有所增加。从不同充电方式来看，近两年，纯电动共享租赁车以快充为主要充电方式，2021 年采用快充的次数占比 75.7%（图 4-62）。

（2）纯电动共享租赁车月均快充次数呈现逐年增长趋势

2021 年，纯电动共享租赁车月均快充次数 15.4 次，相比 2020 年增加了 4.5 次（表 4-23）。从月均快充次数分布来看（图 4-63），纯电动共享租赁车月均快充 20 次以上的车辆占比呈现逐年提高的趋势，从 2019 年的 21.5% 提高到 2020 年的 39.9%。

表 4-22　纯电动共享租赁车历年月均充电次数的平均值

年份	2019 年	2020 年	2021 年
月均充电次数	16.7	16.1	27.2

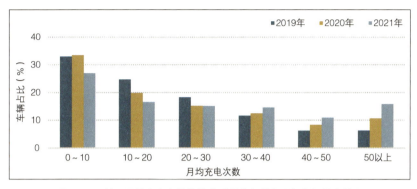

图 4-61　基于月均充电次数的纯电动共享租赁车历年车辆分布情况

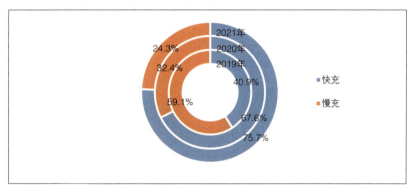

图 4-62　不同充电方式下纯电动共享租赁车历年月均充电次数分布情况

表 4-23　纯电动共享租赁车历年月均快充次数的平均值

年份	2019 年	2020 年	2021 年
月均快充次数	6.9	10.9	15.4

图 4-63　基于月均快充次数的纯电动共享租赁车历年车辆分布情况

（3）2021 年纯电动共享租赁车月均慢充次数 11.8 次，是上年的 2.27 倍

2021 年纯电动共享租赁车月均慢充次数 11.8 次，相比 2020 年大幅增长（表 4-24）。从月均慢充次数分布来看（图 4-64），近三年纯电动共享租赁车月均慢充次数均主要集中在 10 次以内，2021 年该指标占比为 61.0%，但月均慢充 10 次以上的车辆占比较上年增长较多，总体看分布较上年分散。

表 4-24　纯电动共享租赁车历年月均慢充次数的平均值

年份	2019 年	2020 年	2021 年
月均慢充次数	9.7	5.2	11.8

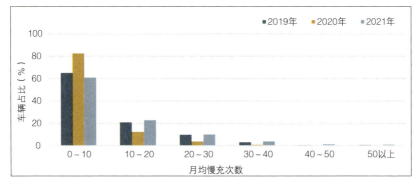

图 4-64　基于月均慢充次数的纯电动共享租赁车历年分布情况

（4）纯电动共享租赁车月均充电电量 463.4kW·h，同比大幅增长

2021 年纯电动共享租赁车月均充电电量 463.4kW·h，同比增幅明显（表 4-25）。从月均充电电量分布来看（图 4-65），纯电动共享租赁车快充月均充电电量高于 400kW·h 的比例从 2019 年的 21.8% 提高到 2021 年的 39.5%，2021 年纯电动共享租赁车快充月均充电电量在 1000kW·h 以上的比例为 12.0%，远高于前两年。

表 4-25　纯电动共享租赁车历年月均充电电量的平均值

年份	2019 年	2020 年	2021 年
月均充电电量 /kW·h	220.6	293.9	463.4

与 2020 年相比，2021 年纯电动共享租赁车慢充月均充电电量向高位迁移（图 4-66），其中充电电量高于 500kW·h 的比例为 6.9%，突破较大。

图 4-65　快充方式下基于月均充电电量的纯电动共享租赁车历年分布情况

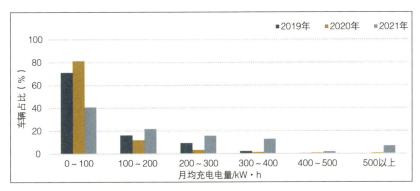

图 4-66　慢充方式下基于月均充电电量的纯电动共享租赁车历年分布情况

4.2.5　纯电动物流车充电特征

1. 纯电动物流车次均充电特征

（1）2021 年纯电动物流车次均充电时长相较上年有所提升

2021 年纯电动物流车次均充电时长 2.1h，与 2020 年基本保持一致（表 4-26）。从次均充电时长分布来看（图 4-67），次均充电时长在 1h 以内和高于 8h 的车次占比相较于前两年有所提升。

表 4-26　纯电动物流车历年次均充电时长的平均值

年份	2019 年	2020 年	2021 年
次均充电时长 /h	2.9	2.0	2.1

工作日和周末时段次均充电时长车辆数量分布规律基本一致。工作日及周末时段，次均充电时长低于 2h 的车次占比均为 62%，但周末充电时长在 8h 以上的比例较高一些（图 4-68）。这与纯电动物流车的工作性质

相关，目前来看，纯电动物流车一周 7 天工作强度变化不大。

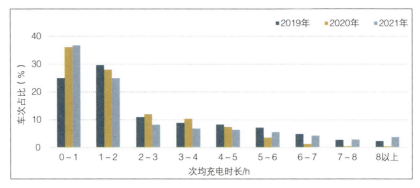

图 4-67　基于次均充电时长的纯电动物流车历年车次分布情况

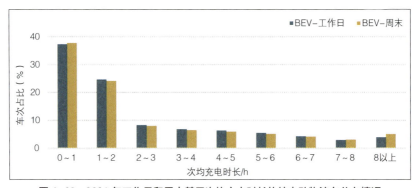

图 4-68　2021 年工作日和周末基于次均充电时长的纯电动物流车分布情况

（2）纯电动物流车次充电起始 SOC 为 48.4%，与往年基本一致

2021 年纯电动物流车次充电起始 SOC 为 48.4%，与往年基本一致（表 4-28）。从次充电起始 SOC 分布来看（图 4-69），纯电动物流车次充电起始 SOC 主要集中在 40% ~ 60%，历年车辆占比均在半数以上。工作日和周末时段，车辆在各充电起始 SOC 段的分布基本一致（图 4-70）。

表 4-27　纯电动物流车历年次充电起始 SOC 的平均值

年份	2019 年	2020 年	2021 年
次充电起始 SOC（%）	49.3	49.0	48.4

2. 纯电动物流车日均充电特征

2021 年纯电动物流车在白天充电的车辆占比明显高于往年

2021 年纯电动物流车充电时刻主要集中在 3 个时段，分别为凌晨 0:00 左右、中午 12:00 左右及晚高峰 17:00—18:00（图 4-71）；纯电动物流车在工作日和周末各充电时刻的车次分布没有明显差异（图 4-72）。

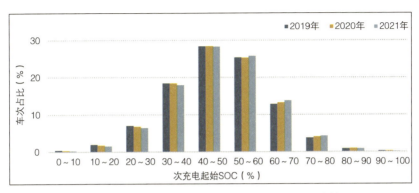

图 4-69　基于次充电起始 SOC 的纯电动物流车历年分布情况

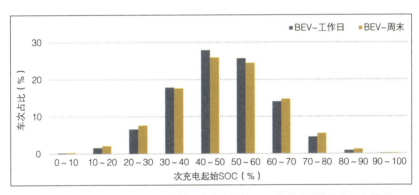

图 4-70　2021 年工作日和周末基于次充电起始 SOC 的纯电动物流车分布情况

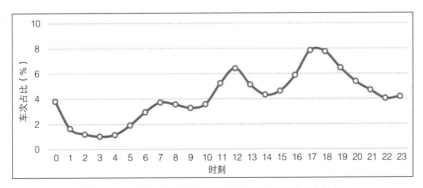

图 4-71　2021 年纯电动物流车各充电时刻车次分布情况

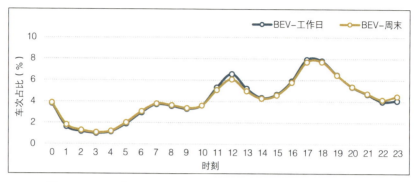

图 4-72　2021 年工作日和周末纯电动物流车各充电时刻车次分布情况

3. 纯电动物流车月均充电特征

（1）纯电动物流车月均充电次数呈现逐年增长的趋势

2021 年纯电动物流车月均充电 25.7 次，相比上两年呈现逐年增长的趋势（表 4-28）。从月均充电次数分布来看（图 4-73），月均充电 30 次以上的车辆占比从 2019 年的 11.2% 提高到 2021 年的 35.2%。这与快充桩设施逐渐完善有关，快充次数的增加带动了整体充电次数的快速增加。

表 4-28　纯电动物流车历年月均充电次数的平均值

年份	2019 年	2020 年	2021 年
月均充电次数	17.7	20.6	25.7

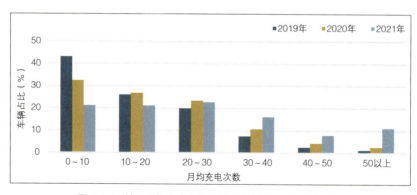

图 4-73　基于月均充电次数的纯电动物流车历年分布情况

从充电方式来看（图 4-74），纯电动物流车更多选择快充方式补充电量，占比达到 58.9%。

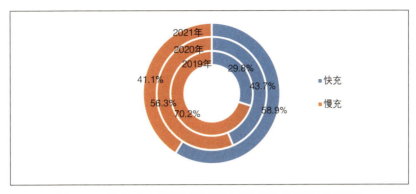

图 4-74　不同充电方式下纯电动物流车历年月均充电次数分布情况

（2）纯电动物流车月均快充次数激增

2021 年纯电动物流车月均快充 15.4 次，快充次数迅速增长（表 4-29）。从月均快充次数分布来看（图 4-75），月均快充 10 次以上的车辆占比从 2019 年的 18.1% 提高到 2021 年的 63.2%，2021 年整体分布比较分散，快充向高频次迁移。

表 4-29　纯电动物流车历年月均快充次数的平均值

年份	2019 年	2020 年	2021 年
月均快充次数	5.3	9.0	15.4

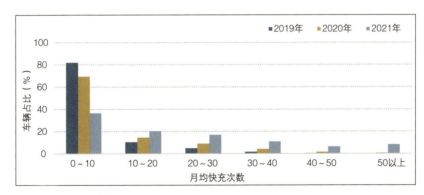

图 4-75　基于月均快充次数的纯电动物流车历年分布情况

（3）纯电动物流车 2021 年月均慢充次数为 10.2 次，相比前两年略有下降

2021 年纯电动物流车月均慢充次数 10.2 次（表 4-30），相比前两年有所下降。其中，月均慢充次数在 10 次以内的车辆占比为 67.55%（图 4-76），采用慢充方式的物流车数量有所降低，在多种充电方式并存

的前提下，考虑到时间成本，纯电动物流车更多选择快速充电模式。

表4-30　纯电动物流车历年月均慢充次数的平均值

年份	2019 年	2020 年	2021 年
月均慢充次数	12.5	11.6	10.2

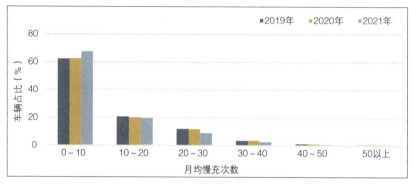

图4-76　基于月均慢充次数的纯电动物流车历年分布情况

（4）纯电动物流车月均充电电量呈现逐年增长趋势

2021年纯电动物流车月均充电电量552.5kW·h，相比上两年呈现逐年增长的趋势（表4-31）。从月均充电电量分布来看（图4-77），快充方式下，纯电动物流车月均充电电量高于800kW·h的比例从2019年的3.4%提高到2021年的11.0%。

表4-31　纯电动物流车历年月均充电电量的平均值

年份	2019 年	2020 年	2021 年
月均充电电量 /kW·h	396.1	435.6	552.5

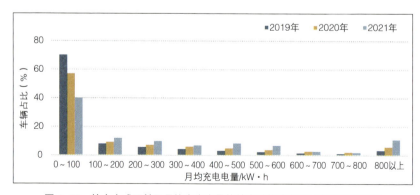

图4-77　快充方式下基于月均充电电量的纯电动物流车历年车辆分布情况

慢充方式下，纯电动物流车月均充电电量主要集中在 100kW·h 以内，车辆占比从 2019 年的 50.2% 提高到 2021 年的 58.2%（图 4-78）。

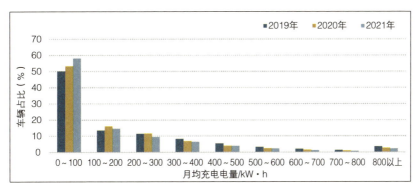

图 4-78　慢充方式下基于月均充电电量的纯电动物流车历年车辆分布情况

4.2.6　纯电动公交客车充电特征

1. 纯电动公交客车次均充电特征

（1）纯电动公交客车次均充电时长主要集中在 1h 左右，与往年基本保持一致

2021 年，纯电动公交客车次均充电时长 1.1h，与往年基本保持一致（表 4-32）。2021 年纯电动公交客车次均充电时长低于 2h 的比例最高，历年车次占比均在 70% 以上（图 4-79）。

表 4-32　纯电动公交客车历年次均充电时长的平均值

年份	2019 年	2020 年	2021 年
次均充电时长 /h	1.1	1.0	1.1

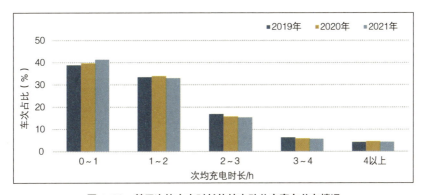

图 4-79　基于次均充电时长的纯电动公交客车分布情况

（2）历年车辆充电起始SOC分布基本保持在50%以上，2021年纯电动公交客车次充电起始SOC均值为54.6%

2021年纯电动公交客车次充电起始SOC为54.6%，相较于前两年有所下降（表4-33）。从次充电起始SOC分布来看（图4-80），次充电起始SOC主要分布在40%~70%，2021年该时段的车次占比为74.2%。从年度分布趋势来看，次充电起始SOC超过60%的车次占比从2019年的27.9%提高到2021年的33.4%，公共桩建设的完善使得充电更加方便，在一定程度上提高了次充电起始SOC；同时，充电起始SOC较高与公交客车规律充电有关。

表4-33　纯电动公交客车历年次充电起始SOC的平均值

年份	2019年	2020年	2021年
次充电起始SOC（%）	57.7	58.0	54.6

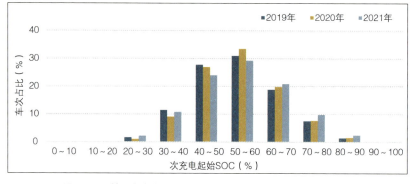

图4-80　基于次充电起始SOC的纯电动公交客车历年分布情况

（3）纯电动公交客车充电倍率呈现逐年增长趋势

从纯电动公交客车历年充电倍率均值变化情况来看（表4-34），纯电动公交客车历年充电倍率呈现逐年增长趋势。2020年纯电动公交客车充电倍率均值为0.81C，相较于2020年提高3.85%。

表4-34　纯电动公交客车历年充电倍率均值

年份	2019年	2020年	2021年
纯电动客车充电倍率均值/C	0.77	0.78	0.81

纯电动客车在0.2C~0.6C充电倍率的车次占比较高（图4-81）；从历年纯电动客车充电倍率发展趋势来看，1C~2C充电倍率的车次占比逐年提升，2C以上各年变化不大。

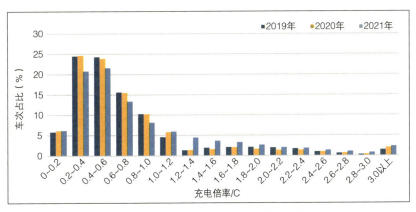

图 4-81　不同充电倍率下纯电动公交客车历年车次分布情况

2. 纯电动公交客车日均充电特征

2021 年纯电动公交客车充电时刻在日间的车辆占比高于往年

从充电时刻分布来看（图 4-82），纯电动公交客车日充电时刻呈现"W"形分布，纯电动公交客车在中午 12:00 形成一个小充电波峰，5:00—6:00 和 17:00 左右是波谷，但 17:00 的波谷较浅。早晨 6:00 之后，公交客车运行车辆开始迅速增加，迎接早高峰；17:00 左右，部分车辆经过白天的运行消耗需要充电，因此公交客车在下午 17:00 的波谷较浅。2021 年，充电时刻在 7:00—19:00 的车次占比高于 2019 年和 2020 年。

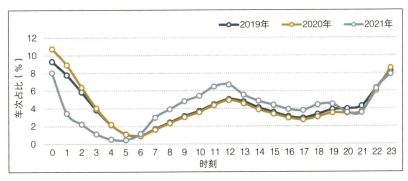

图 4-82　纯电动公交客车各充电时刻历年车次分布情况

3. 纯电动公交客车月均充电特征

（1）2021 年纯电动公交客车月均充电次数 44.7 次，高于往年

2021 年纯电动公交客车月均充电次数 44.7 次，相较于前两年有所提高（表 4-35）。从月均充电次数分布来看（图 4-83），月均充电 30 次以

上的车辆占比从 2019 年的 38% 提高到 2021 年的 60.7%。

表 4-35　纯电动公交客车历年月均充电次数的平均值

年份	2019 年	2020 年	2021 年
月均充电次数	34.6	32.3	44.7

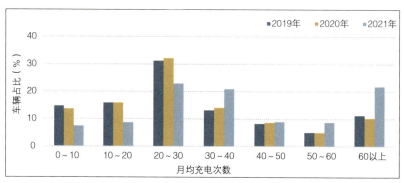

图 4-83　基于月均充电次数的纯电动公交客车历年分布情况

（2）2021 年纯电动公交客车月均充电电量 2607.7kW·h，同比增长 36.3%

2021 年纯电动公交客车月均充电电量 2607.7kW·h，相较于前两年有所提高（表 4-36）；从月均充电电量分布来看（图 4-84），纯电动公交客车月均充电电量在 2400kW·h 以上的车辆占比为 50.8%，相较于 2020 年增长 22.6 个百分点，整体向高充电电量方向迁移。

表 4-36　纯电动公交客车历年月均充电电量的平均值

年份	2019 年	2020 年	2021 年
月均充电电量 /kW·h	2242.5	1913.1	2607.7

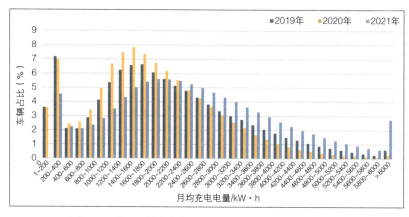

图 4-84　基于月均充电电量的纯电动公交客车历年分布情况

4.2.7 纯电动重型货车充电特征

1. 纯电动重型货车次均充电特征

（1）纯电动重型货车次均充电时长呈现逐年下降的趋势

2021 年纯电动重型货车次均充电时长 1.5h，与 2020 年基本保持一致（表 4-37）。从次均充电时长分布来看（图 4-85），次均充电时长低于 2h 的车次占比从 2019 年的 53.1% 提高到 2021 年的 83.8%，充电设施的完善使快充比例增加，加之快充桩充电功率逐步增高，充电时长呈现缩短的趋势。

表 4-37　纯电动重型货车历年次均充电时长的平均值

年份	2019 年	2020 年	2021 年
次均充电时长 /h	2.1	1.5	1.5

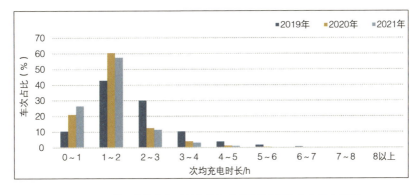

图 4-85　基于次均充电时长的纯电动重型货车历年车次分布情况

（2）纯电动重型货车次充电起始 SOC 为 49.5%，与往年基本一致

2021 年纯电动重型货车次充电起始 SOC 为 49.5%，与往年基本一致（表 4-38）。从次充电起始 SOC 分布来看（图 4-86），纯电动重型货车次充电起始 SOC 主要集中在 40% ~ 60%。其中，次充电起始 SOC 超过 40% 的车次占比从 2020 年的 77.9% 提高到 2021 年的 80.4%。充电桩建设的完善使充电更加便捷，在一定程度上提高了车辆次充电起始 SOC。

表 4-38　纯电动重型货车历年次充电起始 SOC 的平均值

年份	2019 年	2020 年	2021 年
次充电起始 SOC（%）	49.9	48.6	49.5

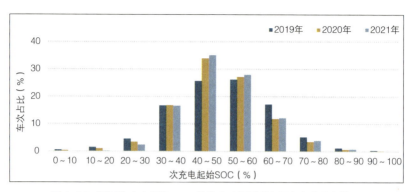

图 4-86 基于次充电起始 SOC 的纯电动重型货车历年车次分布情况

2. 纯电动重型货车月均充电特征

（1）纯电动重型货车月均充电次数呈现逐年增长的趋势

2021 年纯电动重型货车月均充电次数 28.7 次，相比上两年呈现逐年增长的趋势（表 4-39）。从月均充电次数分布来看（图 4-87），月均充电 20 次以上的车辆比例从 2019 年的 47.8% 提高到 2021 年的 66.8%，这与月均行驶里程增加、公共充电设施的完善有关。

表 4-39 纯电动重型货车历年月均充电次数的平均值

年份	2019 年	2020 年	2021 年
月均充电次数	21.1	25.7	28.7

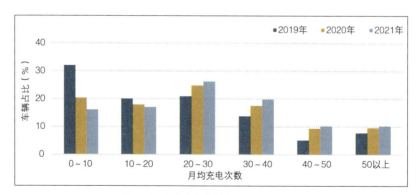

图 4-87 基于月均充电次数的纯电动重型货车历年分布情况

从充电方式来看，纯电动重型货车主要选择快充方式补充电量。从图 4-88 来看，2021 年纯电动重型货车快充次数占比较高，达到 72.8%，商业化运营车辆更多选择快充的原因是考虑时间成本，另外由于纯电动重型货车单车带电量比较高，更宜选用快充模式。

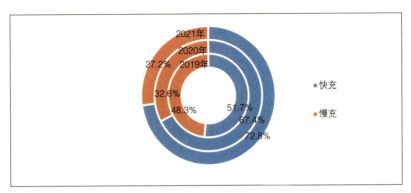

图 4-88　不同充电方式下纯电动重型货车历年月均充电次数分布情况

（2）纯电动重型货车月均快充次数呈现逐年增长趋势

2021 年纯电动重型货车月均快充次数 20.9 次，相较于上两年呈现逐年增长的态势（表 4-40）。从月均快充次数分布来看（图 4-89），月均快充 20 次以上的车辆占比从 2019 年的 34.4% 提高到 2021 年的 48.1%，纯电动重型货车在运营时更倾向于使用高频次快充方式。

表 4-40　纯电动重型货车历年月均快充次数的平均值

年份	2019 年	2020 年	2021 年
月均快充次数	10.9	17.3	20.9

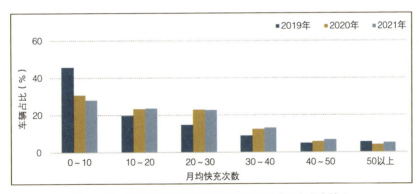

图 4-89　基于月均快充次数的纯电动重型货车历年分布情况

（3）纯电动重型货车月均慢充次数总体呈现下降趋势

2021 年纯电动重型货车月均慢充次数 7.8 次，相比 2020 年有所下降（表 4-41）。从月均慢充次数分布来看（图 4-90），车辆月均慢充次数主要集中在 10 次以内，车辆占比为 67.3%。

表 4-41　纯电动重型货车历年月均慢充次数的平均值

年份	2019 年	2020 年	2021 年
月均慢充次数	10.2	8.4	7.8

图 4-90　基于月均慢充次数的纯电动重型货车历年分布情况

（4）纯电动重型货车月均充电电量逐年增长

2021 年纯电动重型货车月均充电电量 4516.1kW·h，同比增长 4.7%（表 4-42），是 2019 年的 2.18 倍。从月均充电电量分布来看，月均充电电量在 1000kW·h 以上的车辆占绝对主力，纯电动重型货车快充月均充电电量高于 1000kW·h 的比例从 2019 年的 65.8% 提高到 2021 年的 77.2%（图 4-91）。

表 4-42　纯电动重型货车月均充电电量的平均值

年份	2019 年	2020 年	2021 年
月均充电电量 /kW·h	2073.4	4314.7	4516.1

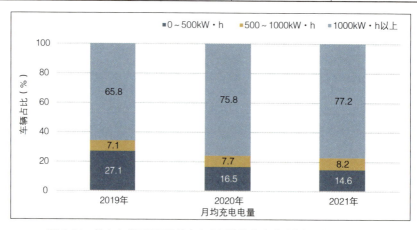

图 4-91　快充方式下基于月均充电电量的纯电动重型货车历年分布情况

4.3 不同充电场景用户充电行为

不同充电场景下，充电车辆类型、充电开始时刻分布、充电时长可能存在较大差异。本节基于城市公共充电站、社区充电站、高速公路沿线充电站、乡镇充电站 4 种不同充电场景，对车辆充电行为特征分别展开分析。

4.3.1 公共充电站用户充电行为

多数车辆在公共充电场内的充电时长在 1h 以内，公共充电场站白天快充车辆快速增长

本节基于建设在城市公共场所面向全社会车辆开放的充电站，将某城市的车辆充电数据与充电站位置数据进行拟合，识别出公共充电站。从图 4-92 来看，公共充电站服务对象以私家车和出租车 / 网约车为主，主要与私家车保有量规模大、出租车 / 网约车使用强度高有关；从公共充电站重点细分市场的车辆分布情况来看，私家车、公交客车在公共充电场站充电的车辆占比有所下降；出租车 / 网约车、物流车以及其他类型车辆在公共充电场站充电的车辆占比明显提升，公共充电场站充电的车辆类型呈现多元化。

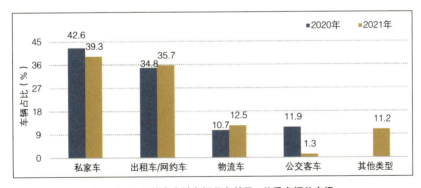

图 4-92　公共充电站车辆分布差异 - 分重点细分市场

从图 4-93 来看，新能源汽车在公共充电站的充电时刻主要集中在白天，8:00—17:00 车辆充电占比较高。其中，15:00—16:00 形成充电波峰。从历年公共充电站不同时刻的车辆充电分布来看（图 4-94），白天快充的车辆占比明显提升。

从图 4-95 来看，大部分车辆在公共充电场站停留的时间在 1h 以内。其中，私家车、出租车 / 网约车、物流车、公交客车在公共充电场所停留时长 1h 以内的比例分别占到 52.3%、71.6%、53.6%、57.1%。

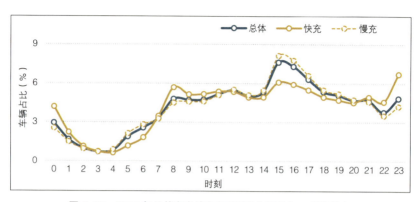

图 4-93　2021 年公共充电站充电时刻的车辆分布－分快慢充

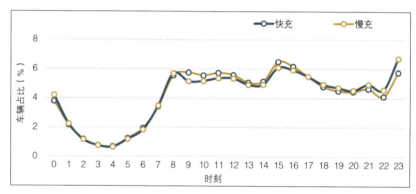

图 4-94　2021 年公共充电站不同充电时刻历年车辆占比情况

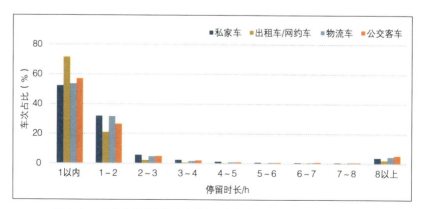

图 4-95　公共充电站次均充电停留时长的车辆分布－分重点细分市场

4.3.2 社区充电站用户充电行为

社区充电时刻主要集中在 15:00—24:00，并且停留时长在 1h 以内的出租 / 网约车占比达到 63.6%

本节基于建设在城市居民社区范围内对外服务的充电站，将某城市的车辆充电数据与充电站位置数据进行拟合，识别出社区充电站。从图 4-96 来看，社区充电站的主要服务对象为私家车和出租车 / 网约车，其中私家车占主导，2021 年充电占比达到 77.1%；从年度变化情况来看，除私家车以外的其他分类型充电车辆占比有所提高，2021 年出租 / 网约车、其他类型车辆在社区充电站充电的车辆占比明显提高，私人乘用车占比有所下降。

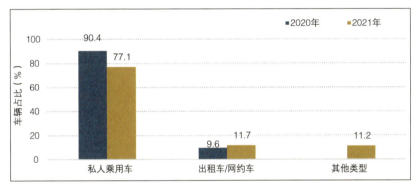

图 4-96 社区充电站不同重点细分市场的历年车辆分布情况

从图 4-97 来看，社区充电站主要以私人乘用车充电为主，充电时刻主要集中在 15:00—24:00，并且停留时长在 8h 以上。从近两年不同充电时刻的充电车辆占比来看（图 4-98），2021 年 10:00 左右和 15:00—16:00 两个时间段采用快充的车辆占比明显提升，白天快充的车辆占比扩大。

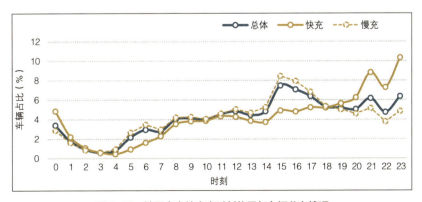

图 4-97 社区充电站充电时刻的历年车辆分布情况

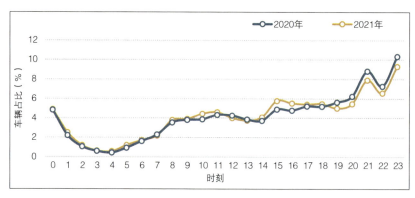

图 4-98　社区充电站不同充电时刻历年快充车辆占比情况

从图 4-99 来看，在社区充电站充电的主要车辆类型是私家车和出租车 / 网约车，大部分车辆在社区充电场站停留的时间在 1h 以内，比例分别是 45.45%、63.47%。

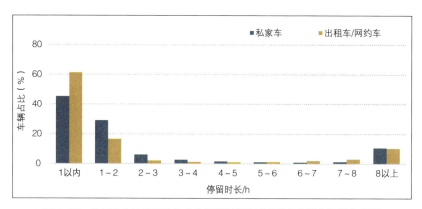

图 4-99　社区充电站基于次均充电停留时长的重点细分市场车辆分布情况

4.3.3　高速公路充电站用户充电行为

1. 高速公路充电场站用户充电行为

高速公路充电时刻主要集中在 9:00—17:00，大部分车辆停留时长在 1h 以内

本节基于建设在高速公路上面向全社会车辆开放的充电站，将某城市的车辆充电数据与充电站位置数据进行拟合，识别出高速公路充电站。从图 4-100 来看，高速公路充电站私家车的比例较高，2021 年车辆占比达到 48.4%。从历年车辆结构占比变化来看，私家车、物流车、其他类型车辆在高速公路充电场站的比例显著提高。

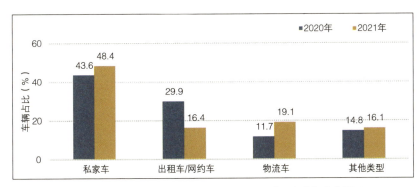

图 4-100　高速公路充电站不同重点细分市场的历年车辆分布情况

　　从图 4-101 来看，高速充电时刻主要集中在白天。2021 年，高速公路充电场站在 15:00—16:00 之间、22:00—次日 1:00 的车辆充电比例比 2020 年明显提升，高速公路充电电量的波动可以作为电网公司调节电网负荷的重要参考。

图 4-101　高速公路充电站不同充电时刻的历年快充车辆占比情况

　　从图 4-102 来看，大部分车辆充电停留时长在 1h 以内。其中，私家车、出租车 / 网约车、物流车在高速公路充电场所停留时长 1h 以内的比例分别占到 86.2%、90.2%、67.0%。分类型车辆来看，物流车高速公路充电场站充电时长 1～2h 的车辆占比明显高于其他类型车辆。

2. 节假日前后高速公路充电场站充电行为

（1）高速公路沿线充电站呈现出典型的节假日高峰特征

　　以 2021 年国庆节前后为例，选取长三角沪苏锡常地区城际高速沿线 66 个充电站为研究对象，剖析高速公路充电场站车辆充电及等待特征，以期为进一步优化高速公路充电场站布局提供相关参考借鉴。

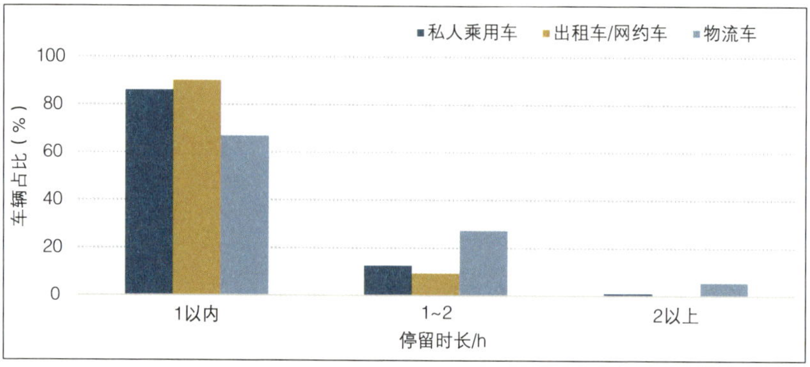

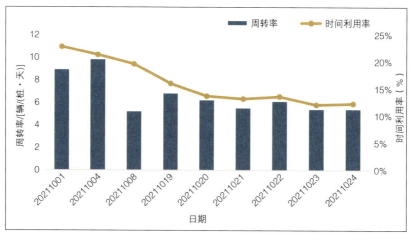

图4-102 高速公路充电站基于次均充电停留时长的重点细分市场车辆分布情况

根据中国城市规划设计研究与新能源汽车国家大数据联盟联合编写的《2022年中国主要城市充电基础设施监测报告》研究结果显示（图4-103），长三角沪苏锡常地区城际高速沿线66个充电站的单桩日周转率均值为6.5辆／（桩·天）。其中94%的充电站国庆假期的周转率高于平常日，国庆假期的周转率均值为9.2辆／（桩·天），高于平常日的5.7辆／（桩·天）。沿线样例场站的时间利用率指标同样显示出节假日特征，国庆假期的时间利用率高于平常日。

图4-103 长三角城际高速沿线充电站特征日周转率和时间利用率对比

数据来源：《2022年中国主要城市充电基础设施监测报告》。

注：平均时间利用率为充电站内所有公用桩的充电工作时长与一天内可提供服务总时长的比值；平均周转率为充电站全日实际服务的车辆总数与公用桩总数的比值。

（2）高速公路沿线场站服务车辆以私家车为主

高速沿线充电场站的车桩匹配推算结果表明（图 4-104），目前沪苏锡常城际高速沿线充电站服务的车辆类型以乘用车和物流车为主，占总充电车辆规模的 72.5% 和 27.3%。将电动乘用车进一步细分为私家车、出租车、公务车（含单位用车）和租赁车，可发现私家车占比最高，为 31.7%，公务车、租赁车、出租车（含单位用车）占比依次为 15.2%、12.9% 和 12.7%，占比差别不大。

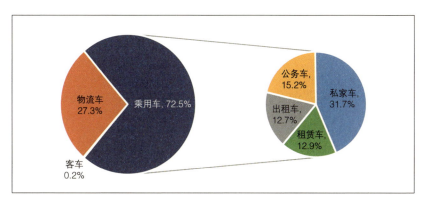

图 4-104　沪苏锡常城际高速沿线充电站主要服务车辆类型分布情况

（3）国庆节期间乘用车增幅最大，物流车辆降幅明显

2021 年国庆节期间跨城市长途出行需求较为旺盛。从沪苏锡常城际高速沿线充电站服务的车辆类型来看（图 4-105），乘用车充电车次增长明显，增幅达到 69.4%，而作业类用途的车辆充电行为大幅减少，物流车的充电车次大幅减少，相较于平常日下降 46.8%。

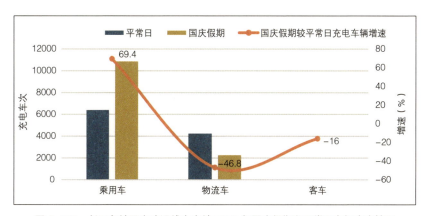

图 4-105　长三角地区高速沿线充电站 2021 年国庆假期和平常日车辆充电情况

（4）乘用车充电车辆国庆假期较平常日增长 33%，租赁乘用车增速最高

尽管各类乘用车中，私人乘用车仍是充电车辆的主力车型，充电车次占比达到 43%，但与平常日相比（图 4-106），国庆节假日期间增幅最高为租赁车，达到 153%，其次为出租车，充电车次增幅也达到 110.8%，私家车充电车次增幅为 66.3%。租赁车的高增幅体现出用户对新能源乘用车在长途出行中的信心，反映出用户对新能源乘用车出行经济性优势的肯定。

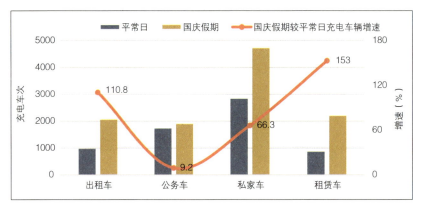

图 4-106　长三角地区高速沿线充电站 2021 年国庆假期和平常日乘用车充电情况

全面提升节假日高速公路沿线充电桩服务效能应以挖潜改善为主，加密新建为辅。一方面通过提升直流充电桩功率、打通各充电运营商网络、统一智能充电平台等措施，引导用户合理选择充电场站和充电时段，减少用户等待时间，提升节假日的充电体验；另一方面，结合评估结果考虑加密新建充电站、引入换电设施等辅助措施，进一步化解城际出行者的里程焦虑，促进电动汽车行业健康发展。此外，在引导用户充电行为方面，分时分类差异引导高速车辆充电行为，营造客货分离、兼容有序的充电服务环境。

4.3.4　乡镇充电站用户充电行为

乡镇充电时刻主要集中在 17:00—24:00，停留时长在 8h 以上的私家车占比达到 37.2%

本节基于建设在乡镇范围内对外服务的充电站，将某城市的车辆充电数据与充电站位置数据进行拟合，识别出乡镇充电站。从图 4-107 来看，乡镇充电站的主要服务对象为私家车和出租车／网约车，主要以私家车为主导，占比达到 63.6%。乡镇充电桩以私人充电桩为主。

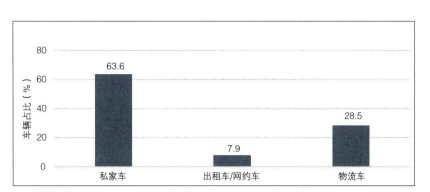

图 4-107　2021 年乡镇充电站车辆分布差异 - 分重点细分市场

从图 4-108 来看，乡镇充电站主要以私人乘用车充电为主，充电时刻主要集中在 13:00—17:00。

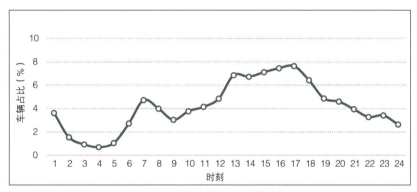

图 4-108　乡镇充电站充电时刻的车辆分布

从图 4-109 来看，在乡镇充电站充电的主要车辆类型是私家车、出租车 / 网约车、物流车。出租车 / 网约车乡镇充电场站充电停留时长 1h 以内的车辆占比最高，达到 84.2%；其次是私家车、物流车，充电停留时长 1h 以内的车辆占比分别为 62.7% 和 47.1%。

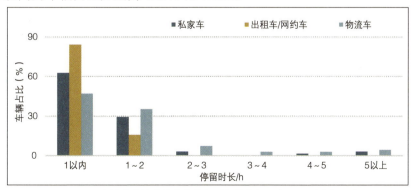

图 4-109　乡镇充电站次均充电停留时长的车辆分布 - 分重点细分市场

4.4 小结

1. 新能源汽车充电特征小结

本章针对重点细分市场的车辆充电特征得出以下结论：

充电基础设施规模保持高速增长，充电技术进步显著。 截至 2021 年底，我国充电基础设施保有量达到 261.7 万台，新增充电桩数量有较大幅度提升，车桩增量比 3.7：1，充电基础设施建设基本能够基本满足新能源汽车的快速发展；充电技术持续进步，公共直流充电桩平均充电功率稳步提升。新建公共直流充电桩历年平均功率 120kW 及以上的大功率充电桩快速增长，公共充电设施领域大功率化趋势逐步显现。

从充电方式来看，新能源私家车以慢充为主，快充为辅；其他类型营运车辆以快充为主，慢充为辅。 2021 年私家车月均充电次数相较于 2020 年有所增长，月均充电次数均值 8.8 次，每周充电 2 次左右；私家车以慢充为主，2021 年新能源私家车月均充电次数中慢充比例为 85.2%。从私家车各充电时刻分布来看，2021 年新能源私家车日均充电时刻主要集中在早高峰及夜间，早高峰在目的地 / 工作单位充电，夜间主要选择在小区充电；运营车辆领域，网约车、出租车、共享租赁车、物流车、公交客车、重型货车均以快充为主，由于运营车辆时间成本较高，选择在白天快速补电的车辆占比逐年扩大。

多元化充电场所满足不同应用场景车辆的充电需求。 社区充电场站、高速公路沿线充电场站、乡镇充电场站主要服务于私家车，私家车充电占比分别为 77.1%、48.4%、63.6%。伴随着新能源汽车下乡政策的推动，乡镇充电场景车辆推广应用类型趋向多样化，除了私家车，租赁车、网约车、物流车也占有一定比重；伴随着新能源汽车产业快速增长，高速公路沿线充电场站节假日期间充电订单短时间内快速增长、充电等待时长延长，用户充电体验差，成为下一阶段提升充电服务体验的重要命题。

2. 充电基础设施当前面临的问题及发展建议

随着充电基础设施被纳入新基建，以及国内新能源汽车保有量的快速增长，2021 年，我国充电基础设施建设取得了较快的增长，有力地支撑了新能源汽车的运行。但目前充电基础设施在建设、运营、使用等环节仍然存在诸多问题，比如公共快充桩建设成本居高不下，高峰时期充电桩难寻或排队现象严重、"僵尸桩"问题突出、充电平台和充电桩互联互通程度低等，往往造成车主使用不便利的情况。在财政支持充电设施建设的窗口期内，基于新能源汽车国家大数据监管平台的充电大数据分析结果，结合行业发展趋势，提出以下发展建议。

融入智慧城市与智能交通建设新体系，加快提升充电基础设施的信息化、智能化水平。 智能网联汽车和智慧城市协同发展已成共识，充电基础设施是其中重要的组成部分，建议新建充电基础设施，要着重提高智能化水平和协同控制能力，加强充电基础设施与新能源、电网等技术融合，同步构建智能服务平台，积极推进电动汽车与智能电网间的能量和信息双向互动，同时建议在"双智建设"试点城市适时推广"多杆合一"的智能充电设施建设，开展无线充电试点、分布式储能充电站等模式试点，助力智能网联汽车和智慧城市协同建设。

政策市场双轮驱动，合力打造量质齐升的充电设施建设产业。 经过多年发展，我国充电基础设施建设已经越过单纯快速上量的阶段，进入追求量质齐升的新阶段。各地方政府纷纷施策促进充电设施建设。现阶段，建议各级政府在综合施策时要找准市场的难点和痛点，双轮驱动形成合力，把一部分支持资金用于存量桩的改建项目，包括存量桩接口升级，存量专用桩和私桩的共享化升级，"僵尸桩"的盘活等。另外，针对使用环节，按充电桩使用效率给予不同级别充电桩支持，提高企业合理布局充电网络的动力。

加快充电平台的互联互通整合力度，提升用户体验。 公共充电桩高峰时期充电排队是当前充电设施建设和运营企业众多，各运营企业所搭建的充电平台互不相通导致的，一旦遇到高峰时利用率极不平衡，用户体验较差。因此，建议由头部运营企业牵头整合充电服务平台，包括整合充电桩位置、充电结算、充电信息双向通信等服务信息的互联互通，做到现有公用充电桩的集约优化，提升公用充电桩的综合利用效率和用户使用体验。

充分挖掘充电基础设施数据价值，助力充电设施科学布局和车辆安全运行。 建立充电桩数据共享系统，充分挖掘充电桩数据价值，通过监测充电安全数据（电池系统的电压、电流、温度变化），结合历史充电数据、车辆行驶数据、动力蓄电池溯源数据，可实现充电安全预警、动力蓄电池全生命周期的科学管理，通过分析充电特征，可为地方城市科学建设充电网络提供决策依据。

创新运营模式，以价值链带动技术链、产业链的持续进步和完善。 经过多年发展，我国相关企业在充电设施的建设、运营等方面一直不断创新，但仍然不足以形成市场化的良性循环。供给侧领域，公用充电设施建设成本高、资金回收周期长、专用桩和私桩的物业配合建设意愿不强等问题仍突出；需求侧领域，用户充电等待时附加体验增值不足。当下，要抓住政策大力扶持的窗口期，以价值链为突破口，形成多方共赢的机制，带动技术链和产业链的进步和完善。在供给侧，联合楼宇物业、停车管理等相关方以多元参股的方式纳入建设体系，并加快私桩和专用桩共享步伐，延伸和重构价值链；在需求侧，针对 B 端和 C 端的不同需求，可以与货物配送、娱乐金融等相关应用信息实现互联互通，为用户提供等待期的附加增值服务，提升用户体验。

第5章 车辆换电

　　换电模式是新能源汽车能源补给的重要方式之一，可以有效解决慢充、快充方式的使用痛点，缓解电网冲击，提高电池安全性，对于提升新能源汽车使用便利性、安全性等各方面具有积极的推动作用。伴随着我国新能源汽车产业纵深化发展，不少车企及运营商陆续推出换电车型及换电基础设施，在换电领域积累了丰富的实践经验。2021年以来，国家层面基于换电模式的支持政策加速落地，换电试点工作正式启动，换电领域通用性国家标准及团体标准加速制定中。本章针对纯电动汽车换电模式的相关政策及标准体系现状进行梳理，基于国家监管平台换电整车企业及换电车辆的推广情况，开展换电车辆的换电行为及换电模式经济性分析，为推动我国纯电动汽车换电模式应用及换电基础设施健康可持续发展提供一定经验借鉴。

5.1　车辆换电模式产业政策及标准现状

5.1.1　换电模式支持政策加速落地，试点工作正式启动

　　换电模式在降低首次购车成本、消除里程焦虑、提升安全水平等方面具有一定优势，并可有效解决营运车、商用车等细分赛道对补能效率的需求。2020年及2021年《政府工作报告》均提及"增加充电桩、换电站等

设施"，换电站未来将与充电桩作为配套设施共同发展（表5-1）。

表5-1 2021年以来国家层面关于换电的相关政策梳理

政策时间	发布部门	政策名称	政策内容
2021年3月5日	十三届全国人民代表大会第四次会议	《2021年国务院政府工作报告》	稳定增加汽车、家电等大宗消费，增加停车场、充电桩、换电站等设施，加快建设动力蓄电池回收利用系统
2021年10月21日	中共中央办公厅、国务院办公厅	《关于推动城乡建设绿色发展的意见》	合理布局和建设电动汽车充换电站，加快发展智能网联汽车、新能源汽车、智慧停车及无障碍基础设施
2021年10月28日	工业和信息化部	《关于启动新能源汽车换电模式应用试点工作的通知》	决定启动新能源汽车换电模式应用试点工作。纳入此次试点范围的城市共有11个，其中综合应用类城市8个（北京、南京、武汉、三亚、重庆、长春、合肥、济南），重卡特色类3个（宜宾、唐山、包头）
2022年1月10日	国家发展改革委等	《国家发展改革委等部门关于进一步提升电动汽车充电基础设施服务保障能力的实施意见》	优化城市公共充电网络建设布局。因地制宜布局换电站，提升公共充电服务保障能力；加强充换电技术创新与标准支撑。推动主要应用领域形成统一的换电标准，提升换电模式的安全性、可靠性与经济性；加快换电模式推广应用。围绕矿场、港口、城市转运等场景，支持建设布局专用换电站，加快车电分离模式探索和推广，促进重型货车和港口内部集卡等领域电动化转型。探索出租、物流运输等领域的共享换电模式，优化提升共享换电服务

资料来源：国务院办公厅官方网站、财政部网站、工信部网站、中国政府网。

换电试点城市作为换电模式在全国范围推广的第一阶段，将加快换电产业形成可复制可推广的经验。2021年10月28日，工业和信息化部印发《关于启动新能源汽车换电模式应用试点工作的通知》（以下简称《通知》），决定启动新能源汽车换电模式应用试点工作。纳入此次试点范围的城市共有11个，其中综合应用类城市8个（北京、南京、武汉、三亚、重庆、长春、合肥、济南），重卡特色类3个（宜宾、唐山、包头）。试点工作的目标为推广换电车辆超10万辆，新建换电站超1000座。

2022年1月10日，《国家发展改革委等部门关于进一步提升电动汽车充电基础设施服务保障能力的实施意见》（发改能源规〔2022〕53号）（简称《实施意见》）发布。《实施意见》分别在优化城市公共充电网络、加强充换电技术创新与标准支撑、加快换电模式推广应用方面提及换电模式，旨在因地制宜布局换电站，推动主要应用领域形成统一的换电标准，提升换电模式的安全性、可靠性与经济性；提出加快换电模式推广应用领域：围绕矿场、港口、城市转运等场景，支持建设布局专用换电站；加快车电分离模式探索和推广，促进重型货车和港口内部集卡等领域电动化转型；探索出租、物流运输等领域的共享换电模式，优化提升共享换电服务。

　　地方政府针对换电站建设给予不同力度的财政补贴。 为加快换电站建设速度，海南省、广州市、重庆市、大连市、成都市、广西壮族自治区等省份或城市相继颁布换电站建设补贴标准。例如，2021 年 5 月 13 日，重庆市财政局、重庆市经济和信息化委员会联合发布《重庆市 2021 年度新能源汽车推广应用财政补贴政策的通知》，对已竣工验收并投入使用的公共服务领域换电站，按换电设备充电模块额定充电功率或变压器额定输出功率（取二者中的较小者）给予 400 元 /kW 的一次性建设补贴，单站补贴最高不超过 50 万元；2021 年 7 月 30 日，海南省发展改革委发布《海南省支持电动汽车换电站建设的指导意见（试行）》，对在 2022 年 12 月 31 日前建成投运且服务于换电模式重点应用领域的换电站一次性给予项目设备投资额 15% 的建设补贴；2021 年 10 月 9 日，大连市发展和改革委员会、大连市工业和信息化局、大连市科学技术局、大连市财政局联合发布《大连市新能源汽车充电基础设施建设奖补资金管理办法》，对符合条件的新能源汽车换电站一次性给予不超过换电设施投资 30% 的补贴资金，最高补贴金额不超过 200 万元。

　　在换电设施运营补贴方面，上海市、广西壮族自治区、广州市等省份或城市针对换电基础设施分别给予不同程度的运营补贴。 2020 年 4 月 1 日，上海市发改委等五部门联合发布《上海市促进电动汽车充（换）电设施互联互通有序发展暂行办法》(沪发改规范〔2020〕4 号)，提出充电设施从重建设转向重运营，支持方向从设备补贴转为度电补贴，针对专用充电桩和换电设施，按照站点星级确定补贴标准。"一星"度电基本补贴 0.1 元 /kW·h；"二星"度电基本补贴 0.2 元 /kW·h；"三星"度电基本补贴 0.3 元 /kW·h，补贴上限电量 2000 kW·h/kW·年。2021 年及以后补贴标准，根据充电设施整体运营效率等因素采取两年一定机制，具体由市级平台提出测算方案，报市发展改革委核定后执行。

　　伴随着换电站迎来快速增长，各省市或将陆续出台补贴标准。目前换电行业仍在发展初期，参考充电桩发展历史，随着换电行业标准逐渐统一以及各省市的补贴政策逐渐完善，换电站增速也将进一步提升。

5.1.2　换电标准逐步统一

　　在换电领域具体标准制定方面，基于换电领域的国家标准及团体标准陆续加快制定。 2021 年 3 月 16 日，工业和信息化部公布《2021 年工业和信息化标准工作要点》，提出推动新技术新产业新基建标准制定，大力开展电动汽车和充换电系统、燃料电池汽车等标准的研究与制定。

2021 年 4 月 30 日，由工业和信息化部提出、全国汽车标准化技术委员会归口的 GB/T 40032—2021《电动汽车换电安全要求》由国家市场监督管理总局、国家标准化管理委员会批准发布。标准已于 2021 年 11 月 1 日正式实施（图 5-1）。《电动汽车换电安全要求》适用于可进行换电的 M1 类纯电动汽车，规定了可换电电动汽车所持有的安全要求、试验方法和检测规则。该标准是汽车行业在换电领域制定的首个基础通用性国家标准，解决了换电安全要求与试验方法无国家标准可依的问题，有助于引导企业的产品研发，保障换电车辆的安全性。

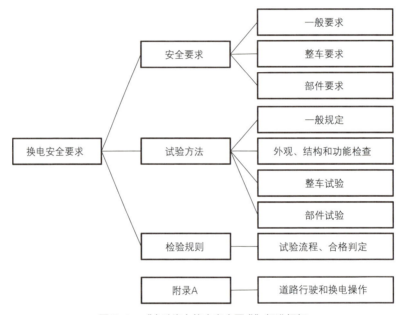

图 5-1 《电动汽车换电安全要求》标准框架

资料来源：GB/T 40032—2021《电动汽车换电安全要求》。

在商用车重卡、矿卡领域，电池包标准统一相对容易。当前市面重卡中，电池容量多集中在 282kW·h 及 350kW·h。2021 年 6 月举办的"智慧出行大会"中，参加展览的 13 款换电重卡中有 11 款搭配 282kW·h 的宁德时代磷酸铁锂电池；此外，不同于乘用车领域，商用车更注重实际运营效率而非外观、驾驶体验，电池个性化定制需求不高，为换电标准统一提供了有利条件。

乘用车方面，中国汽车工业协会 2021 年 10 月发布消息，《电动乘用车共享换电站建设规范》（下称《建设规范》）团体标准已通过审查，于同年 12 月 22 日正式发布（表 5-2）。该标准由电池供应商宁德时代、欣旺达，整车厂广汽集团、蔚来、北汽新能源，第三方运营商伯坦科技、协鑫能科、奥动新能源等各方企业共同参与制定，分别在电池包、换电机构、换电站布局规划等 12 个方面对换电站的标准进行规定，旨在通过"三步走"方式，最终实现换电站电池包平台和电池模块的共享。

表 5-2   2021 年关于换电领域的相关标准梳理

发布时间	发布部门	文件名称	主要内容
2021 年 3 月 16 日	工业和信息化部	《2021 年工业和信息化标准工作要点》	推进新技术新产业新基建标准制定。大力开展电动汽车和充换电系统、燃料电池汽车等标准的研究与制定
2021 年 4 月 30 日	国家市场监督管理总局、国家标准化管理委员会	GB/T 40032—2021《电动汽车换电安全要求》	对可换电电动汽车所持有的安全要求、试验方法和检验规则做出了标准的规定
2021 年 12 月 20 日	中国汽车工业协会	T/CAAMTB 55《电动乘用车共享换电站建设规范》	第 1 部分：总则 第 2 部分：换电平台和装置技术要求 第 3 部分：换电电池包通信协议要求 第 4 部分：车辆识别系统要求 第 5 部分：电池包技术要求 第 6 部分：换电机构技术要求 第 7 部分：电连接器技术要求 第 8 部分：液冷连接器技术要求 第 9 部分：充电设备、搬运设备、电池仓储系统要求 第 10 部分：数据安全管理，风险预警分析技术要求 第 11 部分：安全防护及应急要求 第 12 部分：换电站规划布局要求 第 13 部分：换电站标识、安全运营、设备运输和安装要求

5.2   换电基础设施发展现状

（1）换电站建设逐渐发力，截至 2021 年底全国换电站保有量达到 1298 座

从主流换电运营商来看，当前换电基础设施市场规模较小，市场迎来发展良机。奥动新能源、杭州伯坦科技和蔚来汽车为换电设施主要运营商。奥动新能源、杭州伯坦科技面向公共领域（公共交通、出租车等），面向私人领域换电站运营企业主要有蔚来（面向私人用户）。如图 5-2 所示，截至 2021 年底，全国换电站保有量 1298 座，相较于 2020 年增加 743

座，换电站建设增速较快。三大换电运营商中，蔚来换电站建设数量增长排在首位。截至 2021 年底，蔚来换电站保有量达到 789 座，年度增加 503 座；奥动换电站保有量 402 座，2021 年度增加 227 座。

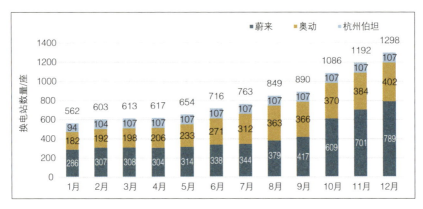

图 5-2　2021 年全国主要换电运营商换电站保有量情况

资料来源：中国充电联盟。

（2）北京市换电站保有量排在全国首位，全国占比接近 1/5

从各省份换电站保有量数量来看（图 5-3），北京市换电站数量排在首位，截至 2021 年底，换电站达到 255 座，全国占比接近 1/5；其次是广东省、浙江省、上海市、江苏省，换电站数量均在 90 座以上，占比均在 7% 以上。

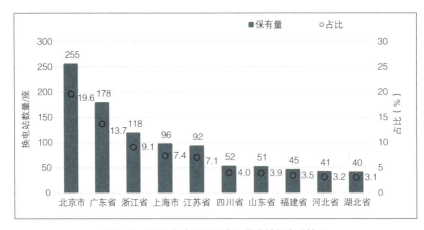

图 5-3　2021 年全国主要省份换电站保有量情况

资料来源：中国充电联盟。

（3）国家政策支持，换电产业投资发力

伴随着换电车型的陆续推出，行业内关于换电站建设的速度明显加快，各换电站运营企业纷纷公布未来五年换电站建设计划。奥动新能源、长安新能源表示至 2025 年将分别投建换电站超过 10000 座，中石化、吉利汽车及协鑫能科规划目标 5000 座，蔚来、国家电投分别计划新增换电站 4000 座。按企业规划测算，预计 2025 年换电站有望达到 2 万座以上。在换电行业合纵连横方面，奥动、杭州伯坦等换电站运营商加快换电站建设，积极与主机厂合作，中石化等能源企业与蔚来开展战略合作，开展换电站建设及运营工作。此外，华为、软银等资本投资换电模式，电池公司如宁德时代也入场换电行业，一方面通过充换电来提高电池销量，另一方面，联合蔚来等成立电池资产管理公司，从生产制造跨越到能源服务，换电市场有望迎来快速发展。

5.3　换电式纯电动汽车推广情况

5.3.1　换电式纯电动汽车推广情况

截至 2021 年底，我国已推广换电式纯电动汽车超过 14 万辆，换电式纯电动私人乘用车占主导

根据国家监管平台数据统计，截至 2021 年底，我国已累计接入换电式纯电动汽车超过 14 万辆。其中，2021 年换电车辆接入量快速增长，年度接入量达到 9.7 万辆，相较于 2020 年同比增长 4.8 倍。分车辆用途来看，换电式纯电动私人乘用车推广占主导，已累计接入 8.8 万辆，占比61.5%；其次是出租乘用车和公务乘用车，分别累计接入 3.3 万辆和 1.7 万辆，占比分别为 23.2% 和 12.0%（图 5-4）。

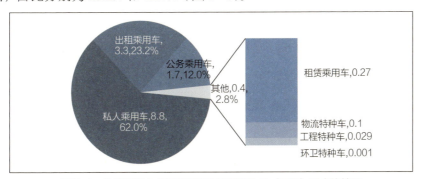

图 5-4　分类型换电式纯电动汽车累计接入量（万辆）及占比情况

换电式纯电动汽车的市场集中度较高（图5-5）。蔚来汽车主要布局私人乘用车领域，截至2021年底，蔚来汽车已累计接入换电式纯电动汽车9.5万辆，全国占比66.4%。北京汽车和北汽新能源两家企业主要布局出租乘用车和公务乘用车市场、租赁乘用车市场，两家企业分别累计接入换电式纯电动汽车2.6万辆和1.4万辆，全国占比分别为18.5%和9.5%。

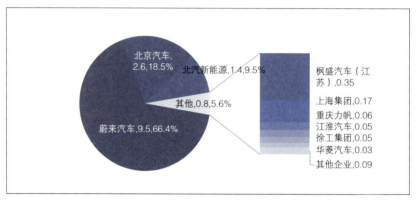

图5-5　整车企业换电式纯电动汽车累计接入量（万辆）及占比情况

从换电式纯电动汽车推广前十省份情况来看（图5-6），北京市换电式纯电动汽车累计接入量3.1万辆，全国占比21.7%；其次是上海市、广东省、浙江省，换电式纯电动汽车累计接入量均超过1.5万辆以上，全国占比10%以上。

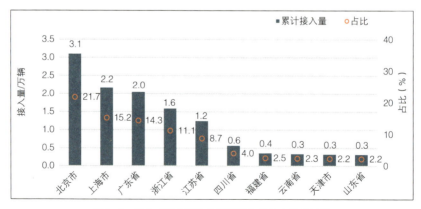

图5-6　换电式纯电动汽车累计接入量前十省份情况

换电式纯电动汽车的城市推广集中度较高（图5-7），北京市换电式纯电动汽车累计接入量在全国各城市排首位；其次是上海市、广州市，换电式纯电动汽车累计接入量均在 1 万辆以上。

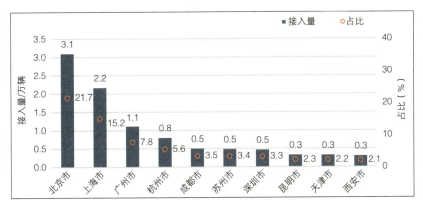

图 5-7　换电式纯电动汽车累计接入量前十城市情况

5.3.2　换电式纯电动重型货车推广情况

重型货车作为物流运输与工程建设核心的运载工具，车辆营运效率敏感性高。交通运输部数据显示，2021 年中国公路货物运输量为 391.4 亿 t，占全社会总货运量的 75.1%。重型货车凭借运距长、运量大、运输效率高等优势，常用于物流运输、工程建设及专用领域，是经济生活的重要生产物资。

换电式重型货车领域尚处于示范运营阶段，在政策加持下，主流商用车企业陆续加快换电式重型货车车型上市节奏。从 2021 年主流商用车和企业推出的新能源重型货车车型来看（表 5-3），上汽大通、东风汽车、华菱星马、湖北新楚风汽车、大运汽车等企业均开始在换电重型货车领域布局。新能源重型货车主要搭载磷酸铁锂电池，采用充换一体模式补充电量，电机供应商中车电动、特百佳等配套占比较高，换电重型货车续驶里程普遍介于 150～200km。

表 5-3　2021 年全球智慧出行大会参展新能源重型货车参数配置

企业名称	车辆型号	电池类型	充能模式	电机品牌	峰值功率 /kW	续驶里程 /km
一汽解放汽车有限公司	J6P 6×4 充换一体牵引车	磷酸铁锂	充换一体	中车	360	150～200
一汽解放汽车有限公司	J6P 充换一体渣土车	磷酸铁锂	充换一体	中车	360	200
东风商用车有限公司	东风天龙换电牵引车	磷酸铁锂	充换一体	苏州众联能创	360	

（续）

企业名称	车辆型号	电池类型	充能模式	电机品牌	峰值功率/kW	续驶里程/km
北汽福田汽车股份有限公司	智蓝重型货车	磷酸铁锂	充换一体	特百佳	360	200
上汽红岩汽车有限公司	杰狮H6 6×4 纯电动牵引车	磷酸铁锂	充换一体	中车/特百佳	360	—
上汽红岩汽车有限公司	杰狮H6 4×2 纯电动牵引车	磷酸铁锂	充换一体	中车/特百佳	360	—
成都大运汽车集团有限公司	E8 充换电版牵引车	磷酸铁锂	充换一体	汇川/特百佳/绿控	—	120
汉马科技集团股份有限公司	换电牵引车	磷酸铁锂	充换一体	特百佳	360	200
汉马科技集团股份有限公司	换电自卸车	磷酸铁锂	充换一体	—	360	130 ~ 150
汉马科技集团股份有限公司	换电搅拌车	磷酸铁锂	充换一体	—	360	100
南京恒天领锐汽车有限公司	换电自卸车	磷酸铁锂	充换一体	CVCT	240	160
徐州徐工汽车制造有限公司	E700 6×4 换电牵引车	磷酸铁锂	充换一体	江苏微特利	360	200

资料来源：第一商用车网，2021 年全球智慧出行大会。

（1）截至 2021 年底，国家监管平台已累计接入近 1000 辆换电式纯电动重型货车，牵引重型货车为主要推广车辆类型

根据国家监管平台数据统计结果（图 5-8），截至 2021 年底，全国已累计接入 941 辆换电式纯电动重型货车。分具体用途来看，换电式纯电动半挂牵引车和牵引车为主要推广车型，分别累计接入 300 辆和 247 辆，占全国换电式纯电动重型货车接入量的 31.9% 和 26.2%。

（2）换电式纯电动重型货车推广的区域集中度分布较高，河北省唐山市换电式重型货车接入量遥遥领先，其他重工业城市推广成效显著

换电式重型货车推广区域集中度较高。截至 2021 年底，河北省已累计接入 590 辆换电式纯电动重型货车，全国占比 62.7%（图 5-9）。其中，唐山市作为环渤海地区重要的大宗物料（钢铁）及货物运输港口城市和工业强市、全国重卡换电特色试点城市，2021 年实现换电式纯电动重型货车的批量置换。截至 2021 年底，唐山市已累计接入 378 辆换电式纯电动重型货车，占全国各城市换电式纯电动重型货车累计接入量的 40.2%（图 5-10）。

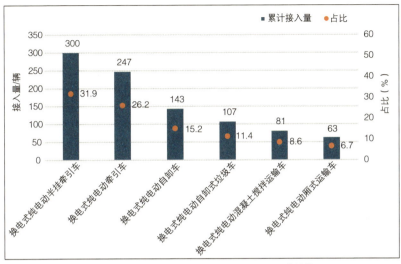

图 5-8　换电式纯电动重型货车累计接入量及占比情况

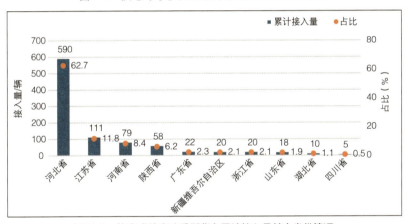

图 5-9　换电式纯电动重型货车累计接入量前十省份情况

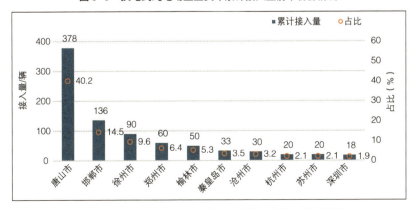

图 5-10　换电式纯电动重型货车累计接入量前十城市情况

从其他城市换电式纯电动重型货车推广情况来看，除唐山市外，邯郸市、徐州市、郑州市、榆林市等中西部重工业城市换电式纯电动重型货车推广情况排在全国前列，分别累计接入 136 辆、90 辆、60 辆、50 辆，全国占比均在 5% 以上。

（3）换电式纯电动重型货车推广的市场集中度分布较高，徐工汽车和华菱汽车两家企业接入量占比超过全国市场的 4/5

从换电式纯电动重型货车整车企业推广情况来看（图 5-11），徐工集团、华菱汽车已累计接入 451 辆和 336 辆换电式纯电动重型货车，全国占比分别为 47.9% 和 35.7%。此外，其他商用车企业如北奔重汽、大运汽车、北汽福田、江淮汽车、三一重工等企业分别布局换电式纯电动重型货车市场。

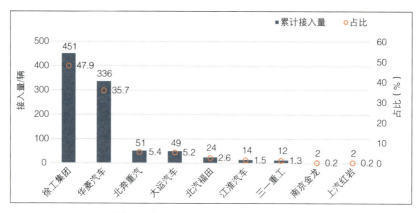

图 5-11　整车企业换电式纯电动重型货车累计接入量及占比情况

5.4　换电车辆运行特征

本节通过选取国家监管平台有换电行为[○]的换电式纯电动汽车，通过对各类型车辆的换电特征及与纯电动汽车充电特征进行对比分析，总结车辆的换电运行特征及换电试点工作进展情况，评估我国换电式纯电动汽车的试点工作进展情况，为更大范围内开展换电车辆运行提供一定经验借鉴。

○　换电行为说明：车辆熄火和再次起动之间没有充电行为，车辆熄火与再次起动两次行为时间间隔不超过 15min，车辆再次起动时 SOC– 车辆熄火时 SOC ≥ 40%。同时具备以上三个特征的停车区间标记为一次换电。

5.4.1 换电式纯电动乘用车运行特征

（1）私家车的单次换电行驶里程均值高于营运乘用车的单次换电行驶里程均值

2021 年，私家车的单次换电行驶里程均值明显高于出租车、共享租赁车单次换电里程均值（图 5-12）。换电式纯电动私家车领域主要是蔚来汽车，单车换电平均行驶里程较长，为 213.7km。出租车和共享租赁车月均单次换电行驶里程均值基本一致，保持在 170km 左右。

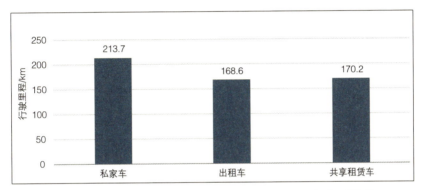

图 5-12　2021 年分类型换电式纯电动乘用车的单次换电行驶里程均值

（2）私家车的实际换电率较高，营运乘用车的换电频率有待进一步鼓励支持

乘用车领域，由于蔚来汽车在用户购车时推出免费换电政策，2021 年车辆实际换电率较高，为 77.6%；2021 年出租车的实际换电率为 52.9%，换电式纯电动出租车主要集中在北京市，出租车运营公司规定每月至少一次换电行为，以定期对换电动力蓄电池进行保养维护；共享租赁车换电频率较低，未来有待从政策层面进一步鼓励支持，以探索支持新型商业模式应用（图 5-13）。

（3）换电乘用车的月平均单次换电行驶里程呈现相对明显的季节性差异

从月度单次换电里程来看（图 5-14 和图 5-15），出租车、共享租赁车和私家车在冬季的单次换电行驶里程受影响较大，明显偏低。冬季温度低，动力蓄电池低温特性、充放电特性及车内空调的使用等因素均会影响车辆单次换电行驶里程；春秋季节，车辆单次换电行驶里程较长。

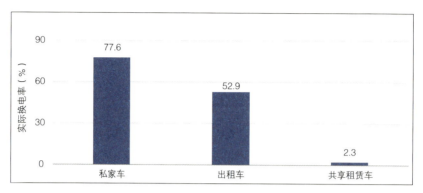

图 5-13　2021 年分类型换电式纯电动乘用车的实际换电率

注：实际换电率 =2021 年实际有换电行为的换电式纯电动汽车数量 / 国家监管平台累计接入的换电式纯电动汽车数量。

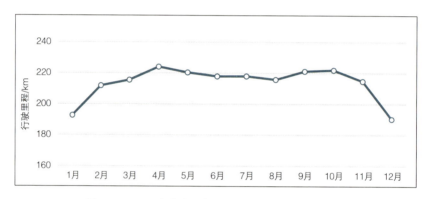

图 5-14　2021 年换电私家车单次换电月度行驶里程对比

图 5-15　2021 年营运乘用车单次换电月均行驶里程对比

5.4.2　换电式纯电动商用车运行特征

（1）商用车换电率有待进一步鼓励支持

与乘用车相比，商用车领域换电式纯电动物流车和重型货车单次换电行驶里程较短，分别为 101.6km 和 149.6km（图 5-16）。物流车和重型货车的实际换电率较低，2021 年全国物流车和重型货车的实际换电率低于 1%。

根据企业调研结果（图 5-17），物流车和重型货车换电率低的主要原因有两点：一是部分运营车辆不是满负荷运行，单车日均运行里程低于 200km，车辆工作强度较低，多采用快充桩充电；二是换电设施建设进度滞后于换电式重型货车推广速度。自 2021 年 10 月份工业和信息化部开展换电式重型货车试点工作以来，车辆推广速度加快，但换电站建设由于用地审批慢、资金投入大等问题，建设速度明显滞后于换电车辆推广速度。此外，由于少数换电站运营效率较低，电池供应不足，部分换电车辆被迫选择充电模式。后续，地方政府再推广换电商用车，应从多角度支持新型商业模式探索，以运营模式多样化、完善换电基础设施、增加换电运营补贴等方式，进一步激发换电市场活力。

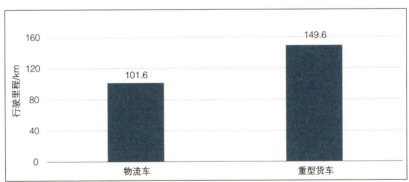

图 5-16　2021 年分类型换电式纯电动商用车的单次换电行驶里程均值

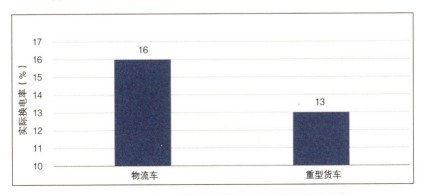

图 5-17　2021 年分类型换电式纯电动商用车的实际换电率

部分城市换电物流车和换电式重型货车示范效果较好，实际换电率相对较高。本节选取部分典型城市换电物流车和换电式重型货车接入数量超过 10 辆的企业，实际换电率情况见表 5-4。2021 年，江淮重汽在海口市推广的换电式纯电动厢式运输车实际换电率达到 66.67%，大运重卡在深圳市和苏州市推广的换电式纯电动厢式运输车实际换电率分别为 33.33% 和 50%。此外，徐工汽车在唐山市推广的换电式纯电动半挂牵引车实际换电率为 30%。

表 5-4　2021 年部分城市典型换电企业实际换电率情况

城市名称	接入企业名称	车辆用途	实际换电率
深圳市	成都大运汽车集团有限公司	换电式纯电动厢式运输车	33.33%
苏州市	成都大运汽车集团有限公司	换电式纯电动厢式运输车	50.00%
海口市	安徽江淮汽车集团股份有限公司	换电式纯电动厢式运输车	66.67%
唐山市	安徽华菱汽车有限公司	换电式纯电动牵引车	9.72%
	徐州徐工汽车制造有限公司	换电式纯电动半挂牵引车	30.00%
榆林市	安徽华菱汽车有限公司	换电式纯电动牵引车	14.00%
郑州市	安徽华菱汽车有限公司	换电式纯电动混凝土搅拌运输车	20.51%
	徐州徐工汽车制造有限公司	换电式纯电动混凝土运输搅拌车	15.00%
徐州市	徐州徐工汽车制造有限公司	换电式纯电动自卸式垃圾车	17.65%

（2）商用车单程换电月度行驶里程均在 150km 以内

商用车单次换电行驶里程基本稳定（图 5-18）。分类型车辆来看，重型货车月度单次换电行驶里程明显高于物流车。从车辆月度单次换电月均行驶里程情况来看，重型货车在 1—2 月车辆行驶里程较短，与建筑施工进度因素密切相关。

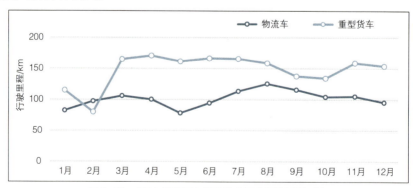

图 5-18　2021 年商用车单次换电月度行驶里程对比

从换电式重型货车运行特征来看（图 5-19），车辆单次换电行驶里程主要集中在 120 ~ 160km。2021 年单次换电行驶里程在 120 ~ 160km 的车辆占比为 78.56%，与 2020 年 120 ~ 160km 的车辆分布基本一致。从近两

年车辆分布变化来看，2021 年换电式重型货车在 140km 以上的车辆占比
明显高于 2020 年。

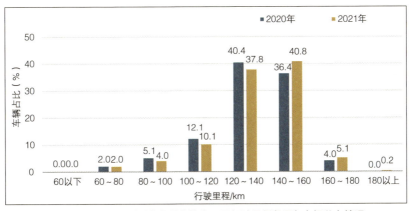

图 5-19　换电式重型货车单次换电不同行驶里程段历年车辆分布情况

5.5 车辆换电特征

5.5.1 全国换电车辆的换电特征

各类型车辆月均换电起始 SOC 普遍低于充电起始 SOC

从分类型换电式纯电动汽车的充换电起始 SOC 对比来看（图 5-20），
各类型车辆的换电起始 SOC 普遍低于月均充电起始 SOC，其中商用车营
运车辆公交客车、重型货车换电起始 SOC 相比月均充电起始 SOC 差距较
大；私家车月均换电起始 SOC 较低，为 26.3%，比充电起始 SOC 39.8%
低 13.5 个百分点。

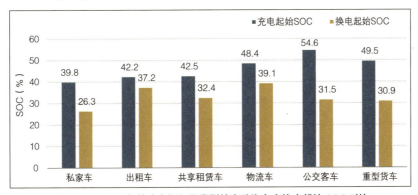

图 5-20　2021 年换电车辆与同类型纯电动汽车充换电起始 SOC 对比

以私家车和出租车为例，私家车充换电起始 SOC 车辆分布情况如图 5-21 所示，换电起始 SOC 主要分布在 0 ~ 30% 区间段，车辆占比达到 69.78%；充电起始 SOC 主要集中在 30% ~ 50% 区间段。出租车换电起始 SOC 分布相对分散，充电起始 SOC 主要集中在 30% ~ 50%（图 5-22）。

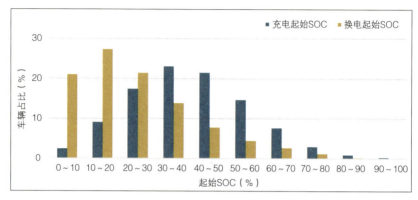

图 5-21　2021 年换电式私家车与充电式私家车的充换电起始 SOC 分布情况

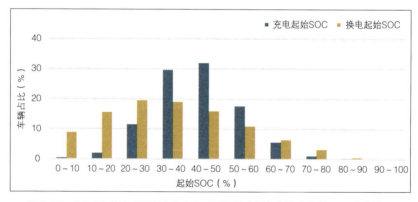

图 5-22　2021 年换电式出租车与充电式同类型车辆的充换电起始 SOC 分布情况

从分类型换电式纯电动汽车的充换电结束 SOC 对比来看（图 5-23），车辆充换电结束 SOC 差别较大。重型货车、出租车、共享租赁车换电结束 SOC 高于充电结束 SOC。其中，重型货车充电结束 SOC 相较于换电结束 SOC 差距较大，低于换电结束 SOC 4.6 个百分点。私家车换电结束 SOC 相对较低，伴随着换电式私家车规模快速增长，换电站如果出现等位或者急用情况，换电车辆可能会装载不满电的电池包行驶。

从重型货车充换电结束 SOC 车辆分布情况来看（图 5-24），重型货车充电结束 SOC 和换电结束 SOC 主要集中在 90% ~ 100%，车辆占比分别为 66.51% 和 81.57%。

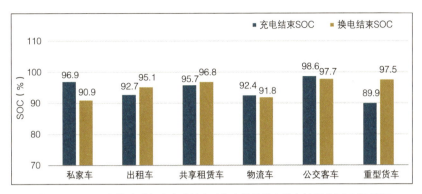

图 5-23　2021 年换电式与充电式纯电动汽车的月均充换电结束 SOC 对比情况

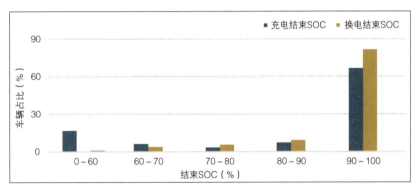

图 5-24　2021 年重型货车充换电结束 SOC 车辆分布情况

5.5.2　换电试点城市的车辆换电情况

本节针对 2021 年工业和信息化部基于《关于启动新能源汽车换电模式应用试点工作的通知》纳入换电试点范围的 11 个换电试点城市，主要从综合应用类城市和重卡特色类城市出发，分析两个类型城市的换电车辆运行特征及用电特征，及时总结成功经验，致力于为大规模开展换电市场化运行提供经验借鉴。

1. 综合应用类城市

换电试点城市在换电式纯电动汽车推广方面积累了一定的经验。截至 2021 年底，全国 8 个综合应用类换电试点城市已累计接入换电式纯电动汽车 4.0 万辆，北京市接入量占主要比重，以私人乘用车和出租乘用车为主；其他综合应用类换电试点城市均以换电乘用车推广为主（图 5-25 和图 5-26）。

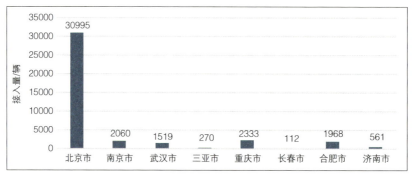

图 5-25　2021 年综合应用类换电试点城市的换电式纯电动汽车累计接入量情况

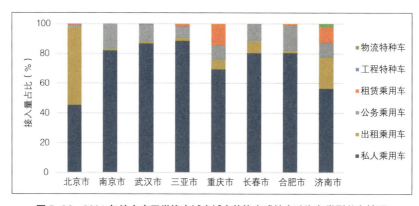

图 5-26　2021 年综合应用类换电试点城市的换电式纯电动汽车类型分布情况

综合应用类城市换电车辆单次换电月均行驶里程如图 5-27 所示，换电车辆单次换电行驶里程呈现明显的季节特性，冬季单次换电的行驶里程明显低于其他季节。

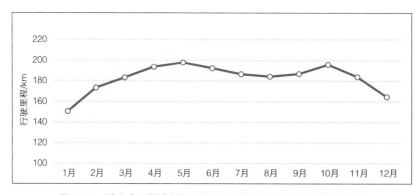

图 5-27　综合应用类城市换电车辆单次换电月均行驶里程整体情况

从综合应用类具体城市对比来看（图 5-28），北方地区的北京市、长春市、济南市 3 个城市的换电车辆单次换电月均行驶里程呈现明显季节特征，冬季换电车辆行驶里程较短；武汉市、重庆市、南京市换电车辆的运行情况较好，三亚市换电车辆运行里程上半年运行情况较好，下半年运行情况受到一定影响。

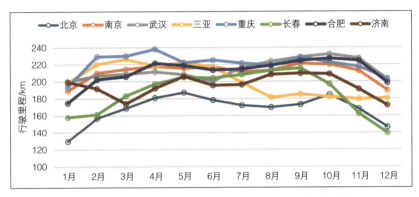

图 5-28　综合应用类城市换电车辆单次换电月均行驶里程对比

下面分别以南京市、三亚市为典型城市案例，结合当地产业发展特色，分别就城市换电产业发展成果进行总结。

（1）南京市

截至 2021 年 11 月，国网南京供电公司陆续在全市建成 5 座公交车充换电站，服务 170 辆换电式公交车，累计换电次数超 50 万辆次，行驶里程约 2248 万 km。根据试点工作方案，南京市将换电站模式向市政工程、工业港口、物流运输、出租车和私人用车五大应用场景拓展，计划到 2023 年年底，全市力争推广应用换电模式汽车突破 20000 辆，建设各类换电站不低于 260 座，探索形成可供全国推广复制的经验。其中，近 100 座换电站主要针对市政工程用渣土车。

（2）三亚市

2019 年以来，三亚市在多个市县陆续展开新能源汽车换电模式的推广工作。截至 2021 年 12 月底，三亚市累计建设并投入使用换电站 12 座，合计配备动力蓄电池 300 余块。其中，奥动新能源已建成 8 座换电站，主要服务换电式巡游出租车；海南华朴已建成 2 座换电站，主要服务换电式网约车；蔚来已建成 2 座换电站，主要为私家车提供换电服务，初步构建起全市电动汽车换电服务网络。

截至 2021 年 12 月底，三亚市换电车辆累计推广超 1600 辆，占全市新能源汽车保有量约 6.2%。其中，换电式巡游出租车约 800 辆，换电式网约车约 400 辆，私人领域约 400 辆。

2. 重型货车特色类换电试点城市

碳达峰、碳中和的环保政策从供给和需求两端共同推动传统燃油重型货车向电动重型货车转型。充电重型货车面临续驶里程短、充电慢、一次性购置成本高等问题，而采用"车电分离"模式的换电式重型货车可有效解决充电重型货车的痛点，有效提升车辆运营效率，降低购车成本。

与乘用车相比，部分重型货车的应用场景较为简单，短距离运输的车辆占比较大。车辆按照既定线路进行点对点运输，主要包括专线运输、支线短倒、港口运输以及干线运输等（表 5-5）。其中，专线运输、直线短倒、港口运输的运输距离相对较短，单程距离主要集中在 150km 以内。根据国家监管平台换电重型货车日均行驶里程车辆分布情况（图 5-29），重型货车日均行驶里程 150km 以内的车辆占据主要比重，达到 76.1%。

表 5-5　重型货车应用场景

运输场景	运输线路	单程距离
专线运输	固定货物运输专线，煤炭洗煤厂至铁路、工程物资运输等	≤ 100km
支线短倒	集中站至周边城市的直线短倒，如铁路港口集装箱运输等	≤ 150km
港口运输	封闭场景内重复短倒运输，如港口内货物运输、集装箱运输等	短距离
干线运输	跨城市的公路干线运输，如汽配、百货等	距离较长

资料来源：中国工程机械商贸网，中金证券。

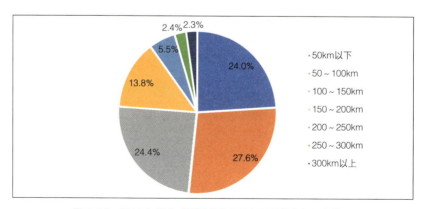

图 5-29　2021 年换电式重型货车日均行驶里程车辆分布情况

2021 年，工信部启动的新能源汽车换电模式应用试点城市中，重卡特色类试点城市有宜宾、唐山、包头三个城市。各试点城市依托当地整车企业及特色应用场景，结合换电运营商及动力蓄电池配套企业，先后围绕技术创新与车辆供应、换电设施建设、应用场景拓展和政策保障等各个环节全面发力，推进试点工作建设。下面将重点结合宜宾市、唐山市、包头市地方特色，分别进行换电式重型货车产业链体系分析。

（1）宜宾市

作为重型货车特色类换电试点城市，宜宾市计划到 2025 年底建成换电站 60 座（含）以上，累计推广换电式重型货车 3000 辆（含）以上。在换电产业集群生态构建方面，宜宾本地具备完整的新能源重型货车换电产业链，依托奇瑞商用车、宁德时代四川公司、宜宾科易换电、中电福溪电厂、宜宾港集团、百川物流、宜宾三江投资建设集团等企业，组建重型货车换电示范运营联合体；在换电基础设施网络建设方面，宜宾市综合应用场景需求，对换电网络布局进行统筹规划，并建立充换电设施运营监督平台；在应用场景领域，覆盖大规模城市建设、工业园区、矿山、港口、电厂等适合换电式重型货车推广示范试点的丰富应用场景。

政策支持保障方面，目前宜宾已出台政策，对换电式重型货车按每度电 300 元给予购置补贴，对换电站建设优先给予土地指标；成立首期 60 亿元产业发展基金，对换电优质项目给予资本支持。

（2）唐山市

河北省唐山市是环渤海地区重要的大宗物料（钢铁）及货物运输港口城市和工业强市、重卡特色类试点城市。为适应当前转型发展需要，唐山市的重型货车换电市场迎来新机遇。唐山市大部分钢铁企业分布在唐山市及部分周边地区，除去厂内高频短倒需求外，成品粗钢外运产生的干线运输也是企业迫切想实现绿色化升级的部分。截至 2021 年底，唐山市现有重型货车保有量突破 10 万辆。伴随着大气污染治理压力的不断加大，加快货运车辆电动化转型成为唐山产业转型的当务之急。2021 年，唐山市被列为重卡特色类换电试点城市之一，根据唐山市产业链发展需求，唐山市计划在试点期内实现落地运营换电式重型货车 2600 台，建成投运换电站不少于 60 座，成立电池资产管理公司至少 1 家，换电运营示范企业 2～4 家。其中在换电基础设施建设方面，唐山市针对本地钢铁企业成品运输需求，设计了"三纵一横"干线换电网络布局，可满足大型钢铁企业成品运输至京唐港、曹妃甸港的需求（表 5-6）。截至 2021 年 11 月底，唐山市已建成换电站 7 座，其中 5 座位于钢铁企业厂区内，2 座为干线换电站，另有 5 座换电站正在建设中。

表 5-6　唐山市换电站建设规划

换电站规划	换电站铺设路线	途径钢铁企业
1 号线：迁安－京唐港	沿平青乐线铺设（干线距离 100km）	途径燕钢、鑫达、九江、首钢迁安等钢厂
2 号线：迁西－曹妃甸	沿迁曹线铺设（干线距 170km）	途径津西、春兴、国义、经安、东海等钢厂
3 号线：遵化－曹妃甸	沿唐丰快速路铺设（干线距离 175km）	途径港陆、金州、正丰、天柱、瑞丰、东华等钢厂
4 号线：丰南－京唐港	干线距离 175km	途径纵横、文丰钢厂

在试点工作政策保障方面，唐山市结合车辆实际运营需求，在规划用地、电力扩容、设施建设等方面将给予政策支持，对新征用地建设的换电基础设施项目，其用地规划性质按照公共设施用地确定，优先安排土地供应；对建设换电基础设施的电力需求给予免费扩容支持。同时，对新能源重型货车提供绿色通行便利支持，发放绿色通行证照，城市区域不限行。

（3）包头市

包头市在换电产业生态体系构建方面，以"企、车、站、电"一体化发展为目标，在技术创新与车辆生产、换电基础设施建设、应用场景拓展和强化政策保障等各环节持续发力，全方位推进试点工作。整车企业以北奔重汽集团新能源重型货车车型为主力，依次在换电牵引车、自卸车、专用车的领域推出换电式重型货车车型；在配套换电基础设施建设方面，先后与奥动新能源、协鑫能科、优品汽车开展换电站技术研发，计划布局换电站 60 座以上；在车辆应用场景方面，结合包头市矿场运输场景，先后在提高矿区、火电厂、钢厂内换电重型货车使用比例的基础上，积极拓展垃圾搬运、渣土清运、物流园区、市政环卫等运输场景，形成多元化的示范效应。

在强化政策保障方面，包头市制定了充换电站的相应管理办法，构建换电站审核服务、运营管理等规范化标准体系，努力为开展试点工作提供一揽子解决方案，并积极引导社会资本、金融、保险参与，构建全领域保障体系。

（4）换电重型货车经济性分析

在换电产业中，电池、电机、电控系统等关键零部件供应商位于产业链上游环节，设计、研发、生产换电式无动力车身的整车企业，提供电池租赁服务的电池租赁／运营厂商与汽车金融服务企业处于中游位置；下游客户则为具有运输需求的运营企业、物流类企业等，需要打通产业链上游、中游和下游各个环节，包括在上游电池供应商处采购电池、与整车厂商协商统一电池标准、根据用户需求建立换电站等基础设施（图 5-30）。

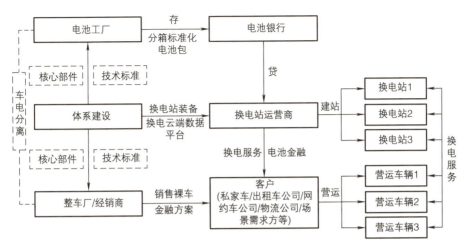

图 5-30　换电模式参与方业务链体系

重型货车营运成本敏感，而且具有高频、快速的补电需求。本节以牵引车为例，通过对比换电式重型货车、充电式重型货车和燃油重型货车 5 年内的总使用成本，总结换电式重型货车的商业模式经验。

港口运输以牵引车为主，主要用于港口集装箱至周边城市中长途物流运输、港口内集装箱倒短运输；运行特点方面，车辆运行线路基本固定，货源固定；车辆载重按照车辆管理标准，环保要求严格。本节对 6×4 港口运输电动牵引车按照 3 年总体拥有成本进行如下假设：

1）假设牵引车（含挂车）裸车购置费用为 45 万元。电动车型免征购置税，燃油重型货车购置税增加 3 万元。

2）电动重型货车配套电池容量 282kW·h；充电重型货车为满足日运行里程要求，电池单价 1100 元 /kW·h，单块电池价格 31.02 万元。

3）假设牵引车每年运行里程 10 万 km，电价 0.55 元 / kW·h，用电服务费 0.55 元 / kW·h，每升柴油价格 6 元 /L。

4）电动牵引车能耗 180 kW·h /100km，燃油牵引车油耗 35L/100km。

5）维保费用方面：燃油重型货车每 5 万 km 保养一次，每次 0.3 万元，每年 0.6 万元；电动重型货车每年一次常规三电保养，每年 700 元。电动重型货车维保费用低于燃油重型货车。

从 3 年内总拥有成本对比来看（表 5-7），换电式重型货车相较于燃油重型货车经济性显著，相较于充电式重型货车经济性有一定差距。由于充电重型货车对购车成本和运营效率敏感度较高，从车辆运营效果来看，换电式重型货车降低了首次购车成本，与燃油车相当，车辆运营效率接近燃油车，实现电量补充安全高效。伴随着换电技术逐渐成熟，预计换电式重型货车有望开启高速发展趋势。

表5-7　换电式重型货车五年总成本经济性测算

费用类别		充电式重型货车	换电式重型货车	燃油重型货车
车辆购置成本	裸车购置成本/万元	45	45	45
	购置税/万元	0	0	3
	电池购置费用/万元	31.02	0	0
	初始购置费用/万元	76.02	45	48
车辆使用成本	百公里能耗	180 kW·h	180 kW·h	35L
	电价/油价	0.55元/kW·h	1.10元/kW·h	6元/L
	百公里费用/元	99	198	210
	每年行驶里程/km	100000	100000	100000
	年度能耗费用/万元	9.90	19.80	21
	年度租赁费用/万元	—	1.50	1.5
	三年使用费用/万元	29.70	63.90	67.5
维修保养费用	年均保养费用/万元	0.07	0.07	0.6
	年均保险费用/万元	2	2	3
	三年总维保费用/万元	6.21	6.21	10.80
残值回收/万元		22.81	13.50	14.40
三年总费用/万元		89.12	101.61	111.90

在电池价格1100元/kW·h、充电服务费1.1元/kW·h保持不变的情况下，换电式重型货车与燃油重型货车3年总拥有成本对比如图5-31所示。当柴油单价为5元/L时，燃油重型货车与换电式重型货车3年总拥有成本相当；当柴油单价超过5元/L时，燃油重型货车总拥有成本高于换电式重型货车总拥有成本。

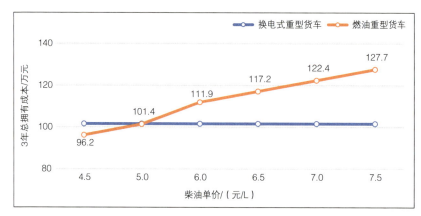

图5-31　换电式重型货车与燃油重型货车总拥有成本对比

（5）重型货车换电站系统方案

目前，国内主流的纯电动重型货车换电站多以顶部吊装换电方式为主，换电站占地面积在 200m² 以内，适配车型涵盖牵引车、自卸车、渣土车等多个重型货车车型（表 5-8）。从换电站运行效率来看，单通道 8×7 重型货车换电站，8 个电池工位，满放 7 块电池，1 个缓存电池工位。换电站采用双层集装箱的结构形式，便于安装拆卸和移位。上箱放置电池及换电行车机构，下层为充电舱、控制舱、监控室，充电速率 1C，充电功率根据电池容量来确定。换电站单车换电时长 ≤ 5min。若按 10min/ 辆的车流量，换电站可以实现 24h 不间歇换电，服务不少于 50 台换电重型货车。

表 5-8　某换电运营商纯电动重型货车换电站系统方案

产品系列	8 工位 - 重型货车自动换电站	10 工位 - 重型货车自动换电站
整站尺寸 /mm	25000 × 7000 × 7000	27000 × 7000 × 7000
占比面积 /m²	150	170
换电时间 /min	4 ~ 5	4 ~ 5
换电成功率（%）	99	99
换电运行时间	7 × 24h	7 × 24h
充电功率 /kW	2560（8×320）	3200（10×320）
单舱位充电能力 /A	双枪 400	双枪 400
备用电池数量 / 个	7	9
服务能力 /（次 /24h）	240	240
换电模式	顶部吊装换电	顶部吊装换电
适配车型	牵引车、自卸车、渣土车	牵引车、自卸车、渣土车
适配电池容量	282kW/321kW/350kW	321kW/350kW
车辆定位系统	激光引导系统	激光引导系统
车辆识别系统	RFID+VIN 识别	RFID+VIN 识别
软件平台	主控系统 + 云平台运营系统	主控系统 + 云平台运营系统

资料来源：某换电运营商官网。

5.6　小结

本章通过梳理全国换电产业政策及标准体系、换电车辆及换电基础设施产业现状、换电车辆运行情况，主要得出以下研究结论：

（1）换电产业政策加速落地，带动产业快速发展

一方面，换电基础设施快速增长。根据中国充电联盟数据统计，截至 2021 年底，全国换电站保有量 1298 座，相较于 2020 年增加 743 座，蔚来、奥动、杭州伯坦为三大换电运营商。乘用车领域，蔚来汽车、北汽新能源纷纷布局私人乘用车、出租车领域，国内主流商用车企业如华菱汽车、上汽红岩、北汽福田等纷纷布局换电式重型货车领域。截至2021年12月31日，国家监管平台已累计接入换电式纯电动汽车超过10万辆，乘用车占换电领域主导地位，换电商用车占比较小，但呈现快速增长趋势。伴随着政策逐渐落地，越来越多的企业将布局换电市场。

（2）换电车辆补能效率高，在出租车、网约车、重型货车等公共营运领域得到快速推广

换电车辆在补能效率方面具有很大的优势，换电车辆的换电起始SOC普遍低于充电起始SOC，3～5min即可完成电池更换。对于出租车、网约车、重型货车等公共营运车辆，一方面解决了电池购置成本过高问题，另一方面高频、快速的补电需求比充电模式更加适用。从换电式重型货车5年内总拥有成本来看，换电重型货车总成本明显低于燃油重型货车，环保效益驱动、商业模式创新将带动换电重型货车车辆规模的快速增长。

（3）重型货车电动化对于"节能降碳"效果显著，需要地方政府在路权、补贴、配套设施等层面做好统筹规划设计

当前，国家层面和地方政府针对燃油重型货车的治理力度仍在加码。换电式纯电动重型货车有效解决了纯电动重型货车在实际应用过程中存在购置成本高、充电时间长等问题，大大降低了用户购车成本，用户接受程度高。当前，尽管一些城市已开展部分换电式纯电动重型货车的推广应用，但由于部分车辆低负荷运营、换电站建设滞后及运营效率低等问题，部分换电式重型货车运营车队多选择快充方式，车辆实际换电率较低。基础设施建设规模及布局情况、充电设施质量和维护等都会影响换电式纯电动重型货车车主的用车行为。因此，政府部门应基于深入研究和分析，统筹规划设计，推广换电式重型货车示范效果较好的城市在路权、补贴、配套设施等方面的经验，以提高换电重型货车的使用率。

（4）换电站建设投资金额较高，需要联合换电产业链金融机构、换电运营服务商、整车企业上下游产业链协同发展

当前，根据调研结果显示，单个乘用车换电站（包括土地）所需投资额约为500.72万元，其中换电站设备投资约260.72万元，占比约52%，此外还需要线路投资、电池投资等，单个重型货车换电站所需的投资额更多，换电站投资约为420.14万元，总投资额约为单个乘用车换电站的2倍。此外，换电模式还要求企业投入较多的研发成本来设计换电车型，车企需要对车辆底盘、动力蓄电池以及车身结构进行针对性改造。伴随着国家政策落地及换电试点城市的推广，换电模式的市场空间逐渐显现，换电运营方可以通过融合多方势力共同参与，引领产业发展。

第 6 章　氢燃料电池电动汽车

　　氢能作为清洁高效的二次能源，为氢燃料电池电动汽车发展带来新的契机。近年来，我国高度重视氢能产业发展，将氢能纳入国家"十四五"规划和2035年远景目标纲要。2021年，财政部等五部门相继批复第一批、第二批燃料电池汽车示范应用城市群，旨在通过氢燃料电池电动汽车产业链协同、跨区域场景示范推广，有效打造绿色能源共同体，带动氢能全产业链可持续发展。本章以氢燃料电池电动汽车为研究视角，梳理当前国家及地方燃料电池产业政策、示范推广现状及车辆运行情况，并对燃料电池汽车示范城市群推广应用现状进行评估，分析当前地方氢燃料电池电动汽车产业推广特点，助力示范城市群不断提升示范应用水平，为大规模推广应用探索可复制可推广的先进经验。

6.1　氢燃料电池电动汽车产业发展现状

6.1.1　产业政策持续加码

1. 国家顶层设计加快清洁能源转型，氢能产业被列为前瞻产业

　　氢能是全球能源技术革命的重要发展方向。加快发展氢能产业，是应对全球气候变化、保障国家能源供应安全和实现可持续发展的战略选择。

作为我国能源转型的重要方向，氢能将与其他能源协同，为实现我国"双碳"目标发挥重要作用。

从我国氢燃料电池电动汽车产业发展来看，当前氢燃料电池电动汽车产业整体仍处于政策驱动阶段。国家层面发布的碳达峰、碳中和系列政策文件中，陆续将氢能及燃料电池产业纳入绿色低碳转型，实现碳达峰、碳中和的目标之一。2021 年 3 月 11 日，第十三届全国人民代表大会第四次会议通过了关于国民经济和社会发展第十四个五年规划和 2035 年远景目标纲要的决议，决议将氢能作为前沿科技和产业变革领域写入文件，"氢能与储能等前沿科技和产业变革领域，组织实施未来产业孵化与加速计划，谋划布局一批未来产业"；《中共中央 国务院发关于完整准确全面贯彻新发展理念做好碳达峰碳中和工作的意见》（简称《意见》）于 2021 年 9 月 22 日发布，《意见》指出将碳达峰、碳中和纳入经济社会发展全局，以经济社会发展全面绿色转型为引领，以能源绿色低碳发展为关键，积极发展非石化能源，统筹推进氢能"制储输用"全链条发展；2021 年 10 月 26 日，《国务院关于印发 2030 年前碳达峰行动方案的通知》（国发〔2021〕23 号）（简称《通知》）正式发布，《通知》明确将积极扩大氢能、天然气等新能源、清洁能源在交通运输领域的应用，大力推广新能源汽车，逐步降低传统燃油汽车在新车产销和汽车保有量中的占比，推动城市公共服务车辆电动化替代，推广氢燃料等动力重型货运车辆。

国家层面相继出台的一系列新能源汽车产业发展支持政策，明确加快氢燃料电池电动汽车示范推广和商业化应用，统筹推进氢能"制储输用"全链条发展，产业加速信号明显。2020 年 11 月 2 日，国务院印发的《国务院办公厅关于印发新能源汽车产业发展规划（2021—2035 年）的通知》（国办发〔2020〕39 号）确立了燃料电池产业中长期发展目标，政策指出"力争经过 15 年的持续努力，我国新能源汽车核心技术达到国际先进水平，质量品牌具备较强国际竞争力。燃料电池汽车实现商业化应用，氢燃料供给体系建设稳步推进"；在产业发展目标方面，根据《节能与新能源汽车技术路线图 2.0》规划，到 2025 年，氢燃料电池汽车保有量将达到 10 万辆左右，加氢站数量达到 1000 座；到 2035 年，氢燃料电池汽车保有量将达到 100 万辆左右，加氢站数量达到 5000 座。

在燃料电池科技创新及标准化领域，国家层面相继围绕氢能全产业链布局燃料电池共性技术、工程应用及关键部件技术创新。2021 年 5 月 11 日，《科技部关于发布国家重点研发计划"信息光子技术"等

"十四五"重点专项 2021 年度项目申报指南的通知》(国科发资〔2021〕133 号)正式发布。其中氢能技术重点专项 2021 年项目申报指南指出,重点专项的总体目标是以能源革命、交通强国等重大需求为牵引,系统布局氢能绿色制取、安全致密储输和高效利用技术,贯通基础前瞻、共性关键、工程应用和评估规范环节,到 2025 年实现我国氢能技术研发水平进入国际先进行列。2021 年度指南围绕氢能绿色制取与规模转存体系、氢能安全存储与快速输配体系、氢能便捷改质与高效动力系统及"氢进万家"综合示范 4 个技术方向,按照基础前沿技术、共性关键技术、示范应用,拟启动 18 个项目,拟安排国拨经费 7.95 亿元。2021 年 12 月 4 日,科技部发布国家重点研发计划重点专项 2021 年度拟立项项目公式清单,其中氢能技术(17 项)、新能源汽车(2 项)、催化科学(12 项)、高端功能及智能材料(3 项)、大科学装置前沿研究(1 项)5 类重点专项涉及 35 项氢能与燃料电池技术,基本覆盖氢能与燃料电池汽车全产业链共性关键技术。

2021 年 6 月 28 日,工业和信息化部装备工业一司发布《2021 年汽车标准化工作要点》。其中,涉及氢燃料电池汽车领域,提出聚焦燃料电池汽车使用环节,推动燃料电池汽车能耗及续驶里程、低温冷起动、动力性能、车载氢系统、加氢枪等标准制修订。加快关键部件创新突破,开展动力蓄电池、超级电容器、驱动电机系统、绝缘栅双极型晶体管(IGBT)模块等标准制修订。

2. 城市示范群试点范围逐步扩大,重点支持产业链技术攻关,强化各地协同互补

从加快推动氢燃料电池电动汽车产业链建设及车辆推广应用方面,国家层面致力于充分调动各城市相对优势,发挥龙头城市辐射带动作用,着力培育特色产业集群,以氢燃料电池电动汽车以奖代补财税政策,促进城市群内部和城市群之间燃料电池产业协同发展,着力带动城市互补联动、互利共赢发展。

2021 年 8 月,财政部等五部委发布《财政部 工业和信息化部 科技部 国家发展改革委 国家能源局关于启动燃料电池汽车示范应用工作的通知》(财建〔2021〕266 号),标志着由北京市大兴区牵头的京津冀城市群、上海市牵头的上海城市群、广东省佛山市牵头的广东城市群首批燃料电池汽车示范城市群正式落地,进一步明确了推动燃料电池汽产业加快发展的决心(表 6-1)。

表 6-1　2021 年首批燃料电池汽车示范应用城市群名单

示范城市群	京津冀城市群	上海城市群	广东城市群
牵头	北京市财政局、北京市大兴区	上海市	佛山市
城市构成	北京市：海淀区、昌平区等六区 天津市：滨海新区 河北省：保定市、唐山市 山东省：滨州市、淄博市	江苏省：苏州市、南通市 浙江省：嘉兴市 山东省：淄博市 宁夏回族自治区：宁东能源化工基地 内蒙古自治区：鄂尔多斯市	广东省：广州市、深圳市、珠海市、东莞市、中山市、阳江市、云浮市 福建省：福州市 山东省：淄博市 内蒙古自治区：包头市 安徽省：六安市

资料来源：根据各省市规划资料综合整理。

　　2021 年 12 月，财政部等五部委发布《财政部 工业和信息化部 科技部 发展改革委 国家能源局关于启动新一批燃料电池汽车示范应用工作的通知》（财建〔2021〕437 号），明确将以张家口市牵头的河北城市群、以郑州市牵头的河南城市群列为第二批氢燃料电池电动汽车示范城市群。五大示范城市群的正式确立，有望充分发挥各城市资源禀赋和技术产业优势，致力于打造氢能源产业发展范本，发挥示范引领作用（表 6-2）。

表 6-2　2021 年第二批燃料电池汽车示范应用城市群名单

示范城市群	河北城市群	河南城市群
牵头	张家口市	郑州市
城市构成	河北省：唐山市、保定市、邯郸市、秦皇岛市、定州市、辛集市、雄安新区 内蒙古自治区：乌海市 新疆维吾尔自治区：巴州、库尔勒市 上海市：奉贤区 河南省：郑州市 山东省：聊城市、淄博市	河南省：新乡市、洛阳市、开封市、安阳市、焦作市 上海市：嘉定区、奉贤区、自贸区临港片区 河北省：张家口市、保定市、辛集市 山东省：烟台市、淄博市、潍坊市 广东省：佛山市 宁夏回族自治区：宁东镇

资料来源：根据各省市规划资料综合整理。

3. 示范城市群政策密集出台，车辆示范应用总规模将超过 3.3 万辆

　　截至 2021 年底，全国"3+2"燃料电池汽车示范城市群格局已经形成，产业政策逐渐落地实施。首批示范城市群京津冀城市群、上海城市群、广东城市群在燃料电池关键技术和车辆推广应用方面具有明显优势，且经济实力雄厚，是全国燃料电池汽车推广应用的先锋地区。河北城市群、河南城市群以车辆示范应用为契机，分别结合自身优势，持续形成本地化推广特色，有望带动本地产业发展。按照 4 年示范期（2022—2025 年），五大示范城市群预计将推广各类燃料电池汽车 3.3 万辆。示范应用车辆不断增长的同时，围绕燃料电池产业链上下游各类技术攻关、产品规

模化推广、加氢基础设施等也将获得良好发展契机。

（1）京津冀城市群致力于打造技术自主创新、全产业链闭环持续发展，区域一体协同产业生态区

京津冀地缘相接，产业相融，具备共同开展燃料电池汽车示范的先天优势。京津冀城市群由北京市大兴区牵头，联合海淀、昌平等 6 个区和经济技术开发区，以及天津滨海新区、河北省保定市、唐山市、山东省滨州市、淄博市等共 12 个城市（区）组建。2021 年 12 月 25 日，京津冀燃料电池汽车示范城市群建设正式启动，该示范群将以北京科技创新为引领，致力于打造绿色能源共同体。根据《京津冀燃料电池汽车示范城市群实施方案》，京津冀示范城市群设定了"1+4+5"目标任务体系，即完成建立技术自主创新、全产业链闭环持续发展、区域一体协同产业生态的总体目标，实现关键技术 100% 国产化、优质产业集群构建、车辆推广应用、友好示范环境打造共 4 个分项目标，并配套涵盖 5 大领域的重点任务；结合各城市区位条件和资源禀赋，确立"一核、两链、四区"城市分工与定位（表 6-3）。

表 6-3　京津冀示范城市群定位与分工

关键指标	具体内容
"一核"	北京——发挥科技创新、关键零部件及整车研发制造引领作用
"两链"	北京 – 天津 – 保定 – 淄博产业发展链 北京 – 保定 – 滨州氢能供应链
"四区"	北京市延庆区——冬奥场景特色示范区 天津市滨海新区——港口场景特色示范区 河北省保定市——建筑材料运输场景特色示范区 河北省唐山市——矿石钢材重载场景特色示范区

资料来源：京津冀燃料电池汽车示范城市群启动会议资料。

（2）上海城市群致力打造国内产业规模最大、生态环境最优、整体竞争力最强的燃料电池产业集群

上海城市群由上海市牵头，联合江苏省苏州市、南通市、浙江省嘉兴市、山东省淄博市、宁夏宁东能源化工基地、内蒙古自治区鄂尔多斯市等 6 个城市（区域）共同组建。2021 年 11 月 11 日，上海城市群燃料电池汽车示范应用工作第一次联席会议召开，标志着上海城市群示范工作正式启动。上海城市群明确加强组织保障，建立联席会议制度，联席会议将每年召开两次会议，同时各个城市建立燃料电池汽车示范应用工作专班。

在财政支持方面，2021 年 11 月 3 日，上海市发布《关于支持本市燃料电池汽车产业发展若干政策》（简称《若干政策》）（沪发改规范〔2021〕

10 号），涉及支持整车购置奖励、关键零部件奖励、车辆运营奖励、支持公交车运营、加氢站建设补贴、氢气零售价格补贴。《若干政策》明确提出到 2025 年前，上海市级财政部门将按照国家燃料电池汽车示范中央财政奖励资金 1:1 比例出资，在支持整车产品示范应用方面按照每 1 积分 20 万元给予奖励。

（3）广东城市群致力于打造产业链健全、技术先进、规模领先的车辆示范应用和技术创新高地

2021 年 12 月 8 日，广东燃料电池汽车示范应用城市群正式启动。广东城市群由佛山市牵头，联合广州、深圳、珠海、东莞、中山、阳江、云浮、福州、淄博、包头和六安等城市组建，力争以燃料电池汽车示范应用契机，到 2025 年建成具有全球竞争力的燃料电池汽车产业技术创新高地。根据 2021 年 12 月广东省发改委对外公布的《广东省加快建设燃料电池汽车示范城市群行动计划（2021—2025 年）》(征求意见稿)（简称《征求意见稿》)，到示范期末，广东示范城市群将实现电堆、膜电极、双极板、质子交换膜、催化剂、碳纸、空气压缩机、氢气循环系统等八大关键零部件技术自主可控，具备自主知识产权的产品配套应用，推广超万辆燃料电池汽车，形成超过 46 万 t 的氢气供应体系，建成 200 座以上加氢站，降低氢气售价至 35 元 /kg 以下（省内 30 元 /kg 以下），构建完善的燃料电池汽车政策体系。

在财政支持领域，《征求意见稿》提出，对为广东获得国家示范城市群考核"关键零部件研发产业化"加分的企业给予财政资金奖励，省级财政按照国家奖补标准 1：1 给予配套资金，省内示范城市相关地市财政按照国家和省的奖补标准 1：1 给予配套补贴。在加氢站建设补贴标准上，省级财政对"十四五"期间建成并投入使用，且对日加氢能力 500kg 及以上的加氢站给予补贴，其中，属于油、氢、气一体化综合能源补给站，每站补助 250 万元；独立占地固定式加氢站，每站补助 200 万元；撬装式加氢站，每站补助 150 万元。地方财政按照省补贴额度 1：1 予以配套补贴，各级财政补贴合计不超过 500 万元 / 站。获得省级财政补贴的加氢站在首笔补贴到位后 5 年内停止加氢服务的，收回已发放的补贴资金。

（4）河北城市群充分发挥"绿氢"优势，以冬奥会为契机，积极探索多应用场景示范

河北省燃料电池汽车示范城市群（简称"河北城市群"）由张家口市牵头，联合河北省唐山市、保定市、邯郸市、秦皇岛市、定州市、辛集市、雄安新区、内蒙古乌海市、上海市奉贤区、河南省郑州市、山东省淄博市、聊城市、福建省厦门市等 13 个城市组成。河北城市群计划 4 年示范期内，累计推广各类型燃料电池汽车 7710 辆。其中，牵头城市张家口市将推广各类型燃料电池汽车 1130 辆。河北城市群将充分发挥可再生能源制氢，实现"绿电"制备"绿氢"，氢能利用全过程零排放。2022 年冬奥会期间，张家口赛区核心区冬奥保障车辆也全部采用氢燃料电池客车。此外，积极在河北省内城市丰富燃料电池汽车推广应用场景。

（5）河南城市群以优势企业带动燃料电池产业发展，助力本地汽车与能源产业转型升级

河南省燃料电池汽车示范城市群（简称"河南城市群"）以郑州市为牵头城市，以宇通客车为优势企业，联合国内技术实力最强的燃料电池系统集成企业及所在城市，包括省内新乡、洛阳、开封、安阳、焦作 5 个城市，以及上海市三区（嘉定、临港、奉贤）、张家口、潍坊、佛山等 11 个产业链优势城市或地区。在示范运行工作机制方面，河南城市群将建立健全示范应用统筹协调机制，推动牵头城市不断提升示范应用水平，加快形成燃料电池汽车发展可复制可推广的先进经验。预计 4 年示范期中，河南省级及市级政府部门、企业及社会各类型资金总投入约 285 亿元。

6.1.2　示范推广效果显著

（1）氢燃料电池电动汽车推荐目录聚焦商用车领域，应用场景逐步向多领域扩展

氢燃料电池技术是商用车实现碳达峰的重要路径。近年来，国家积极推动氢燃料电池电动商用车领域新技术、新车型应用示范及配套基础设施建设。各地也积极出台政策加以跟进，全力支持氢燃料电池电动商用车推广应用。从工业和信息化部公布的 2021 年第 1 ~ 12 批《新能源汽车推广应用推荐车型目录》（图 6-1）来看，涉及氢燃料电池汽车企业 47 家，产品型号 239 个，其中乘用车 1 个、客车 25 个、专用车 214 个。从全年推荐车型数量来看，专用车推荐车型明显多于客车推荐车型。伴随着燃料电池汽车示范推广规模逐渐加大，燃料电池电动汽车逐渐从客车领域向客车、专用车多应用场景扩展，各示范城市群依托多元化应用场景，逐渐探索有效的商业运营模式。

（2）氢燃料电池电动汽车示范推广逐渐发力，截至 2021 年累计销量突破 8900 辆

自 2016 年以来，我国燃料电池电动汽车销量呈现快速增长趋势。2019 年，燃料电池电动汽车销量突破 2737 辆，同比增长 79.2%。2020 年以来，受新冠肺炎疫情影响，氢燃料电池电动汽车销量相较 2019 年有所

下滑。在"碳达峰、碳中和"顶层目标及示范城市群效应的带动下，各地氢燃料电池电动汽车产业发展明显提速，截至 2021 年底，累计销量突破 8900 辆（图 6-2）。预计到"十四五"末期，伴随着燃料电池多场景应用模式的推广，以及政策法规环境的逐渐完善，预计燃料电池电动汽车示范推广规模将逐步实现产业化发展。

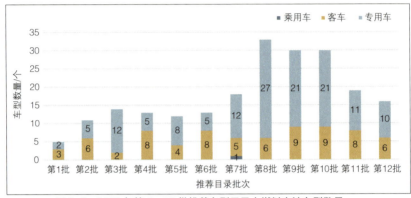

图 6-1　2021 年第 1～12 批推荐车型目录中燃料电池车型数量

数据来源：2021 年第 1～12 批《新能源汽车推广应用推荐车型目录》。

图 6-2　我国氢燃料电池电动汽车历年销量增长情况

数据来源：中国汽车工业协会。

（3）截至 2021 年底，全国加氢基础设施已建成规模超过 255 座

氢燃料电池电动汽车的规模化示范推广带动加氢基础设施建设取得显著成果。截至 2021 年 12 月 31 日，全国已建成加氢站 255 座，运营加氢

站 180 座（图 6-3）。从新增加氢站建设情况来看，2021 年新增加氢站以氢、油、电、气等综合能源服务站为主；从国内加氢站建设布局来看，我国加氢站建设布局具有区域性特征，主要分布于京冀地区、山东半岛地区、长三角地区、珠三角地区等经济发展地区。

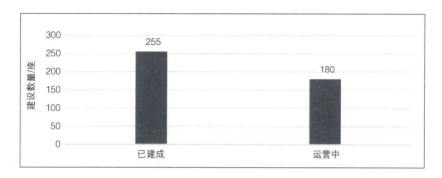

图 6-3　国内加氢站建设运营情况

数据来源：中国汽车工程学会 - 国际氢能燃料电池协会（筹）、中国氢能产业技术创新与应用联盟。

6.2　全国氢燃料电池电动汽车运行特征

国家监管平台能够实时监测全国氢燃料电池电动汽车接入情况及车辆运行情况，本节通过选取国家监管平台 2021 年氢燃料电池电动汽车接入量、车辆上线率、车辆行驶特征、加氢特征等数据，对全国燃料电池电动汽车运行特征进行总结分析，为氢燃料电池电动汽车商业化推广提供经验借鉴。

6.2.1　车辆接入特征

1. 车辆整体接入情况

氢燃料电池电动汽车累计接入量突破 7737 辆车，以运营车辆为主

截至 2021 年 12 月 31 日，新能源汽车国家监测与管理平台已累计接入氢燃料电池电动汽车 7737 辆。其中，客车共接入 4071 辆，占接入总量的 52.63%；专用车包括物流特种车、工程特种车和环卫特种车，共接入 3663 辆，占接入总量的 47.34%；乘用车共接入 3 辆，占接入总量的 0.04%，如图 6-4 所示。

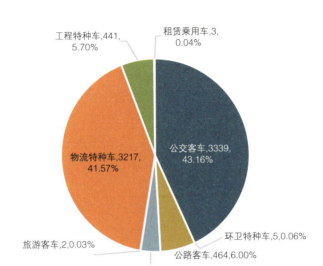

图6-4　全国氢燃料电池电动汽车累计接入量（辆）及占比情况

2. 各省份车辆接入集中度情况

（1）氢燃料电池电动汽车区域分布主要集中在示范城市群，排名前三省份推广占比达62.5%

截至2021年12月31日，排名前十位的省份氢燃料电池电动汽车累计接入量为7289辆，占全国氢燃料电池电动汽车累计接入量的94.2%（图6-5）。从各省氢燃料电池电动汽车推广情况来看，氢燃料电池电动汽车推广区域主要集中在广东城市群、上海城市群、京津冀城市群，广东省、上海市、北京市氢燃料电池电动汽车累计接入量占比为4835辆，占全国氢燃料电池电动汽车接入量的62.5%。其中，广东省排在首位，氢燃料电池电动汽车累计接入量为2536辆，占全国氢燃料电池电动车辆接入量的32.8%。

图6-5　2021年氢燃料电池电动汽车接入量前十省份情况

氢燃料电池电动汽车推广应用区域集中度总体呈现下降趋势。从各省份氢燃料电池电动汽车推广应用区域集中度历年变化情况来看（图 6-6），2021 年氢燃料电池电动汽车推广排名前三省份占全国推广的 62.5%，相较于 2020 年下降 6.8 个百分点；排名前五省份、排名前十省份氢燃料电池电动汽车推广占比分别同比下降 3.9 个百分点和 1.5 个百分点。伴随着国内氢能及燃料电池产业升温及燃料电池技术的不断成熟，国内多个省份均发布氢能及燃料电池产业发展规划，加快车辆推广应用，带动氢能产业链加速发展。

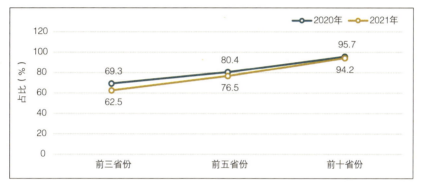

图 6-6　氢燃料电池电动汽车推广应用区域集中度历年变化情况

（2）全国氢燃料电池电动客车已累计接入 4071 辆，排名前十省份推广占比达 95.0%

氢燃料电池电动客车领域，截至 2021 年 12 月 31 日，氢燃料电池电动客车已累计接入 4071 辆，占国家监管平台氢燃料电池电动汽车接入量的 52.6%（图 6-7）。排名前十位的省份累计接入氢燃料电池电动客车 3765 辆，占全国氢燃料电池电动客车累计接入量的比例为 92.5%。从各省份分布来看，广东省氢燃料电池电动客车接入量最多，截至 2021 年 12 月 31 日，广东省氢燃料电池电动客车接入量为 1049 辆，占全国氢燃料电池电动客车接入量的比例为 25.8%。其次是北京市、河北省、山东省、上海市、河南省，氢燃料电池电动客车接入量均在 300 辆以上。

（3）全国氢燃料电池电动专用车已累计接入 3663 辆，排名前十省份推广占比达 98.9%

氢燃料电池电动专用车领域，截至 2021 年 12 月 31 日，氢燃料电池电动专用车已累计接入 3663 辆，占平台氢燃料电池电动汽车接入量的 47.3%（图 6-8）。排名前十的省份累计接入氢燃料电池电动专用车 3624 辆，占全国氢燃料电池电动专用车的 98.9%。其中，排行前两位的省份是广东省和上海市，氢燃料电池电动专用车分别接入 1487 辆和 1096 辆，占全国氢燃料电池电动专用车接入量的 40.6% 和 29.9%，推广效果显著。

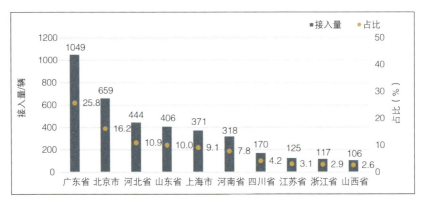

图 6-7　氢燃料电池电动客车累计接入量前十省份情况

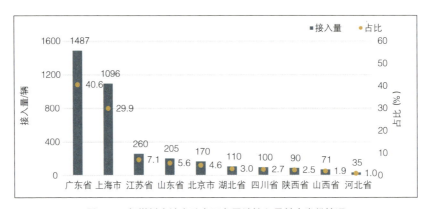

图 6-8　氢燃料电池电动专用车累计接入量前十省份情况

3. 各城市车辆接入集中度情况

全国排名前十城市氢燃料电池电动汽车已累计接入 6158 辆，全国推广占比达 79.6%

各城市氢燃料电池电动汽车推广情况如图 6-9 所示，截至 2021 年 12 月 31 日，排名前十城市已累计接入 6158 辆氢燃料电池电动汽车，全国推广占比达 79.6%。其中，佛山市、上海市的氢燃料电池电动汽车推广规模排在全国前两位，分别累计接入 1484 辆、1470 辆，全国占比分别为 19.2% 和 19.0%。

从车辆年度推广排名前十城市结构来看（图 6-10），佛山市、北京市、张家口市、成都市、郑州市氢燃料电池电动客车为主要推广车辆类型；上海市、深圳市、苏州市、青岛市、武汉市主要以氢燃料电池电动专用车为主要推广类型。

图 6-9　氢燃料电池电动汽车累计接入量前十城市情况

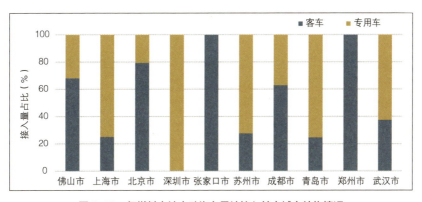

图 6-10　氢燃料电池电动汽车累计接入前十城市结构情况

4. 氢燃料电池电动汽车市场集中度情况

（1）氢燃料电池电动汽车市场集中度高，排名前十企业累计接入 6501 辆，占比达 84.0%

当前行业参与氢燃料电池电动汽车推广的企业数量较多，截至 2021 年底，全国累计 42 家企业氢燃料电池电动汽车接入国家监管平台。从行业市场集中度来看，氢燃料电池电动生产以传统客车企业为主。截至 2021 年 12 月 31 日，全国排名前十位的燃料电池电动汽车企业累计已接入 6501 辆氢燃料电池电动汽车，占全国氢燃料电池电动车辆接入量的 84.0%（图 6-11）。其中，中通客车已累计接入氢燃料电池电动汽车 1620

辆，全国占比为 20.9%；申龙客车、佛山飞驰、北汽福田、东风汽车四家企业的氢燃料汽车累计接入量均超过 500 辆，分别为 933 辆、906 辆、693 辆、620 辆，占比分别为 12.1%、11.7%、9.0%、8.0%。受益于 2022 年冬奥会，2021 年北汽福田氢燃料电池电动汽车接入量同比增长近两倍，达到 190.0%。

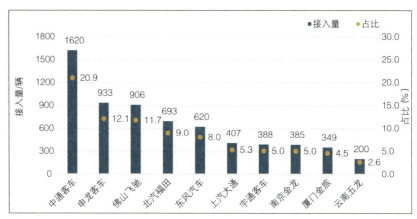

图 6-11　氢燃料电池电动汽车累计接入量前十企业情况

从氢燃料电池电动汽车推广应用场景排名前十的企业来看（图 6-12），佛山飞驰、北汽福田、宇通客车、厦门金旅、云南五龙汽车企业主要在公交客车领域推广应用；中通客车、申龙客车、东风汽车主要在专用车领域推广应用。此外，2021 年佛山飞驰、南京金龙在氢燃料电池电动工程特种车领域加快产品布局，陆续推出燃料电池电动货车（含载货汽车底盘）等车型公告，重点推动中远途、中重型商用车领域的示范应用。

（2）氢燃料电池电动客车前十企业累计接入 3322 辆，推广占比达 81.6%

氢燃料电池电动客车领域，排名前十位的企业累计接入量为 3322 辆，占国家监管平台氢燃料电池电动客车接入量的比例为 81.6%（图 6-13）。其中，佛山飞驰累计接入氢燃料电池电动汽车 645 辆，占氢燃料电池电动客车接入量的 15.8%。北汽福田、上汽大通、宇通客车、厦门金旅、中通客车氢燃料电池电动客车接入量均在 200 辆以上。

（3）氢燃料电池电动专用车排名前十企业累计接入 3605 辆，推广占比达 98.4%

氢燃料电池电动专用车领域，排名前十位的氢燃料电池电动专用车企业累计接入量为 3605 辆，占氢燃料电池电动专用车接入量的比例为 98.4%（图 6-14）。其中，中通客车已接入氢燃料电池电动专用车 1343 辆，占比达 36.7%，燃料电池电动专用车企业推广集中度较高。

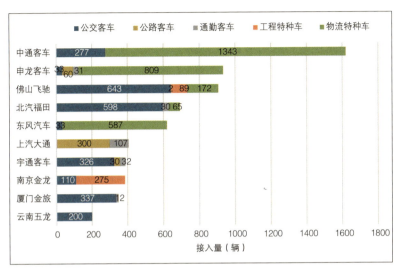

图 6-12　氢燃料电池电动汽车分应用场景累计接入量前十企业情况

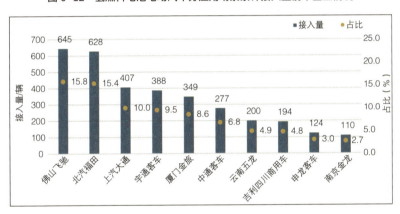

图 6-13　氢燃料电池电动客车累计接入量前十企业情况

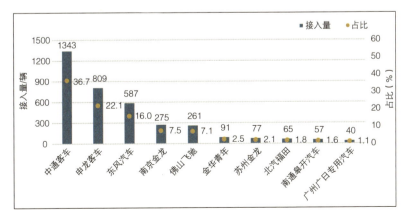

图 6-14　氢燃料电池电动专用车累计接入量前十企业情况

6.2.2　车辆上线率特征

（1）氢燃料电池电动汽车历年月均上线率逐渐趋于稳定，近两年月均上线率均在 70% 以上

从图 6-15 来看，2018 年以来，氢燃料电池电动汽车年度月均上线率呈现先上升后稳定的发展趋势。2020 年氢燃料电池电动汽车月均上线率相较于 2018 年和 2019 年增长较快，车辆利用率明显提升。2021 年，伴随着全国氢燃料电池电动汽车示范推广进程加快，车辆推广规模进一步扩大，氢燃料电池电动汽车月均上线率为 71.3%，逐渐趋于稳定。

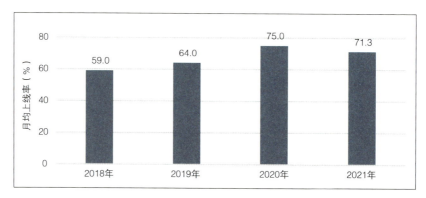

图 6-15　氢燃料电池电动汽车历年月均上线率情况

从氢燃料电池电动汽车月度上线率情况来看（图 6-16），2021 年氢燃料电池电动汽车月度上线率呈现较为稳定的趋势，各月份车辆上线率均在 70% 上下浮动。

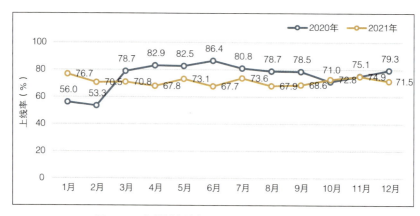

图 6-16　氢燃料电池电动汽车历年月度上线率情况

2021 年月度日均上线车辆数量总体保持上升趋势，四季度上线车辆数量快速增长。从 2021 年全国氢燃料电池电动汽车月度日均上线车辆数量来看（图 6-17），除了 2021 年 2 月份上线车辆数量为 1967 辆，其他月份车辆数量均保持在 2000 辆以上。其中，2021 年四季度上线车辆数量稳步提升，12 月达到全年各月份日均上线车辆数量最高值，为 2790 辆。

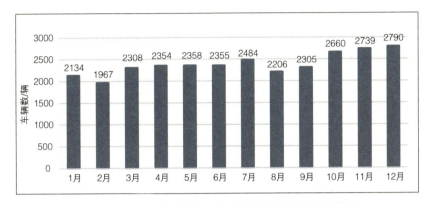

图 6-17　2021 年氢燃料电池电动汽车月度日均上线车辆数量

（2）氢燃料电池电动客车上线率高于氢燃料电池电动专用车上线率

分应用场景来看，氢燃料电池电动客车运营效果较好。从历年分车辆类型月均上线率来看（图 6-18），近三年氢燃料电池电动客车上线率均保持在 80% 以上，车辆上线率较高，运营效果较好；氢燃料电池电动专用车月均上线率在 2020 年达到 69%，2021 年车辆月均上线率有所下降，燃料电池产业在核心装备及关键零部件研制、加氢基础设施建设等领域有待进一步通过试点示范总结经验，推动氢能及燃料电池产业快速发展。

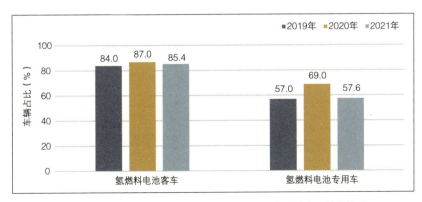

图 6-18　氢燃料电池电动客车和专用车历年月均上线率平均值情况

6.2.3　车辆运行特征

1. 累计行驶里程和行驶时长

（1）截至 2021 年 12 月 31 日，全国氢燃料电池电动汽车累计行驶里程近 2 亿 km，行驶时长突破 742.0 万 h

截至 2021 年 12 月 31 日，氢燃料电池电动汽车累计行驶里程 19441.7 万 km（图 6-19），累计行驶时长达到 742.0 万 h（图 6-20）。其中，2021 年氢燃料电池电动汽车行驶里程 11009.6 万 km，行驶时长 448.2 万 h，分别占燃料电池电动汽车累计行驶里程和累计行驶时长的 56.6% 和 60.4%。

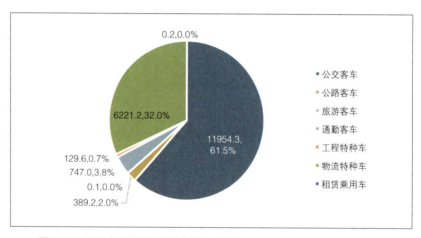

图 6-19　不同应用场景氢燃料电池电动汽车累计行驶里程（万 km）及占比

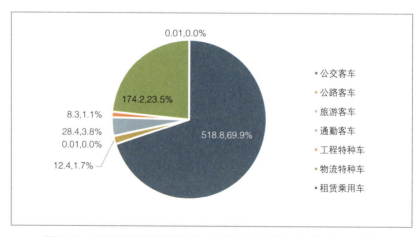

图 6-20　不同应用场景氢燃料电池电动汽车累计行驶时长（万 h）及占比

分应用场景来看，氢燃料电池电动公交客车和物流特种车占主导地位。氢燃料电池电动公交客车已累计运行 11954.3 万 km，车辆行驶时长 518.8 万 h；氢燃料电池电动物流车特种车已累计运行 6221.2 万 km，车辆行驶时长 174.2 万 h。

（2）广东省燃料电池电动车汽车推广规模排在全国首位，车辆运行效果较好

从全国各省份燃料电池电动汽车累计行驶里程和累计行驶时长排行来看（图 6-21），截至 2021 年底，排名前十省份氢燃料电池电动汽车累计行驶里程 18721.9 万 km，累计行驶时长 716.9 万 h，分别占全国氢燃料电池电动汽车累计行驶里程和累计行驶时长的 96.3% 和 96.6%。其中，广东省运营效果排在首位，截至 2021 年底，广东省氢燃料电池电动汽车累计行驶里程 7606.9 万 km，累计行驶时长 258.4 万 h；其次是上海市、河南省、河北省、山东省、北京市，氢燃料电池电动汽车示范运营效果较好。

图 6-21　氢燃料电池电动汽车累计行驶里程和行驶时长前十省份情况

2. 单车日行驶里程和日行驶时长特征

（1）2021 年氢燃料电池电动汽车单车日行驶里程集中在 120~240km，车辆向高行驶里程"迁移"趋势显著

从氢燃料电池电动汽车单车日行驶里程分布来看，2019 年和 2020 年，氢燃料电池电动汽车单车日行驶里程主要分布在 0~40km（图 6-22）。2021 年氢燃料电池电动汽车单车日行驶里程在高行驶里程区间段的车辆占比明显提升，单车行驶里程在 120~240km 的氢燃料电池电动车辆占比为 56.2%，明显高于上两年。伴随着氢能及燃料电池产业政策支持力度持续加强，车载装置技术性能及加氢基础设施布局逐渐优化，车辆运行效果明显提升。

图 6-22　氢燃料电池电动汽车单车日行驶里程分布

（2）氢燃料电池电动客车行驶里程分布集中在 120 ~ 240km 以内；专用车各里程段分布相对均衡，高行驶里程段车辆占比较高

分应用场景来看，2021 年氢燃料电池电动客车单车日行驶里程主要集中在 120 ~ 240km，车辆占比 62.6%（图 6-23）。氢燃料电池电动专用车单车日行驶里程分布则相对均匀。相较于氢燃料电池电动客车，氢燃料电池电动专用车在 200km 以上高行驶里程段的车辆份额明显较高，占比达到 44.2%。其中，日行驶里程在 480km 以上里程段的车辆占比为 9.9%，说明氢燃料电池电动专用车在跨城运输方面的作用逐步显现。

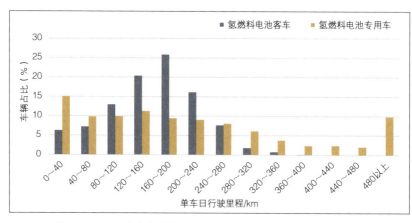

图 6-23　2021 年氢燃料电池电动客车和专用车单车日行驶里程分布

（3）氢燃料电池电动汽车单车日行驶时长分布逐渐向高时段过渡，使用强度逐渐增大

氢燃料电池电动汽车单车日行驶时长分布较为分散，各时段均有分

布。相较于 2019 年和 2020 年，2021 年氢燃料电池电动汽车在长行驶时段的车辆分布占比逐渐增大（图 6-24）。行驶时长在 6h 以上的氢燃料汽车车辆占比达到 61.34%，其中日行驶时长超过 10h 的车辆占比达到 18.5%，说明车辆使用强度逐渐增大。

图 6-24　2019—2021 年氢燃料电池电动单车日行驶时长分布

（4）氢燃料电池电动客车在高行驶时长段的车辆占比总体高于专用车

总体来看，氢燃料电池电动客车在高行驶时长的车辆占比整体高于氢燃料电池电动专用车（图 6-25）。从不同应用场景来看，氢燃料电池电动客车单车日行驶时长主要分布在 5h 以上，车辆占比达到 72.6%（高于专用车占比 62.1%），以市内交通为主；氢燃料电池电动专用车单车日行驶时长出现了一定程度的分化，一方面，行驶时长在 2h 以下的氢燃料电池电动专用车占比较多，主要是市内短途物流配送为主；部分氢燃料电池电动专用车在 10h 以上的车辆占比为 19.0%，部分氢燃料电池电动专用车存在跨城运输情况。

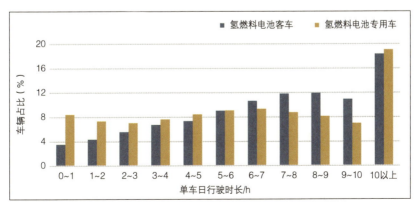

图 6-25　2021 年氢燃料电池电动客车和专用车单车日行驶时长分布

3. 整车企业行驶里程和行驶时长特征

（1）客车领域，车辆日均行驶里程与日均行驶时长呈现正相关关系

对比所有客车企业的车辆日均行驶里程和行驶时长，不同客车企业行驶里程和行驶时长具有较为明显的正相关关系（图6-26）。其中，安凯客车日均行驶里程最高，达到233.0km，日均行驶时长为6.9h。此外，亚星客车、一汽客车（大连）的日均行驶里程较高，分别为201.7km、197.0km，日均行驶时长分别为6.4h、5.2h，运行效果良好。

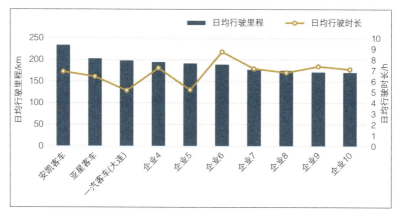

图 6-26　2021 年典型客车企业氢燃料电池电动汽车日均行驶里程和行驶时长分布

（2）专用车领域运营差异较大，典型企业运营效果突出

典型氢燃料电池电动专用车企业，车辆日均行驶里程更长，日均行驶时长更久。从典型企业车辆行驶特征来看，佛山飞驰日均行驶里程最长，为290.6km，车辆日均行驶时长为8.5h。此外，中通客车和广东福迪专用车日行驶里程较长，分别为266.9km和254.1km，车辆日行驶时长分别为6.0h和7.5h。

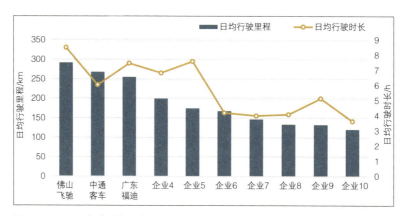

图 6-27　2021 年典型专用车企业氢燃料电池电动汽车日均行驶里程和行驶时长分布

6.3 示范城市群氢燃料电池电动汽车运行特征

目前，我国正加快推出以"示范城市群"带动效应的氢燃料电池电动汽车应用推广项目。氢燃料电池电动示范城市群以典型城市牵头，充分发挥各示范城市群产业及应用场景特色，带动氢能及燃料电池产业链产品技术快速迭代发展，并促使其产品商业化落地，加速形成产业竞争力。本节选取京津冀城市群、上海城市群、广东城市群、河北城市群、河南城市群为研究对象，对五大示范城市群氢燃料电池电动汽车推广应用及运行特征、加氢特征进行对比分析评估。

6.3.1 车辆推广应用特征

本节研究数据采用的是新能源汽车国家监测与管理平台氢燃料电池电动车辆实时运行数据。具体各示范城市群的氢燃料电池电动汽车统计范围如下：京津冀城市群，主要统计北京市氢燃料电池电动汽车示范应用情况；上海城市群，主要统计以上海市为代表的氢燃料电池电动汽车示范应用情况；广东城市群，主要统计以广东省为代表的氢燃料电池电动汽车示范应用情况；河北城市群，主要统计以河北省为代表的氢燃料电池电动汽车示范应用情况；河南城市群，主要统计以河南省为代表的氢燃料电池电动汽车示范应用情况。

从各示范城市群累计接入量对比情况来看（图 6-28），截至 2021 年 12 月 31 日，五大示范城市群累计接入氢燃料电池电动汽车 5632 辆车，占全国氢燃料电池电动汽车累计接入量的 72.8%。其中，广东城市群氢燃料电池电动汽车累计接入量最多，达到 2536 辆，客车和专用车分别累计

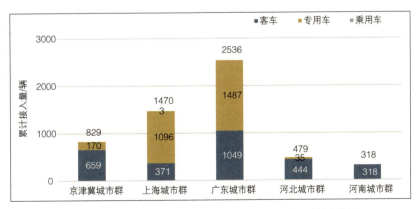

图 6-28 各示范城市群分类型氢燃料电池电动汽车累计接入情况

接入 1049 辆和 1487 辆；其次是上海城市群，氢燃料电池电动汽车累计接入量达到 1470 辆，客车和专用车分别累计接入 371 辆和 1096 辆，以及 3 辆乘用车；京津冀城市群氢燃料电池电动汽车累计接入量达到 829 辆，客车和专用车分别累计接入 659 辆和 170 辆；河北城市群和河南城市群分别累计接入 479 辆和 318 辆，以客车为主。

从各示范城市群分类型车辆累计接入量来看，广东城市群和上海城市群燃料电池电动专用车累计接入量高于客车；京津冀城市群、河北城市群、河南城市群燃料电池电动客车累计接入量明显高于专用车。

分领域车辆推广应用方面，示范城市群氢燃料电池电动客车累计接入情况（前 5 名）见表 6-4。截至 2021 年 12 月 31 日，京津冀城市群氢燃料电池电动客车示范应用规模排名前五的企业有北汽福田、申龙客车、四川一汽丰田、中植汽车（淳安）、宇通客车，累计接入氢燃料电池电动客车 659 辆。上海城市群氢燃料电池电动客车示范应用共有 4 家企业接入并运行，分别为上汽大通、上海万象、申沃客车、申龙客车；其中，上汽大通客车累计接入量 347 辆，排在第一位，占上海城市群氢燃料电池电动

表 6-4　各示范城市群氢燃料汽车累计接入前五企业情况－客车领域

城市群名称	各企业累计接入量（辆）和占比排行					
	第 1 名	第 2 名	第 3 名	第 4 名	第 5 名	城市群客车占比
京津冀城市群	北汽福田	申龙客车	四川一汽丰田	中植汽车（淳安）	宇通客车	—
	416	90	72	50	31	—
	63.1%	13.7%	10.9%	7.6%	4.7%	100%
上海城市群	上汽大通	上海万象	申沃客车	申龙客车	—	—
	347	16	6	2	—	—
	93.5%	4.3%	1.6%	0.6%	—	100%
广东城市群	佛山飞驰	云南五龙	厦门金旅	南京金龙	中通客车	—
	589	200	186	41	20	—
	56.1%	19.1%	17.8%	3.9%	1.9%	98.8%
河北城市群	北汽福田	宇通客车	吉利四川商用车	中通客车	上海申龙	—
	209	85	80	40	30	—
	47.1%	19.1%	18.0%	9.0%	6.8%	100%
河南城市群	宇通客车	金华青年	—	—	—	—
	224	94	—	—	—	—
	70.4%	29.6%	—	—	—	100%

客车推广的 93.5%。广东城市群氢燃料电池电动客车推广应用企业数量
较多，排行前五的企业累计接入量达到 1036 辆，占广东城市群氢燃料电
池电动汽车累计接入量的 98.8%；其中，佛山飞驰氢燃料电池电动客车
推广应用数量最多，为 589 辆，占广东城市群氢燃料电池电动客车推广
的 56.1%。河北城市群得益于 2022 年北京冬奥会，车辆推广规模快速增
长；其中，北汽福田汽车推广规模达到 209 辆，占河北城市群推广规模的
47.1%。河南城市群主要推广企业为宇通客车和金华青年两家客车企业，
分别接入 224 辆和 94 辆车。

专用车领域，整车企业在示范城市群的车辆累计接入情况（前 5 名）
见表 6-5。截至 2021 年 12 月 31 日，京津冀城市群氢燃料电池电动专用
车示范应用共有 3 家企业接入并运行，分别为申龙客车、北汽福田、佛山
飞驰，累计接入 170 辆氢燃料电池电动专用车，占京津冀城市群燃料电池
电动专用车接入量的 100%。上海城市群氢燃料电池电动专用车示范应用
共有 4 家企业接入并运行，分别为申龙客车、东风汽车、苏州金龙、江铃
重汽；其中，申龙客车累计接入量 509 辆，排在第一位，占上海城市群氢
燃料电池电动专用车推广的 46.4%。广东城市群氢燃料电池电动专用车推
广应用企业数量较多，排行前五名的企业累计接入量达到 1459 辆，占广
东城市群氢燃料电池电动专用车累计接入量的 98.0%。河北城市群专用车
以佛山飞驰和南京金龙两家企业为主，分别累计接入 20 辆和 15 辆。

表 6-5　各示范城市群氢燃料汽车累计接入前五企业情况 - 专用车领域

城市群名称	各企业累计接入量（辆）和占比排行					
	第 1 名	第 2 名	第 3 名	第 4 名	第 5 名	城市群专用车占比
京津冀城市群	申龙客车	北汽福田	佛山飞驰	—	—	—
	100	65	5	—	—	—
	58.8%	38.2%	3.0%			100%
上海城市群	申龙客车	东风汽车	苏州金龙	江铃重汽	—	—
	509	500	77	10	—	—
	46.4%	45.6%	7.1%	0.9%		100%
广东城市群	中通客车	佛山飞驰	东风汽车	南京金龙	广州广日	—
	1110	171	75	63	40	—
	74.6%	11.5%	5.0%	4.2%	2.7%	98.0%
河北城市群	佛山飞驰	南京金龙	—	—	—	—
	20	15	—	—	—	—
	57.1%	42.9%				100%

6.3.2　车辆运行特征

1. 车辆上线率

客车领域，从 2021 年各示范城市群月度上线率均值来看（表 6-6），河南城市群和广东城市群氢燃料电池电动客车月度上线率均值均超过 90%，分别为 93.9% 和 91.9%；上海城市群氢燃料电池电动客车月度上线率均值较低，为 61.4%。

表 6-6　2021 年各示范城市群氢燃料电池电动客车月度上线率均值

城市群名称	京津冀城市群	上海城市群	广东城市群	河北城市群	河南城市群
月度上线率均值（%）	74.8	61.4	91.9	79.4	93.9

从 2021 年客车月度上线率变化情况来看（图 6-29），京津冀城市群、广东城市群、河北城市群、河南城市群车辆月度上线率均值分布相对稳定，上海城市群 9 月和 10 月车辆上线数量较低，整体拉低了全年车辆上线情况。

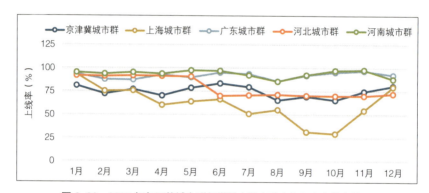

图 6-29　2021 年各示范城市群氢燃料电池电动客车月度上线率情况

专用车领域，从 2021 年各示范城市群月度上线率均值来看（表 6-7），专用车领域上线率均值整体略低于客车领域车辆上线率均值。分具体示范城市群来看，河北城市群由于 2021 年新接入氢燃料电池电动汽车，车辆运行效果较好，车辆月度上线率均值为 93.7%。京津冀城市群、上海城市群、广东城市群车辆月度上线率均值分别为 67.6%、60.0%、59.1%（图 6-30）。

表 6-7　2021 年各示范城市群氢燃料电池电动专用车月度上线率均值

城市群名称	京津冀城市群	上海城市群	广东城市群	河北城市群
月度上线率均值（%）	67.6	60.0	59.1	93.7

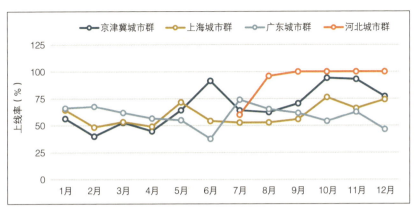

图 6-30 2021 年各示范城市群氢燃料电池电动专用车月度上线率情况

2. 车辆累计行驶里程和行驶时长

车辆累计行驶里程方面，截至 2021 年 12 月 31 日，各示范城市群氢燃料电池电动汽车累计行驶里程共计 14260.2 万 km，其中广东城市群氢燃料电池电动汽车累计行驶里程最高，达到 7606.9 万 km；京津冀城市群和上海城市群累计行驶里程分别为 1091.2 万 km 和 2178.5 万 km（图 6-31）。

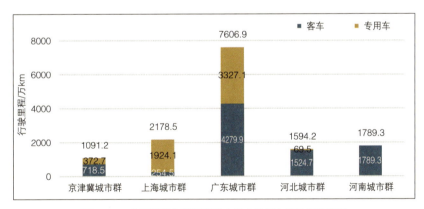

图 6-31 各示范城市群氢燃料电池电动汽车累计行驶里程

从不同示范城市群的分类型车辆累计行驶里程来看，由于各示范城市群车辆推广结构以及上线率差异，不同示范城市群分类型车辆的累计行驶里程差异较大。其中，京津冀城市群、广东城市群、河北城市群、河南城市群的氢燃料电池电动客车累计行驶里程高于专用车累计行驶里程；而上海城市群专用车累计行驶里程高于客车累计行驶里程。

车辆累计行驶时长方面，截至 2021 年 12 月 31 日，各示范城市群氢燃料电池电动汽车累计行驶时长共计 533.3 万 h，其中广东城市群氢燃料电池电动汽车累计行驶时长最高，达到 258.4 万 h；其次是河南城市群和上海城市群，累计行驶时长分别为 94.4 万 h 和 74.4 万 h（图 6-32）。

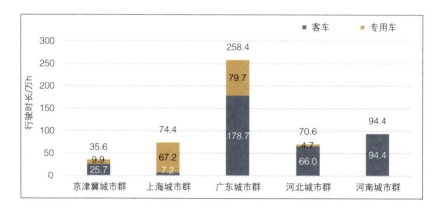

图 6-32　各示范城市群氢燃料电池电动汽车累计行驶时长

从不同示范城市群的分类型车辆累计行驶时长来看，京津冀城市群、广东城市群、河北城市群、河南城市群氢燃料电池电动客车累计行驶时长明显高于专用车；上海城市群氢燃料电池电动专用车累计行驶时长明显高于客车。

3. 车辆日均行驶里程和行驶时长

（1）日均行驶里程和行驶时长

客车领域，2021 年不同城市群的氢燃料电池电动客车的单车日均行驶里程和日均行驶时长见表 6-8。上海城市群氢燃料电池电动客车运行效率最高，广东城市群氢燃料电池电动客车日均运行里程最长，为 184.2km；专用车领域（表 6-9），广东城市群氢燃料电池电动专用车运行效率最高，车辆日均运行里程最长，为 277.8km。

表 6-8　各示范城市群氢燃料电池电动客车与纯电动客车日运行情况对比

车辆类型	具体指标	京津冀城市群	上海城市群	广东城市群	河南城市群	河北城市群
氢燃料电池客车	单车日均行驶里程 /km	112.1	113.4	184.2	139.8	155.0
	单车日均行驶时长 /h	4.2	2.5	7.4	7.3	9.2
纯电动客车	单车日均行驶里程 /km	135.2	159.8	176.3	150.6	156.3
	单车日均行驶时长 /h	7.0	9.3	9.6	7.6	8.8

表6-9　各示范城市群氢燃料电池电动专用车与纯电动专用车日运行情况对比

车辆类型	具体指标	京津冀城市群	上海城市群	广东城市群	河南城市群
氢燃料电池专用车	单车日均行驶里程 /km	185.5	175.2	277.8	146.5
	单车日均行驶时长 /h	5.2	6.9	6.1	9.8
纯电动专用车	单车日均行驶里程 /km	97.0	113.1	121.5	85.2
	单车日均行驶时长 /h	6.3	7.0	7.2	5.5

专用车领域，各示范城市群氢燃料电池电动专用车单车日均行驶里程高于纯电动专用车日均行驶里程，氢燃料电池电动专用车具有明显长里程优势。

（2）日行驶里程分布

客车领域，2021年各示范城市群车辆的单车日行驶里程分布情况如图6-33所示。京津冀城市群和上海城市群氢燃料电池电动客车日行驶里程主要集中在120km以内；广东城市群、河北城市群、河南城市群车辆日均行驶里程更多集中在高行驶里程段。其中，广东城市群氢燃料电池电动客车单车日行驶里程分布主要集中在160～280km，河北城市群客车日行驶里程更多集中在120～200km。

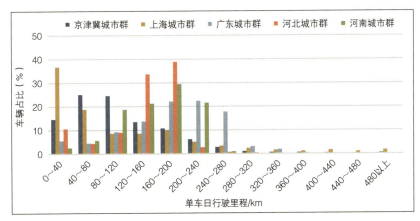

图6-33　2021年各示范城市群氢燃料电池电动客车日行驶里程分布

专用车领域，2021年各示范城市群车辆的单车日行驶里程分布情况如图6-34所示。京津冀城市群氢燃料电池电动专用车单车日行驶里程主要集中在较短行驶里程段；河北城市群氢燃料电池电动专用车单车日行驶里程明显集中在80～200km里程段，占比为66.6%，相较于京津冀城市群，河北城市群车辆日行驶里程呈现高里程段集聚趋势；广东城市群在400km以上行驶里程段的车辆分布较高，占比为28.8%。

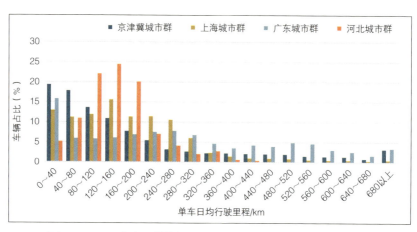

图 6-34　2021 年各示范城市群氢燃料电池电动专用车日行驶里程分布

（3）日行驶时长分布

客车领域，2021 年各示范城市群车辆的单车日行驶时长分布情况如图 6-35 所示。上海城市群氢燃料电池电动客车日行驶时长分布主要集中在 0 ~ 2h 以内，占比为 56.9%；河南城市群氢燃料电池电动客车运行效果较好，但是行驶时长分布主要集中在 10h 以上，占比达到 42.6%。

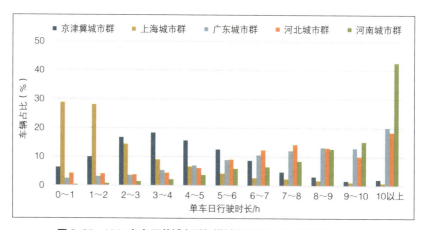

图 6-35　2021 年各示范城市群氢燃料电池电动客车日行驶时长分布

专用车领域，2021 年各示范城市群车辆的单车日行驶时长分布情况如图 6-36 所示。河北城市群氢燃料电池电动专用车单车日行驶时长分布明显集中于高行驶时长段，占比为 46.9%；其他示范城市群单车不同日行驶时长的车辆分布相对均匀。

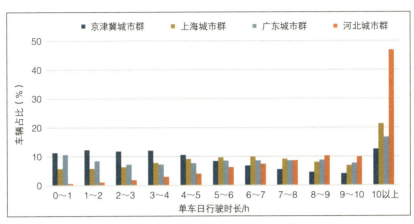

图6-36　2021年各示范城市群氢燃料电池电动专用车日行驶时长分布

4. 车辆平均两次加氢间隔里程

2021年各示范城市群分燃料类型客车和专用车平均两次能量补给间隔行驶里程如图6-37、图6-38所示，各示范城市群氢燃料电池电动汽车的两次加氢间隔行驶里程均明显高于纯电动车型两次充电间隔行驶里程。客车领域，河南城市群燃料电池电动客车两次加氢间隔行驶里程最长，为423.1km，其他示范城市群氢燃料电池电动客车两次加氢间隔行驶里程均超过220km，间隔行驶里程较长。专用车领域，京津冀城市群、广东城市群氢燃料电池电动专用车两次加氢间隔行驶里程较长，超过260km，其他示范城市群上海城市群和河北城市群氢燃料电池电动专用车两次加氢间隔行驶里程分别194.6km和171.3km，均明显高于相同示范城市群纯电动车型两次充电间隔行驶里程。

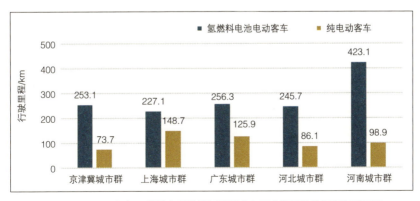

图6-37　2021年各示范城市群分燃料类型客车两次能量补给间隔行驶里程

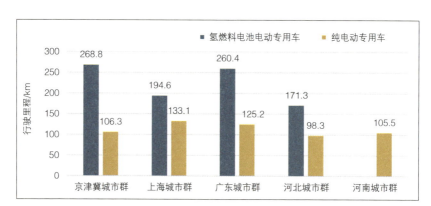

图 6-38　2021 年各示范城市群分燃料电池专用车两次能量补给间隔行驶里程

6.3.3　车辆加氢特征

1. 单车日加氢次数分布

客车领域，2021 年京津冀城市群、广东城市群、河北城市群、河南城市群的氢燃料电池电动客车日加氢次数≤ 1 次的车辆占比均在 50% 以上，其中，河南城市群日加氢次数≤ 1 次的车辆占比达到 85.6%；上海城市群和广东城市群氢燃料电池电动客车每天加氢次数超过 1 次的车辆占比明显高于其他示范城市群，主要原因有几点：一方面，由于车载储氢系统成本较高，或者储氢密度和氢瓶轻量化较差，单车装配的氢气容量受限；另一方面，加氢站建设及运营数量较少，部分车辆如广东城市群的车辆日运行里程较长，为缓解里程焦虑，车辆有临时补氢需求（图 6-39）。

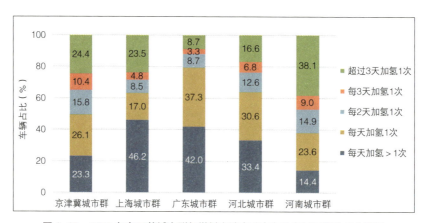

图 6-39　2021 年各示范城市群氢燃料电池电动客车单车加氢频次分布情况

专用车领域（图 6-40），广东城市群车辆日加氢次数＞1 次的车辆占比较高，达到 71.9%，说明广东城市群氢燃料电池电动专用车日行驶里程较高，存在间歇补氢现象；京津冀城市群日加氢≤1 次的车辆占比较高，达到 51.6%。

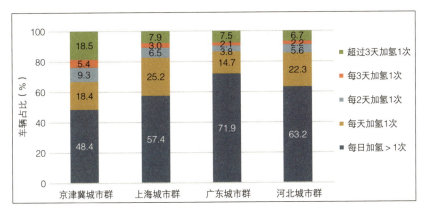

图 6-40　2021 年各示范城市群氢燃料电池电动专用车单车加氢频次分布情况

2. 车辆平均加氢时长

2021 年各示范城市群各类型车辆的平均加氢时长情况如图 6-41 所示，京津冀示范城市群氢燃料电池电动客车平均加氢时长低于专用车，为 8.2min；上海城市群、广东城市群、河北城市群氢燃料电池电动专用车平均加氢时长低于客车。

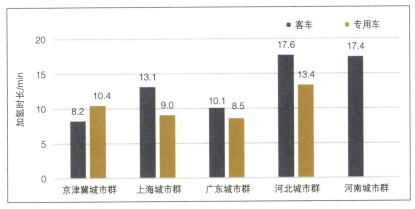

图 6-41　2021 年各示范城市群氢燃料电池电动汽车平均加氢时长情况

6.4 小结

氢燃料电池电动汽车是交通运输领域大规模深度脱碳的理想选择，有望带动上下游产业资源，实现区域联动发展的重要战略产业。伴随着国家及地方政府不断加大对氢能及燃料电池产业的扶持与引导，各地燃料电池产业示范推广应用情况均取得显著效果。本章结合国家监管平台氢燃料电池电动汽车接入及运行特征，主要得出以下几点结论：

全国氢燃料电池电动汽车推广效果显著，车辆应用场景多元化。 根据国家监管平台燃料电池汽车监测与管理平台显示，截至 2021 年底，平台已累计接入氢燃料电池电动汽车 7737 辆，车辆推广规模稳步增长；车辆应用场景方面，逐渐从单一场景向多元化应用场景拓展。其中专用车领域，从 2020 年的物流车单一场景接入到物流车特种车、工程特种车、环卫特种车多个应用场景接入。

从车辆运行特征来看，氢燃料电池电动汽车在运行里程、能源补给效率等方面具有明显优势，需要进一步探索与电动汽车在更多应用场景领域的互补发展。 五大示范城市群燃料电池电动汽车两次加氢间隔行驶里程明显高于电动车两次充电间隔行驶里程，氢燃料电池电动汽车在长续驶里程及能源补给效率方面具备显著优势。在车辆加氢特征方面，京津冀城市群、上海城市群、广东城市群车辆平均加氢时间在 10min 左右，能量补给时长与燃油车相当。未来一段时间，氢燃料电池电动汽车有望在重型货车、公交客车等长距离运营车辆领域得到规模化推广应用。

部分氢燃料电池电动车辆加氢频次仍然较高，加快加氢站建设节奏，加强储氢系统关键技术攻关，有助于提升燃料电池电动汽车的续驶里程。 在氢燃料电池电动汽车加氢行为特征方面，部分车辆日加氢频次较高，一方面由于加氢站建设数量较少，车辆存在里程焦虑，存在临时补氢行为；另一方面，国内目前主流的车载储氢系统以 35MPa 为主，并且车载氢瓶成本较高，储氢密度低。未来一段时间，一方面需要加强加氢基础设施建设进度；另一方面，加快推进储氢系统攻关，加快向轻量化、大容积和更高安全性、更低成本的Ⅲ型瓶和Ⅳ型瓶发展，推进替代型复合材料实现储氢系统轻量化，提高储氢密度。

结合地方产业及优势，各示范城市群燃料电池产业推广效果各具特色。 伴随着氢能产业链逐步完善，预计"十四五"期间示范城市群将率先实现规模化示范应用，产业迎来快速增长。京津冀城市群和河北城市群，借助 2022 年北京冬奥会契机及蓝天保卫战政策引导，同时依托本地产业基础及科研资源，充分实现产学研紧密合作，推动产业化进程加速，氢燃料电池电动客车推广效果显著。上海城市群以上海市为牵头城市，辐射苏州、南通等周边发达城市，充分发挥产业链上下游企业能动性，有望成为全国氢燃料电池产业链快速成熟区域。广东城市群推广车辆数量均明显优于其他示范城市群，国家监管平台数据显示，截至 2021 年底，广东城市群累计接入车辆氢燃料电池电动汽车 2536 辆车，占全国氢燃料电池电动汽车累计接入量的 32.8%；广东城市群企业资源丰富，整车资源有佛山飞驰客车、长江汽车、东风商用车等，核心零部件有国鸿氢能、巴拉德、大洋电机等企业，通过以佛山市为核心，充分发挥产业资源优势，辐射云浮、广州、深圳、中山等地，实现跨区域产业协同发展，逐渐形成粤港澳大湾区氢燃料电池电动客车和物流车多应用场景发展示范区。河南城市群燃料电池产业优势明显，依托宇通客车，能够为地区发展燃料电池产业提供较好的载体。

第 7 章　插电式混合动力汽车

插电式混合动力汽车（PHEV）作为汽车行业低碳化较为行之有效的解决方案之一，在汽车产业转型发展的中短期内，对于推动汽车行业尽快实现节能降碳，具有重要的作用。插电式混合动力汽车能够满足消费者多样化的应用场景和使用需求，2021 年以来市场需求呈现快速增长趋势。本章以插电式混合动力汽车为研究视角，通过对比国家和地方层面插电式混合动力汽车产业政策、市场概况，深入挖掘插电式混合动力汽车车辆运行情况、典型城市车辆运行特征，总结车辆运行规律及用户使用习惯，以助推插电式混合动力汽车产品技术进步和产品健康发展。

7.1　插电式混合动力汽车产业发展现状

7.1.1　国家层面产业扶持政策逐渐收紧

相较于传统燃油车，插电式混合动力汽车产品在动力性能与经济性能上做到了双向兼顾，并且能够满足消费者多样化的使用需求。从市场层面来看，插电式混合动力产品具有一定的市场竞争力，国家层面关于插电式混合动力汽车推广的产业扶持政策逐步收紧。

1. 平缓补贴退坡力度和节奏，财政补贴政策延续至 2022 年底

为平缓补贴退坡力度和节奏，补贴方式将原定于 2020 年底到期的补贴政策合理延长到 2022 年底。2021 年 4 月 23 日，财政部、工业和信息化部、科技部、发展改革委联合发布《关于完善新能源汽车推广应用财政补贴政策的通知》(财建〔2020〕86 号)，目的在于保持对新能源汽车产业的扶持力度，精准施策，推动产业高质量发展。2021 年、2022 年，补贴标准分别在上一年基础上退坡 20%、30%（表 7-1）。为加快公共交通等领域汽车电动化，城市公交、道路客运、出租（含网约车）、环卫、城市物流配送、邮政快递、民航机场以及党政机关公务领域符合要求的车辆，2020 年补贴标准不退坡，2021 年、2022 年补贴标准分别在上一年基础上退坡 10%、20%。原则上每年补贴规模上限约 200 万辆；此外，扶优扶强，适当优化技术门槛，促进优势企业做大做强。

表 7-1　2021 年和 2022 年插电式混合动力乘用车补贴方案

年份	非公共领域		公共领域	
	退坡比例	补贴金额 / 万元	退坡比例	补贴金额 / 万元
2021 年	20%	0.68	10%	0.9
2022 年	30%	0.48	20%	0.72

2020 年 12 月 31 日和 2021 年 12 月 31 日，财政部、工业和信息化部、科技部、发展改革委分别联合分布《关于进一步完善新能源汽车推广应用财政补贴政策的通知》(财建〔2020〕593 号) 和《关于 2022 年新能源汽车推广应用财政补贴政策的通知》(财建〔2021〕466 号)，在符合 R ≥ 50 （NEDC 工况）/R ≥ 43（WLTC 工况）的条件下，插电式混合动力乘用车补贴金额持续退坡。

2. 鼓励新能源汽车消费，连续多年免征车购税

为支持新能源汽车产业发展，促进新能源汽车市场消费，国家相关部委相继出台关于免征新能源汽车车辆购置税的政策文件，主要包括：财政部、国家税务总局、工业和信息化部于 2014 年 8 月 1 日发布《关于免征新能源汽车车辆购置税的公告》(公告 2014 年第 53 号)，政策适用日期 2014 年 9 月 1 日—2017 年 12 月 31 日；2017 年 12 月 26 日，财政部、国家税务总局、工业和信息化部、科技部联合发布《关于免征新能源汽车车辆购置税的公告》(2017 年第 172 号)，自 2018 年 1 月 1 日—2020 年 12 月 31 日，对购置的新能源汽车免征车辆购置税。

2020 年 4 月 16 日，财政部、国家税务总局、工业和信息化部联合发布《关于新能源汽车免征车辆购置税有关政策的公告》(公告 2020 年第 21 号)（简称《公告》)，《公告》规定自 2021 年 1 月 1 日—2022 年 12 月 31 日，对购置的新能源汽车免征车辆购置税。免征车辆购置税的新能源汽车

是指纯电动汽车、插电式混合动力（含增程式）汽车、燃料电池汽车。免征车辆购置税的新能源汽车，通过工业和信息化部、国家税务总局发布《免征车辆购置税的新能源汽车车型目录》实施管理。

3. 插电式混合动力汽车产业投资门槛提高

（1）2019年1月10日之前，插电式混合动力汽车产业投资项目属于新能源汽车范畴

2017年1月6日，根据中华人民共和国工业和信息化部令（第39号），《新能源汽车生产企业及产品准入管理规定》已经由2016年10月20日工业和信息化部第26次部务会议审议通过，自2017年7月1日起施行。纯电动汽车和插电式混合动力汽车并列同属于新能源汽车，工业和信息化部负责实施全国新能源汽车生产企业及产品的准入和监督管理。

（2）国家发展改革委《汽车产业投资管理规定》将插电式混合动力汽车产业投资项目纳入燃油汽车投资范围

2018年12月18日，国家发展改革委发布《汽车产业投资管理规定》（简称《规定》），并于2019年1月10日起正式实施。本次《规定》中明确提到，汽车整车投资项目按照驱动动力系统划分为燃油汽车和纯电动汽车两个投资项目，这意味着未来所有的汽车投资项目都必须要归类到这两种类型之中（图7-1）。燃料电池汽车、纯电动汽车与增程式纯电动汽车被纳入纯电动汽车投资项目中，而传统燃油汽车、油电混动汽车与插电式

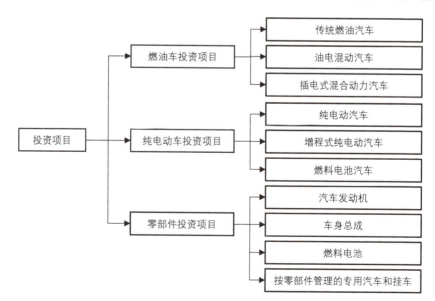

图7-1 2018年《汽车产业投资管理规定》投资项目分类

混合动力汽车被归入燃油汽车的投资范围之中。此项规定意味着，只有具有燃油汽车生产资质的企业才能生产插电式混合动力汽车，而只有纯电动汽车生产资质的企业（如新势力造车企业等）只能生产纯电动汽车，不能生产插电式混合动力汽车。

2018年12月18日发布的《汽车产业投资管理规定》，主要从产能投资方向进行规定，与国家现行对新能源汽车支持政策等并不冲突。

7.1.2 地方政府层面支持政策差异化

全国重点城市插电式混合动力汽车推广政策差异较大。北京市、上海市对于插电式混合动力汽车的监管逐渐趋严，广州市、深圳市针对插电式混合动力汽车的政策相对宽松，可以占用新能源汽车指标。

1. 北京市：插电混动不享受免限行等政策

北京市插电式混合动力汽车占用燃油牌照，不享受"不限行"优惠政策。

根据《北京市小客车数量调控暂行规定》实施细则（2017年修订），新能源小客车是指纯电驱动小客车。新能源小客车指标通过轮候方式配置。单位或者个人出售、报废新能源小客车后，可以申请新能源小客车更新指标。根据北京市车辆管理规定，新能源绿牌有京AD和京AF的区别，即插电式混合动力（含增程式）汽车可以申请京AF开头的绿牌，但不享受路权特权。

2. 上海市：2023年以后，插电混动将退出免费送牌照优惠

2021年2月，上海市政府发布《上海市鼓励购买和使用新能源汽车实施办法》（简称《办法》）。《办法》规定所适用的新能源汽车，是指已纳入国家《新能源汽车推广应用推荐车型目录》或其他相关车型目录，在本市销售和使用，符合本市管理规定的纯电动汽车、插电式混合动力汽车（含增程式）和燃料电池汽车。自2023年1月1日起，消费者购买插电式混合动力（含增程式）汽车的，本市不再发放专用牌照额度。消费者购买新能源汽车用于非营运，且个人用户名下没有使用本市专用牌照额度注册登记的新能源汽车，本市在非营业性客车总量控制的原则下，免费发放专用牌照额度。购买插电式混合动力（含增程式）汽车的消费者，申领专用牌照额度，还应当符合：已在本市落实一处符合智能化技术要求和安全标准的充电设施；个人用户名下没有非营业性客车额度证明，没有使用非营业性客车额度注册登记的机动车（不含摩托车）。

从政策趋势来看，上海政府鼓励名下没有汽车的消费者购置任何种类的新能源汽车，并且都能享受免费送绿牌政策优惠，2023 年开始，插电式混合动力（含增程式）汽车与纯电动小客车将共同退出免费送牌行列。

3. 广州市：插电混动享受绿牌政策

2018 年 7 月，广州市政府发布《广州市中小客车总量调控管理办法》，新能源汽车是指符合工业和信息化部《新能源汽车推广应用推荐车型目录》所列的中小客车（含纯电动、插电式混合动力、燃料电池），以及国家有关部门明确标注的进口新能源中小客车。单位和个人需要办理新能源车辆登记的，凭车辆信息可以直接申领指标。

4. 深圳市：插电混动享受绿牌政策

2019 年 7 月，深圳市政府发布《深圳市小汽车增量调控管理实施细则》，新能源汽车是指符合国家工业和信息化部汽车产品公告目录的纯电动小汽车、插电式（含增程式）混合动力和燃料电池小汽车，以及国家有关规定许可的原装进口纯电动小汽车。增量指标通过摇号、竞价方式配置或按规定直接申请取得，混合动力小汽车增量指标和纯电动小汽车增量指标无额度限制，经申请并通过资格审核后直接配置。

2021 年 12 月 14 日，深圳市交通运输局提出关于调整新能源小汽车增量指标的相关事项。根据《广东省人民政府办公厅印发关于促进城市消费若干政策措施的通知》（粤府办〔2021〕36 号）规定，持有效深圳市居住证的非深户籍人员，及持有效身份证明并按本市公安机关规定办理境外人员临时住宿登记的华侨、港澳台地区居民及在本市办理签证或居留许可的外国人申领新能源小汽车（包括混合动力、纯电动小汽车）增量指标的，不要求持居住证人员最近连续 24 个月以上在本市缴纳（不含补缴）基本医疗保险。

7.2 插电式混合动力汽车推广情况

7.2.1 插电式混合动力汽车市场现状

插电式混合动力汽车逐步由供给侧驱动向供给需求双侧驱动，2021 年国内市场保持高增长需求态势

插电式混合动力汽车近五年来呈现波动增长态势。2018 年销量 26.7 万辆之后，2019 年受整体新能源汽车市场下滑影响，市场销量相较于

2018 年明显下降。2021 年以来，整车厂商新车型供给呈现多样化、丰富化，如比亚迪秦、比亚迪宋 PLUS、理想 ONE、比亚迪唐 / 汉以及宝马 5 系推广效果显著。需求侧层面，消费者出于对油耗、续驶里程等方面的升级需求，2015—2021 年，国内插电式混合动力汽车市场销量从 7.9 万辆增长至 60.3 万辆，需求扩大了 7.6 倍，市场需求呈现较快增长趋势（图 7-2）。

图 7-2 插电式混合动力汽车历年销量及增长情况

数据来源：中国汽车工业协会。

2021 年以来，伴随着新一代国产插电式混合动力汽车标杆产品的陆续推出，部分自主品牌插电式混合动力汽车产品已陆续投放市场，部分产品功能已经达到或超越合资产品水平，为国内消费市场提供了多种规格的产品，更符合国内市场消费者的实际需求。2021 年，国内销量排行前五的插电式混合动力车型分别是秦 PLUS DM-i、理想 ONE、宋 Pro DM、唐 PHEV、汉 DM，均为自主品牌，车辆在纯电续驶里程、价格和电池容量等方面已在国内市场树立起标杆，得到市场积极反馈（表 7-2）。

表 7-2 2021 年插电式混合动力汽车销量前五车型

车型名称	销量 / 辆	车辆级别	NEDC 纯电续驶里程 /km	最高电池容量 /kW·h	指导价 / 万元
秦 PLUS DM-i	113656	A 级轿车	120	18.30	13.28 ~ 14.88
理想 ONE	90491	C 级 SUV	188	40.50	33.80
宋 Pro DM	79508	A 级 SUV	81	15.70	16.98 ~ 21.98
唐 PHEV	48152	B 级 SUV	100	23.98	23.68 ~ 28.68
汉 DM	30476	C 级轿车	81	15.30	21.98 ~ 23.98

7.2.2 插电式混合动力汽车接入情况

1. 车辆累计接入特征

（1）插电式混合动力汽车接入量快速增长，国家监管平台累计接入量超 110 万辆

截至 2021 年 12 月 31 日，国家监管平台已累计接入插电式混合动力汽车 110.65 万辆。分车辆类型来看，插电式混合动力乘用车累计接入 106.83 万辆，占插电式混合动力汽车的 96.55%（图 7-3）。其中，插电式混合动力乘用车领域，私人乘用车累计接入量占主导，累计接入量 87.58 万辆，占比接近 80%。

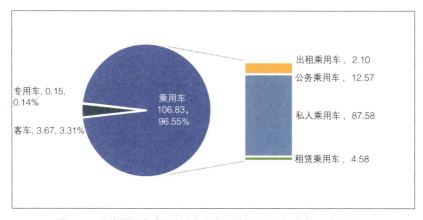

图 7-3　分类型插电式混合动力汽车累计接入量（万辆）及占比情况

（2）插电式混合动力汽车省份集中度较高，上海市、广东省遥遥领先

从插电式混合动力汽车累计接入量前十五省份情况来看（图 7-4），上海市、广东省插电式混合动力汽车累计接入量排在前两位，分别为 24.59 万辆和 24.00 万辆，全国占比分别为 22.22% 和 21.69%，集中度较高。从插电式混合动力乘用车占比情况来看，前十五省份插电式混合动力乘用车在当地插电式混合动力汽车的占比均在 85% 以上，其中，上海市、广东省、天津市的插电式混合动力乘用车占比均在 99% 以上。

（3）乘用车领域，上海市、广东省推广成效明显；客车领域，浙江省、江苏省、山东省累计推广量全国占比均在 10% 以上

从插电式混合动力乘用车推广集中度来看（图 7-5），上海市、广东省插电式混合动力乘用车累计接入量在全国遥遥领先。截至 2021 年 12 月 31 日，上海市、广东省分别累计接入插电式混合动力乘用车 24.52 万辆和 23.86 万辆，全国占比分别为 22.95% 和 22.33%；浙江省插电式混合动力乘

用车累计接入量突破 10 万辆，达到 10.59 万辆，全国占比 9.91%；其他省份推广数量均在 10 万辆以下。

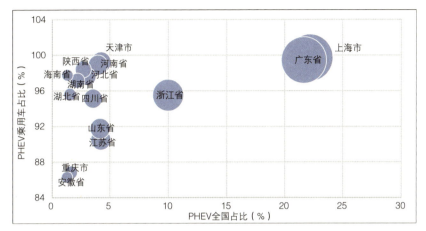

图 7-4 插电式混合动力汽车累计接入量前十五省份情况

注：气泡大小表示截至 2021 年底各省份插电式混合动力汽车累计接入量多少。

图 7-5 插电式混合动力乘用车累计接入量前十省份情况

插电式混合动力客车领域，浙江省、江苏省、山东省插电式混合动力客车累计接入量排在前三位，分别累计接入 0.50 万辆、0.43 万辆、0.38 万辆，全国占比分别为 13.60%、11.82%、10.42%（图 7-6）。

（4）乘用车城市集中度方面，上海市、深圳市领先全国其他城市，累计接入量全国占比 10% 以上

从插电式混合动力乘用车各城市推广情况来看（图 7-7），上海市、深圳市、杭州市插电式混合动力乘用车累计接入量排在前三位。截至 2021 年 12 月 31 日，上海市、深圳市、杭州市分别累计接入插电式混合

动力乘用车 24.52 万辆、14.09 万辆和 7.90 万辆，全国占比分别为 22.95%、13.19%、7.40%。插电式混合动力乘用车累计接入量排名前十城市的车辆接入量为 68.16 万辆，全国占比达到 63.82%。

图 7-6 插电式混合动力客车累计接入量前十省份情况

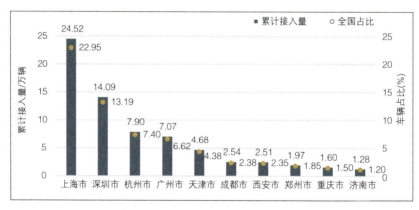

图 7-7 插电式混合动力乘用车累计接入量前十城市情况

（5）自主品牌加快混动产品布局，推动插电混动市场格局重塑

从插电式混合动力乘用车领域各整车企业推广集中度来看（图 7-8），截至 2021 年 12 月 31 日，比亚迪、上汽集团、华晨宝马三家企业的接入量排在前三位。伴随着自主品牌积极布局混动技术，包括比亚迪 DM-i、长城柠檬混动 DHT、吉利 GHS2.0、奇瑞鲲鹏 DHT、长安蓝鲸 iDD 在内的平台相继发布，推动混动市场格局重塑。其中，爆款 DM-i 系列带动了比亚迪在插电式混合动力汽车细分市场的进一步突破，截至 2021 年底，比亚迪插电式混合动力汽车累计接入量 42.20 万辆，全国占比 39.50%。

图 7-8 插电式混合动力乘用车累计接入量前十企业情况

从插电式混合动力客车各企业推广集中度来看（图 7-9），截至 2021 年 12 月 31 日，宇通客车、北汽福田、厦门金旅三家企业的接入量排在前三位，插电式混合动力客车接入量分别 0.92 万辆、0.56 万辆、0.48 万辆。其中，宇通客车的插电式混合动力客车接入量排在第一位，全国占比 25.00%。

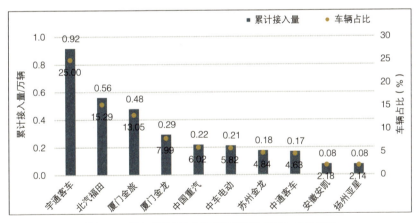

图 7-9 插电式混合动力客车累计接入量前十企业情况

2. 历年车辆接入特征

从插电式混合动力汽车历年接入情况来看（表 7-3），2021 年车辆接入量最高，达到 48.08 万辆，同比增长 2.2 倍。从历年车辆月度接入量来看，2021 年插电式混合动力汽车月度车辆接入量普遍处于较高水平，2021 年第 4 季度车辆接入量呈现明显的翘尾现象，第 4 季度车辆接入总量达到

18.77 万辆（图 7-10）。

表 7-3 插电式混合动力汽车历年接入量情况

年份	2019 年	2020 年	2021 年
PHEV 历年接入量 / 万辆	23.35	14.99	48.08

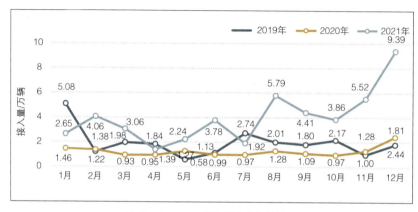

图 7-10 PHEV 历年月度接入量情况

（1）插电式混合动力汽车市场需求逐渐向非限购城市转移

从插电式混合动力汽车历年接入特征来看，市场需求逐步向非限购城市转移。从图 7-11 来看，近三年来，插电式混合动力汽车在非限购城市的市场占比快速增长，市场份额显著提升。2019 年，插电式混合动力汽车在非限购城市的市场占比为 37.8%，到 2021 年，插电式混合动力汽车的市场占比达到 53.6%，相较于 2019 年扩大 15.8 个百分点，非限购城市插电式混合动力汽车的市场份额快速扩大。

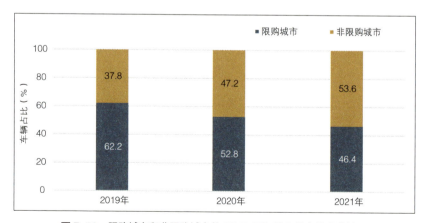

图 7-11 限购城市和非限购城市的 PHEV 历年接入量占比变化情况

（2）一线城市份额下降，市场需求逐渐向低线级城市释放

从插电式混合动力汽车分级别城市历年接入情况来看（图 7-12），一线城市的车辆接入占比呈现逐年下降趋势。2019 年，一线城市插电式混合动力汽车接入占比为 64.0%，到 2021 年车辆年度接入占比为 50.3%，下降 13.7 个百分点；其他级别城市车辆市场份额均有提升，市场需求逐渐向低线级城市释放。伴随着自主品牌相继布局插电混动市场，在我国插电式混合动力汽车"绿色通道"逐渐收窄的趋势下，自主品牌一方面把握了政策利好的窗口期，另一方面，通过分散销售区域分布，摆脱政策限制，有利于中长期持续而稳定的增长。

图 7-12　分级别城市的 PHEV 历年接入量占比变化情况

（3）华东地区、华南地区为主要推广区域，2021 年东北、华东、华中、西北地区多个区域市场占比实现增长

从插电式混合动力汽车不同地区历年接入情况来看（图 7-13），华东地区、华南地区为插电式混合动力汽车的主要推广区域，主要是由于上海市、广东省插电式混合动力汽车市场需求旺盛。从近三年车辆接入变化情况来看，东北地区、华东地区、华中地区、西北地区的车辆占比总体呈现上升趋势。

（4）个人为绝对购买主力，对私份额提升明显

从插电式混合动力汽车不同类型车辆历年接入情况来看（图 7-14），个人为绝对购买主力群体，插电式混合动力汽车对私份额呈现逐渐快速扩大趋势。插电式混合动力私家车占比呈现快速增长趋势，从 2019 年的 85.1% 提升至 2021 年的 93.2%，提升 8.1 个百分点，插电式混合动力汽车市场化程度显著提升。

图 7-13　不同地区的 PHEV 历年接入量占比变化情况

图 7-14　不同类型 PHEV 的历年接入量占比变化情况

7.3　插电式混合动力汽车运行特征

7.3.1　车辆上线率特征

插电式混合动力汽车上线率均保持在较高水平，车辆使用率较高

从插电式混合动力汽车各地区车辆上线率来看（图 7-15），2021 年全国各地区插电式混合动力汽车平均上线率均在 90% 以上，插电式混合动力汽车使用率较高。从各地区车辆上线率历年变化情况来看，近三年来，华东地区、华中地区、华北地区、西南地区车辆上线率总体呈现上升趋势。

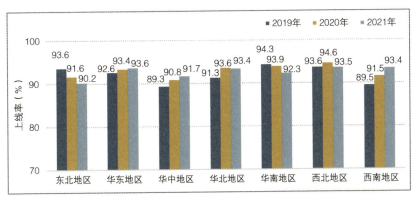

图 7-15　全国各地区 PHEV 历年上线率情况

从插电式混合动力汽车分级别城市车辆上线率来看（图 7-16），各级别城市插电式混合动力汽车上线率均保持在 90% 以上。具体到各级别城市，车辆上线率略有差异。一线城市车辆上线率水平最高，近三年来车辆上线率较为稳定；二线城市、三线城市车辆上线率总体呈现上升趋势。

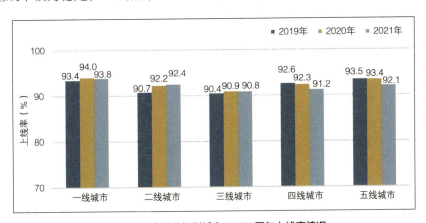

图 7-16　全国分级别城市 PHEV 历年上线率情况

从插电式混合动力汽车不同类型车辆上线率来看（图 7-17），私家车、网约车、出租车上线率普遍处于较高水平，物流车上线率相较于其他类型车辆上线率较低。

7.3.2　车辆运行特征

插电式混合动力汽车运行模式分为纯电行驶模式、混动行驶模式、燃油行驶模式。从插电式混合动力乘用车不同类型车辆在不同模式下的车辆行驶里程占比情况来看（图 7-18），私家车和网约车纯电行驶里程占比较

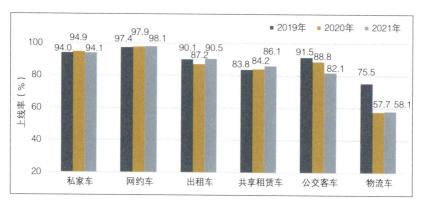

图 7-17　不同类型 PHEV 历年上线率情况

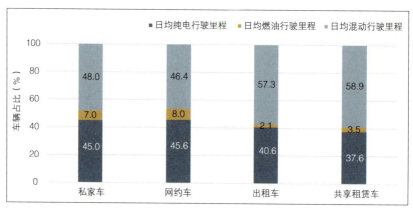

图 7-18　2021 年不同运行模式下 PHEV 乘用车日均行驶里程占比情况

高，纯电驱动模式下车辆日均纯电行驶里程占日均行驶总里程的比例分别为 45.0% 和 45.6%；出租车次之，日均纯电行驶里程占比为 40.6%；共享租赁车日均纯电行驶里程占比 37.6%，纯电模式利用率较低。无论哪种类型，燃油行驶模式的比例均低于 10%，说明在实际使用中，插电式混合动力乘用车在同级别车辆中是低碳环保的。

从不同类型车辆在不同纯电行驶里程占比的车辆分布来看（图 7-19），私家车在不同纯电行驶里程占比分段的车辆分布相对均匀；网约车、出租车、共享租赁车纯电行驶里程占比 40%～60% 的车辆占主要比重。

从分级别城市的插电式混合动力乘用车不同次均纯电行驶时长的车辆分布情况来看（图 7-20），一线城市次均纯电行驶时长在 0.5～1.0h 的车辆占主要比重，达到 51.92%，主要受城市面积、交通路况影响；其他级别城市次均纯电行驶时长主要集中在 0.5h 以内，车次占比基本在 50% 以上。

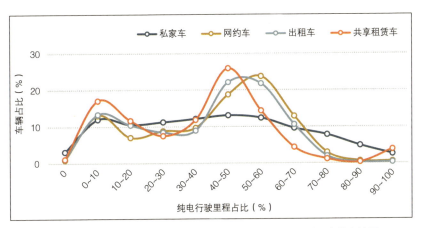

图 7-19　2021 年基于不同纯电行驶里程的分场景 PHEV 乘用车分布情况

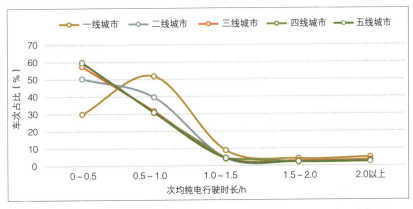

图 7-20　2021 年基于次均纯电行驶时长的分级别城市 PHEV 乘用车分布情况

7.4　插电式混合动力汽车充电特征

　　乘用车领域，本书在第 4 章 "车辆充电" 研究内容中，针对插电式混合动力私家车与纯电动私家车的充电特征已进行详细对比分析，本章将重点基于乘用车在不同应用场景（私家车、网约车、出租车、共享租赁车）下的充电特征进行对比分析。

7.4.1 次均充电特征

插电式混合动力乘用车历年次均充电时长基本稳定在 3.0h 左右

插电式混合动力乘用车历年次均充电时长基本保持稳定，近三年来，车辆次均充电时长基本维持在 3.0h 左右。从不同类型车辆的历年次均充电时长来看（图 7-21），近两年各类型车辆的次均充电时长呈现总体下降趋势。从 2021 年各类型车辆次均充电时长来看，私家车次均充电时长基本稳定在 3.1h，与上一年度持平，网约车和共享租赁车的次均充电时长较短，分别为 2.7h 和 2.9h。

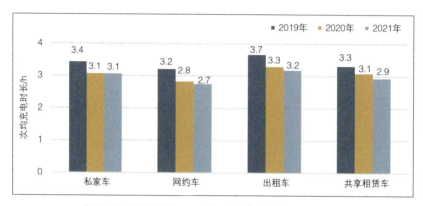

图 7-21 不同类型 PHEV 乘用车历年次均充电时长情况

从车辆充电方式来看（图 7-22），2021 年各类型车辆的快充基本维持在 0.5h 以下，慢充时长在 3.0h 左右；从各类型车辆快充时长来看，共享租赁车快充时长略低于其他类型车辆，网约车的慢充时长相对较低。

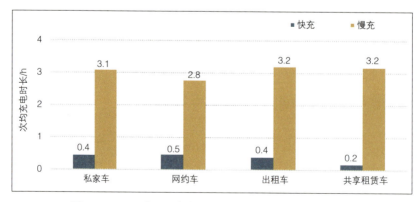

图 7-22 2021 年不同充电方式 PHEV 乘用车的次均充电时长

从 2021 年不同次均充电时长的车辆占比情况来看（图 7-23），相较于其他类型车辆，网约车次均充电时长在 2 ～ 3h 的车辆占比最高，达到 36.79%，车辆次均充电时长呈现明显聚集现象；共享租赁车在不同次均充电时长的车辆占比相对平缓。

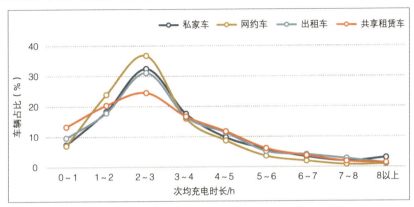

图 7-23　2021 年不同类型 PHEV 乘用车不同次均充电时长的车辆占比

2021 年插电式混合动力乘用车次均充电起始 SOC 均值为 29.8%，充电结束 SOC 均值为 85.5%。相对于其他类型车辆，私家车充电起始 SOC 均值和充电结束 SOC 均值均高于其他类型车辆（图 7-24）。

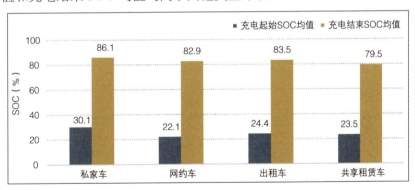

图 7-24　2021 年不同类型 PHEV 乘用车次均充电起始 SOC 均值的车辆分布

从 2021 年各类型车辆不同次均充电起始 SOC 的车辆分布情况来看（图 7-25），网约车、出租车、共享租赁车次均充电起始 SOC 在 10% ～ 20%、20% ～ 30% 的车辆占比较高，均达到 30% 以上；私家车在这两个次均充电起始 SOC 的车辆占比明显低于其他类型车辆，而次均充电起始 SOC 在 30% ～ 40%、40% ～ 50%、50% ～ 60% 的车辆占比明显高于其他类型车辆，私家车随用随充的现象更加明显。

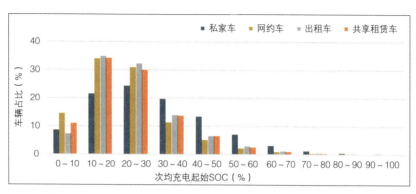

图 7-25　2021 年不同类型 PHEV 乘用车次均充电起始 SOC 的车辆分布

从 2021 年各类型车辆不同次均充电结束 SOC 的车辆分布情况来看（图 7-26），私家车在 90%～100% 次均充电结束 SOC 的车辆分布明显高于其他类型车辆，占比达到 63.4%。

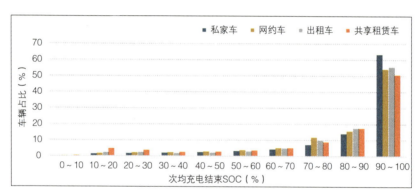

图 7-26　2021 年不同类型 PHEV 乘用车次均充电结束 SOC 的车辆分布

7.4.2　月均充电特征

（1）2021 年插电式混合动力乘用车月均充电次数略高于 2020 年

2021 年插电式混合动力乘用车月均充电次数为 7.5 次，相较于 2020 年同比增长 4.2%，主要由于疫情防控常态化后，车辆运行逐渐规律化，车辆充电次数呈现明显上升趋势（表 7-4）。

表 7-4　PHEV 乘用车月均充电次数

年份	2019 年	2020 年	2021 年
PHEV 乘用车月均充电次数	6.2	7.2	7.5

从不同类型车辆来看（图7-27），网约车的月均充电次数明显高于其他类型车辆，2021年网约车月均充电次数达到15.1次；私家车的月均充电次数相对较低，基本维持在6次左右。

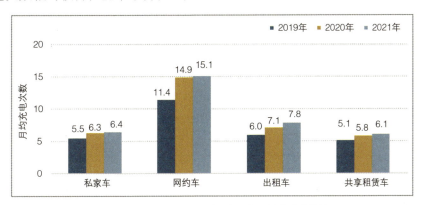

图7-27 不同类型 PHEV 乘用车历年月均充电次数情况

（2）插电式混合动力乘用车多采用慢充方式充电

2021年插电式混合动力乘用车基于快充和慢充两种充电方式的月均充电次数分别为1.6次和6.0次，插电式混合动力乘用车采用慢充方式相对更多。从不同类型车辆的充电方式来看（图7-28），网约车充电次数较多，月均快充次数和慢充次数分别为4.7次和10.4次，网约车主要由于临时补电需求，月均充电次数略高于其他类型车辆。

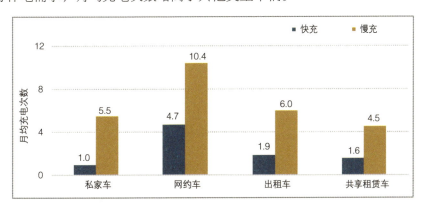

图7-28 2021年不同充电方式 PHEV 乘用车的月均充电次数

从不同月均充电次数的车辆分布情况来看（图7-29），私家车月均充电次数主要集中在5次以下，私家车、出租车、共享租赁车月均充电次数在5次以下的车辆占比达到60%；网约车月均充电次数较高，月均充电次数在20次以上的车辆占比达到36.4%，明显高于其他类型车辆。

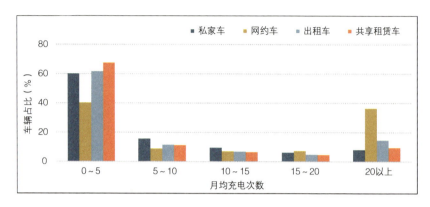

图 7-29　2021 年不同类型 PHEV 乘用车不同月均充电次数的车辆占比情况

从不同城市插电式混合动力轿车月均充电次数分布来看（图 7-30），北京市在冬季 12 月、1 月、2 月的充电次数明显低于其他月份，主要是由于冬季气温较低，电池性能下降，纯电驱动续驶里程下降，用户由于里程焦虑，采用纯电模式驱动的次数相对较少。广州市常年温差较小，电池性能受气温影响较小，月均行驶用电量较为稳定，充电次数较为稳定。

图 7-30　2021 年 PHEV 乘用车月均充电次数——轿车

从不同城市插电式混合动力 SUV 月均充电次数分布来看（图 7-31），北京市月均充电次数为 10.6 次，广州市月均充电次数为 10.0 次，相差不大。

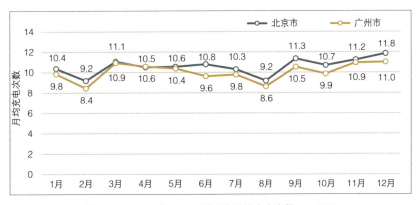

图 7-31　2021 年 PHEV 乘用车月均充电次数——SUV

7.5　小结

当前，新能源汽车已经成为加快推动我国汽车产业迈向碳达峰、碳中和的重要战略路径，而插电式混合动力汽车对于汽车产业中短期快速实现燃油车型替代、推动汽车产业尽快实现节能降碳，起到重要的作用。本章基于国家监管平台插电式混合动力汽车接入特征、车辆运行特征、车辆充电特征，总结我国插电式混合动力汽车需求快速增长的市场特征、车辆运行规律及充电规律，主要研究成果如下：

我国插电式混合动力汽车已逐步由供给侧驱动向供给需求双侧驱动转变，2021 年国内市场保持高增长需求态势。 插电式混合动力汽车能够满足消费者多样化的应用场景，具有一定的市场需求空间。伴随着整车企业在插电式混合动力汽车领域的各项技术取得突破，自主品牌车型供给呈现多样化。2021 年插电式混合动力汽车销量呈现快速增长趋势，全年实现销量 60.3 万辆，同比增长 7.6 倍，市场需求快速释放。

插电式混合动力汽车市场化程度显著提升，私人购买为消费主力，低线城市需求逐步释放。 从国家监管平台插电式混合动力汽车历年接入情况来看，个人购买成为绝对主力，插电式混合动力私家车占全国插电式混合动力汽车的比例从 2019 年的 85.1% 提升至 2021 年的 93.2%，提升 8.1 个百分点，私家车市场份额快速提升；从限购/非限购城市来看，插电式混合动力汽车市场需求逐步向非限购城市转移，2021 年插电式混合动力汽车在非限购城市的市场份额为 53.6%，相较于 2019 年扩大 15.8 个百分点；从不同级别城市来看，插电式混合动力汽车在一线城市的市场份额逐步下降，市场需求逐渐向低线城市释放。

插电式混合动力汽车使用率较高，车辆上线率保持在较高水平。从历年插电式混合动力汽车上线率来看，车辆总体保持在较高的上线率水平，车辆使用频率较高。从车辆纯电模式下的行驶里程来看，私家车和网约车的日均纯电行驶里程占日均行驶总里程的比例较高，纯电驱动模式利用率较高。

插电式混合动力汽车充电时长基本稳定，车辆多采用慢充方式补充电量。插电式混合动力乘用车历年次均充电时长基本稳定在 3.0h 左右，以慢充方式为主，快充时长基本维持在 0.5h 左右；伴随着疫情防控常态化，车辆运行逐渐规律化，车辆充电次数呈现明显的上升趋势；从各类型车辆的月均充电次数来看，网约车运行里程较高，车辆月均充电次数明显高于其他类型车辆。

第8章 碳资产管理

汽车产业作为面向全社会碳中和发展的重要一环，面临较高的碳减排压力。新能源汽车作为全球汽车产业绿色发展、低碳转型的重要抓手，当前在全球各国发展趋势持续加快。伴随着中国新能源汽车产业逐步进入后补贴时代，中长期范围内建立符合中国汽车产业低碳发展路径的碳交易市场机制，形成以碳交易驱动汽车产业可持续发展的"中国案例"迫在眉睫。本章在梳理碳资产管理系统架构的基础上，依托国家监管平台新能源汽车运行数据，从不同维度剖析新能源汽车运行碳减排成效，供行业参考。

8.1 汽车产业绿色低碳发展形势

8.1.1 国际社会已基本就碳中和达成共识

气候变化成为全球性难题，应对气候变化已经成为人类社会共同面临的最严峻挑战之一。二氧化碳（CO_2）是造成全球气候变暖的主要原因，联合国政府间气候变化专门委员会（IPCC）第四次评估报告指出，在温室气体的总增温效应中，二氧化碳贡献约占 63%，其次是甲烷（CH_4）、氧化亚氮（N_2O）等。根据国际能源署（IEA）全球二氧化碳排放量数据显示，2020 年，全球能源领域二氧化碳排放 34.8 亿吨，相较于 2019 年全球二氧化碳排放量（36.7 亿吨）略有下降。其中，2020 年中国二氧化碳碳排放 99 亿吨，全球占比 30.7%（图 8-1）。

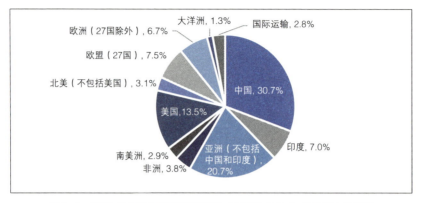

图 8-1　2020 年全球主要国家和地区二氧化碳（CO₂）排放量占比情况

数据来源：IEA，Our World In Data.org。

　　为全面控制全球温室气体排放，全球大多数国家已经签署了共同应对气候变化的《巴黎协定》并明确了碳中和的时间节点。截至 2020 年 12 月，已经提出或者准备提出碳中和目标的国家有 126 个[一]。其中，有 25 个国家以纳入国家法律（或拟以立法）、政策宣示等形式，明确提出各自的碳中和目标，包括世界前十大排放国中的中国、日本、德国、加拿大、英国和韩国。

　　具体国家来看，美国、欧盟等目前已基本实现碳达峰，并且在近期分别提出净零排放目标和路径。2020 年 12 月，欧洲议会和欧盟理事会就《欧洲气候法》关键内容达成临时协议，即与 1990 年相比，2030 年欧盟温室气体减排从 40% 提高到至少 55%，并在 2050 年实现气候中性，之后争取实现负排放；在 2021 年 4 月 22 日举行的气候峰会上，美国承诺到 2030 年碳排放量从在 2005 年的基础上减少 26%～28%，提高到减少 50%～52%；日本承诺 2030 年前温室气体排放量较 2013 财年的水平降低 46%。

　　中国一直积极应对气候变化，加快能源结构调整与产业结构升级，加强生态环境保护，在碳减排的基础上促进综合国力增强与大国地位巩固。虽然中国实现碳中和的时间比大多数发达国家承诺的 2050 年晚大概 10 年，但是对于以能源结构以煤炭为主、产业结构偏重工业的发展中国家来说，实现能源结构绿色低碳转型难度更大。

[一]　Climate Change 2021: The Physical Science Basis. Contribution of Working Group I to the Sixth Assessment Report of the Intergovernmental Panel on Climate Change.

8.1.2　中国道路交通减排任重道远

随着我国国民经济和社会快速发展，全社会货运量和货物周转量大幅增长，2020 年，交通领域的二氧化碳排放量达到 10.2 亿吨，相较于 2005 年增长了 159%，占全国碳排放的比例达到 10.3%。交通领域的碳排放与经济增长强相关，近年来年均二氧化碳排放量增长率均在 5% 以上[⊖]。

公路运输领域排放占我国交通运输各领域排放量的主要比重。2020 年，公路交通运输领域碳排放占比达到 87%，其中，公路货运和公路客运的碳排放量占比分别为 45% 和 42%（图 8-2）。伴随着经济快速增长，以大宗货物运输为主的公路货物周转量快速增长，另外汽车保有量快速增长，截至 2022 年上半年，全国汽车保有量突破 3.10 亿辆，相较于 2000 年的 0.16 亿辆，增长了 18 倍，公路运输碳排放量近中期仍将保持增长趋势。

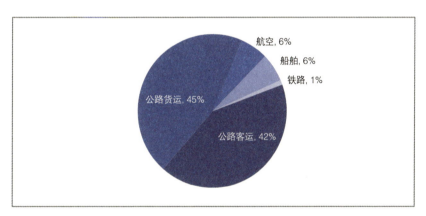

图 8-2　2020 年我国交通各子领域碳排放占比

数据来源：Global Change Data Lab，清华大学气候变化与可持续发展研究院。

目前，移动运输装备使用端碳排放核算困难，交通领域碳管理机制仍未形成。道路交通领域的大部分碳排放来自移动运输装备，其排放数据获取难度远高于交通基础设施等固定源。移动运输装备在使用阶段具有排放源数量大、位置变化快、单位排放低、排放量随工况实时变化等特点，难以开展准确、客观的碳核算。同时，目前我国在汽车全生命周期碳排放核算领域仍缺乏系统研究和顶层设计，碳配额分配技术支撑不足、碳排放核算基础薄弱，交通领域碳管理机制尚未建立，难以纳入全国碳排放权交易

市场，无法通过碳交易扶持技术创新及产业长期可持续发展。

新能源汽车作为战略性新兴产业，对改善我国能源消费结构、减少空气污染、推动汽车产业和交通运输行业转型升级意义重大。伴随着新能源汽车产业进入后补贴时代，建立以数据驱动的新能源汽车碳减排核算平台，逐步形成以碳交易驱动汽车产业零碳发展的"中国模式"迫在眉睫。依托国家监管平台海量新能源汽车实时运行大数据，北京理工大学电动车辆国家工程研究中心创新性地设计车辆运行碳减排核算模型和方法，搭建了新能源汽车碳资产管理体系，实现车辆应用端碳减排从定量估计到实时精准量化，真正实现我国新能源汽车产业碳减排数据可核算、可追溯、可流通、可信任，加速迈向汽车产业供应链各环节碳减排数字化进程。

8.2 新能源汽车碳减排核算

8.2.1 全生命周期核算方法介绍

汽车产业链长、辐射面广，协同推动汽车产业链上下游绿色低碳转型，对于实现我国碳中和目标具有重要意义。新能源汽车产业对于汽车产业转型升级、低碳发展起到关键作用，建立科学规范的新能源汽车碳减排核算体系，是精准施策、推进汽车产业节能降碳技术推广应用的前提。

衡量新能源汽车碳减排量，汽车领域多采用汽车全生命周期核算方法。汽车全生命周期碳排放核算边界一般包括车辆周期和燃料周期（图8-3）。其中，车辆周期包括原材料获取、材料加工制造、整车生产、维修保养（包括轮胎、铅蓄电池和液体的更换）等环节；燃料周期，即"油井到车轮（Well to Wheels，WTW）"，包括燃料的生产（Well to Pump，WTP）和燃料的使用（Pump to Wheels，PTW）两个阶段。对于

图8-3 汽车生命周期系统边界

燃油汽车，WTP 包括原油开采和提炼加工等阶段，PTW 指汽车正常使用的阶段；对于电动汽车，WTP 包括电力（火电、水电、风电、光伏发电和核电等）的生产和传输等阶段。

8.2.2 新能源汽车碳减排核算模型

本章的新能源汽车碳减排核算模型主要考虑新能源汽车相较于同级别传统燃油汽车在燃料周期过程的二氧化碳减排量评估结果。适用于新能源汽车的碳减排核算方法主要参考传统燃油汽车在燃料周期的基准线碳排放结果，扣除同级别新能源汽车在燃料周期的项目碳排放结果。下面将重点就新能源汽车碳减排核算方法及模型进行论述。

1. 基准线情景（高碳出行情景）

基准线情景是在不实施碳减排项目情景下，采用传统燃油车出行方式产生的碳排放量。基准线情景包含传统车辆在行驶阶段的排放量，综合考虑基础年传统燃油车辆类型、排量、碳排放因子，包括汽油上游环节生产、运输等环节的排放量。具体计算方法如下：

$$基准线情景碳排放量 = 燃油汽车单位里程燃料消耗量 \times$$
$$行驶里程 \times 排放因子$$

燃油汽车单位里程的实际燃料消耗量主要考虑汽油在燃烧过程的燃油消耗量以及汽油上游环节的原油生产及炼制生产所产生的燃油消耗量。考虑到汽油上游环节，将汽油折算到原油部分，输入原油的生产、运输效率以及我国原油对外依存度（70.8%）和运输模式占比（表 8-1），计算得出原油运输能耗，进而得出汽油在运输过程中的碳排与能耗。本章着重考虑采用基于 GREET 模型燃料循环周期开展的燃油汽车燃料消耗量核算方法，如图 8-4 所示。

表 8-1　中国原油运输模式占比

运输模式	百分比（%）	平均运输距离 /km
远洋	50	11000
铁路	45	950
管道	80	500
水运	10	250
短途公路	0	0

注：由于存在接力现象，各种原油运输模式百分比之和超过 100%。

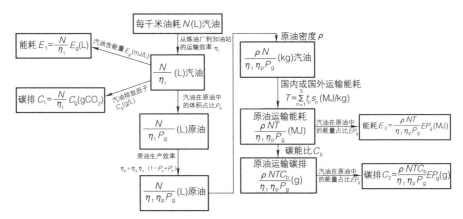

图8-4 基于 GREET 模型燃料循环同期开展的燃油汽车燃料消耗量核算方法

2. 项目情景（低碳出行情景）

由于新能源车辆在运行环节二氧化碳排放量为零或者近零低排放，项目情景下新能源汽车运行环节的碳排放量主要考虑车辆运行所消耗的电量在电力生产部门对应的碳排放量。

$$项目情景碳排放量 = 新能源汽车单位里程耗电量 \times$$
$$行驶里程 \times 排放因子$$

考虑到新能源汽车运行环节产生的实际耗电量在上游电力环节产生碳排放量，本章着重考虑采用 GREET 模型燃料循环周期开展新能源汽车运行环节的燃料消耗量核算（图8-5）。

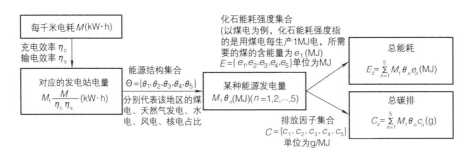

图8-5 基于 GREET 模型计算纯电动汽车燃料循环算法

通过输入某种新能源汽车每公里电耗、充电效率（中国目前充电桩效率普遍约为90%）以及电网输电效率 [《中国电力年鉴》（2009—2018 年），约为93.5%]，可以得到对应发电站电量，根据《中国电力年鉴（2018年）》得出中国发电能源结构（表8-2）。根据发电能源结构和发电站发电量可以得到每种能源的发电量，分别与化石能耗强度、碳排放因子加权求和，即可得到某种电动汽车运行过程中每行驶一定里程的能耗与碳排。

表 8-2　中国发电能源结构

项目	发电量/(亿 kW·h)	占总发电量比例
水电	11931	18.6%
煤电	43503	67.8%
燃气发电	2028	3.2%
燃油发电	27	0.0%
核电	2481	3.9%
风电	3034	4.7%
太阳能发电	1167	1.8%
总发电量	64171	100.0%

3. 碳减排核算结果

基准线情景下一定行驶里程段内的传统燃油车的碳排放量和项目情景下同级别新能源汽车的碳排放量，二者的差值即为新能源汽车一定行驶里程段的碳减排量。

项目减排量 = 基准线情景碳排放量 − 项目情景碳排放量

8.3　新能源汽车碳资产管理研究

北京理工大学电动车辆国家工程研究中心结合中国工程院"中国节能与新能源汽车可持续发展与碳交易战略研究"课题研究成果，充分吸纳新能源汽车全生命周期碳数据核算算法和演算方法，搭建起全国新能源汽车实时运行碳数据平台的技术框架，形成多维一体展示的全国新能源汽车碳资产平台。下面将重点介绍新能源汽车碳资产平台架构及新能源汽车碳资产管理成果。

8.3.1　新能源汽车碳资产平台简介

新能源汽车碳资产平台的主要功能是基于新能源汽车单车实时运行数据，核算出相应的车辆运行端碳减排数据，并将碳减排数据实时核算结果反馈给用户。平台充分考虑到碳数据的金融属性和应用场景广泛的商业属性，技术架构分为数据中台、业务中台和应用前台三部分（图 8-6）。

数据中台主要通过技术力量实现数据采集、数据预处理、数据核算、数据分析（离线数据处理、OLTP、OLAP）和数据管理等主要功能。将碳减排数据核算结果通过业务中台，为不同商务应用场景提供基础数据支撑，不断提升数据融合能力、服务能力以及对商业模式创新和应用落地的数据支撑能力。

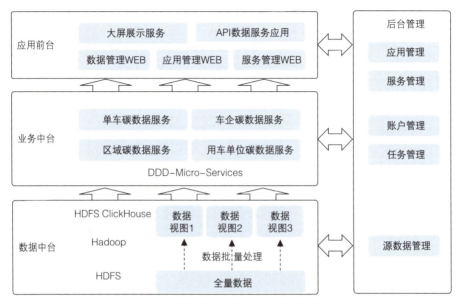

图8-6 新能源汽车碳资产平台技术架构图

业务中台由低耦合、高内聚、可复用的业务服务集组成。研发内容包括建立以业务上下文为边界的领域模型（DDD），并根据领域模型完成微服务架构设计和开发工作。

应用前台为直接面向商务客户的商业应用，现阶段主要包括大屏展示和 API 数据服务两部分。其中，大屏展示主要为客户提供基于不同数据维度的大屏数据图表展示功能，API 数据服务为商业客户按需提供碳核算数据支撑功能。

通过对新能源汽车实际运行里程、充电量、各地区碳排放因子等基础数据输入及处理，新能源汽车碳资产平台直观展示了全国新能源汽车累计碳减排和碳排放现状。此外，可以基于各省份不同类型、不同用途的新能源车辆实际运行情况，平台可以梳理在多个维度下的新能源汽车运行碳减排量，对各地区开展新能源汽车推广及探索碳数据计量具有重要的参考意义。

8.3.2 新能源汽车碳资产管理研究成果

截至 2021 年 12 月 31 日，国家监管平台已累计接入新能源汽车 665.5 万辆，车辆累计行驶里程 2188.5 亿 km，累计实现碳减排 8558.0 万 t

（图 8-7）。分年度来看，2019 年以来，新能源汽车年度碳减排贡献明显提升。2020 年和 2021 年新能源汽车碳减排量分别为 2481.1 万 t 和 3693.9 万 t。

图 8-7 我国新能源汽车各年度碳减排贡献情况

分类型新能源汽车累计碳减排情况来看（图 8-8），新能源客车累计碳减排规模高于其他类型车辆，达到 4300.7 万 t，占比为 50.3%；其次是新能源乘用车，累计碳减排达到 3458.5 万 t，占比 40.4%；新能源专用车累计碳减排规模 798.9 万 t，占比 9.3%。

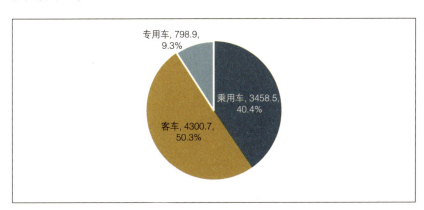

图 8-8 我国新能源汽车分类型车辆累计碳减排量及占比情况（万 t，%）

从新能源汽车分类型车辆历年碳减排量占比情况来看（图 8-9），伴随着乘用车市场需求快速增长，乘用车碳减排基数逐渐增大，排量贡献占比逐渐占据主导地位。2021 年，新能源乘用车碳减排量占比达到 46.1%，高于新能源客车和新能源专用车碳减排量。

图 8-9　新能源分类型车辆历年碳减排量占比情况

从新能源汽车累计碳减排量前十省份情况来看（图 8-10），广东省新能源汽车推广基数最大，车辆运行情况较好，累计碳减排量在全国遥遥领先。截至 2021 年底，广东省新能源汽车运行碳减排量达到 1704.5 万 t，全国占比 19.9%；其次是浙江省、江苏省、上海市等新能源汽车推广力度较大的省份和城市。

图 8-10　新能源汽车累计碳减排量前十省份情况

从碳减排区域集中度来看，新能源汽车累计碳减排前三省份规模达到 2876.4 万 t，全国占比 33.6%；新能源汽车累计碳减排前十省份规模达到 5668.0 万 t，全国占比 66.2%。针对新能源汽车碳减排的重点地区及省份，后续可率先在部分地区开展零碳试点及碳交易机制试点工作，从而进一步探索在全社会范围内实现双碳目标。

从 2021 年前十五省份碳减排量及增长情况来看（图 8-11），广东省全年碳减排量全国排名第一，达到 705.7 万 t，全国占比达到 19.3%。其次是浙江省、上海市、江苏省，2021 年车辆运行碳减排量均超过 200 万 t 以上。从年度车辆运行碳减排量增速来看，上海市碳减排量增速全国第一，此外，湖北省、江苏省、河南省、陕西省等省份新能源汽车运行碳减排量增速较高。

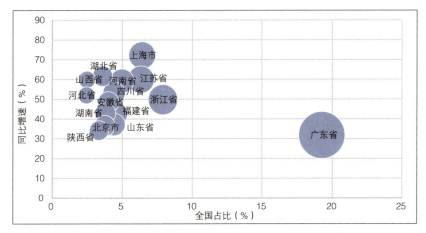

图 8-11　2021 年新能源汽车前十五省份碳减排量及增长情况

从新能源汽车累计碳减排量前十位企业情况来看（图 8-12），宇通客车、比亚迪汽车新能源汽车累计碳减排量排在全国前两位。截至 2021 年底，两家企业累计碳减排量分别达到 1489.5 万 t 和 1224.9 万 t，全国占比分别为 17.4% 和 14.3%。从碳减排市场集中度来看，新能源汽车累计碳减排前两名的省份规模达到 2714.4 万 t，全国占比 31.7%；新能源汽车累计碳减排前十位省份规模达到 4824.4 万 t，全国占比 56.4%。

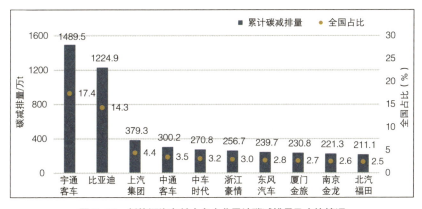

图 8-12　新能源汽车前十名企业累计碳减排量及占比情况

8.3.3 新能源汽车碳资产平台经验分析

新能源汽车碳资产平台在资源内外部协调、技术创新应用、推广行业前景等方面积累了丰富的经验和做法，具体如下：

1. 国家平台海量数据接入，智能算法精准处理

国家监管平台构建高效智能网联网关，实现平台高并发数据处理能力，满足千万级及以上车辆同时联网。目前平台已累计接入近 700 万辆新能源汽车实时运行数据，借助先进的端云传输技术，实现高达 1Hz 高并发车辆数据接收，模型运算完成时间快达 10s 内百万级汽车数据并行处理能力。依托国家监管平台海量数据接入以及碳资产平台探索智能算法精准处理技术，实现与新能源汽车运行里程直接挂钩的碳减排测算机制，进一步助力碳数据动态、高效、精准核算。

2. 数据实时动态、满足多维需求

现有行业碳数据算法模型主要采用车辆静态数据，时效性差，无法准确反映车辆实时运行数据。碳资产平台采用新能源汽车实时运行大数据，能够随时监测车辆运行碳排放量，时效性强，数据透明权威；面向不同商业落地应用场景，为政府部门政策制定、企事业单位碳数据碳资产汇总管理和用户端用户碳数据商业变现，提供全方位、多层次、多维度、可定制的数据服务支撑，满足用户多维需求。

3. 个性应用、延伸服务

碳资产平台同时满足通用化与个性化需求，既能实现分维度新能源汽车运行碳数据科学量化评估，又能结合具体使用场景和驾驶特征，实现个性化应用车辆、共享出行等低碳行为碳减排核算，从而可以进一步通过 CCER、碳普惠等机制与国内外碳市场形成有效衔接，方法通用、拓展性好。

4. 行业前景实践性强，助力需求侧低碳发展

机制创新，探索以使用强度为基础的新能源汽车运行碳减排奖励机制。基于碳减排补贴、碳减排交易等政策，可以快速建立与碳减排直接挂钩的需求侧新型政策工具，接续即将到期终止的国家新能源汽车有关补贴政策，形成新能源汽车产品积分交易与车辆使用减排碳奖励政策双轨同步机制。探索制定面向企业端和个人端的碳减排精准计量及动态评价的减排补贴奖励机制，加速企业研发技术迭代升级、鼓励用户低碳应用，推动行业绿色低碳循环发展。

8.4 道路交通低碳发展建议

8.4.1 "碳交易项目"研究成果

自 2019 年底至 2021 年，结合"中国节能与新能源汽车可持续发展与碳交易战略研究"项目（以下简称"碳交易项目"），北京理工大学与清华大学、太原理工大学等多所高校的研究机构合作，在中国工程院的大力支持下，围绕节能与新能源汽车行业碳减排交易机制和可持续发展战略开展了全面深入研究，具体如下：

1. 开展新能源汽车行业碳减排的紧迫性研究

充分分析新能源汽车行业发展规律，结合产业发展状况和技术发展趋势，预测新能源行业总体碳排放量，提出新能源汽车行业的碳减排建议；结合能源结构调整的发展与趋势，分析行业本身发展诉求，探索与之相适应、有利于实现巴黎协定等国际承诺的发展路径，提出实现碳减排市场的外企和国内企业的公平性及竞争性、应对履行 WTO 承诺等国际化趋势的研究报告。

2. 开展碳减排交易方式、监管体系和政策建议研究

依据新能源汽车实时运行碳减排核算方法，开展后补贴时代新能源汽车及相关产业的政策建议研究。考虑根据车辆行驶里程、清洁绿色能源使用情况等各类型车辆的碳减排实时核算情况，提出面向交通运输领域的低碳发展建议。

3. 节能与新能源汽车可持续发展模式研究及政策建议

结合近十年来产业发展现状，分析政策、市场、能源、技术、资本等要素的变化情况，预测新能源汽车产业发展趋势，提出基于"双碳"战略下交通领域低碳发展行动策略与发展路径。

8.4.2 交通运输领域低碳发展建议

交通运输领域是影响我国碳达峰、碳中和目标和保障能源安全的重点领域。大力发展新能源汽车是"双碳"目标约束下实现交通强国战略的主要抓手。因此，必须推动汽车制造业转型升级、技术自主可控，确保我国在新能源汽车领域技术先进、产业规模领先的优势。基于市场机制的碳排放交易可以为产业低碳发展带来强大驱动力，随着新能源汽车产品财税补

贴政策的逐步退出，有必要推动新能源汽车产业向"市场＋政策"双轮驱动转变。

1. 加强能力建设，建设行业碳排放监测与碳交易数据基础支撑平台

依托新能源汽车国家监测与管理平台的大数据资源，在国家有关主管部门领导下，推进新能源汽车应用侧碳排放监测及核算平台建设工作，建立基于车辆全样本应用数据碳排放核算机制、行业排放强度基准线测算方法及动态调整机制，为行业碳配额总量核定、配额分配管理及碳排放交易提供支撑。

2. 研究和制定相关法规，应对西方国家相关技术和贸易法规挑战

建立包括汽车生产、使用、报废回收等全生命周期碳排放标准体系，研究制定符合我国国情并与国际规则衔接的汽车行业碳排放管理制度及法规，分阶段出台针对整车及零部件的碳排放限值及考核管理办法，加快推动新能源汽车全产业链低碳发展。

3. 出台奖补政策，制定新能源汽车运行碳减排奖励机制

接续即将终止的新能源汽车购置补贴政策，建立"以奖代补"为核心的扶持政策体系，包括碳减排补贴、碳减排交易或碳减排国家收购等政策，持续支持新能源汽车产业发展。实现新能源汽车产品积分交易与新能源汽车使用减排碳奖励政策双轨同步（供给侧和需求侧同步支持）。探索制定面向企业端和个人端的碳减排精准计量及动态评价的补贴奖励机制，形成企业技术迭代升级、用户车辆低碳应用、新能源汽车产业快速可持续发展的良性循环。

第9章 评价指数

新能源汽车大数据靠谱指数体系是在国家监管平台百万级车辆运行数据基础上，提出基于大数据的新能源汽车性能评价方法。2022年度车辆靠谱评价体系在里程可信度、能耗稳定、车辆快充效率评价维度的基础上，增加了基于乘用车、客车、物流车分类型车辆的百公里耗电量评价，目的在于从新能源汽车实时运行情况进行数据选取和评价，打破传统以实验室、试验场测试为唯一依据的新能源汽车性能测试评价体系，促进新能源汽车技术进步。

9.1　新能源汽车靠谱指数评价体系

新能源汽车靠谱指数评价体系主要从里程可信度、能耗水平、能耗稳定性、快充效率四个评价维度展开，主要包括以下内容：

1. 里程可信度

里程可信度是车辆公告续驶里程（理论续驶里程）与实际续驶里程的一致性程度。里程可信度越接近1，表示车辆实际可行驶总里程的可信度越高。引入里程可信度评价的意义在于全面衡量新能源在不同地区、不同类型车辆的里程表现情况。

2. 能耗水平

能耗水平是指纯电动汽车在实际运行工况中，车辆平均每行驶 100km 所消耗的电量，单位是 kW·h/100km。能耗水平是衡量车辆技术进步的重要指标，同一级别车型的能耗越低，车辆能耗管理水平越好。

3. 能耗稳定性

能耗稳定性指数主要用来衡量不同的车辆在不同的环境下，能耗能否保持稳定。通常采用能耗标准差进行判定，能耗标准差越小，车辆能耗适应性越强，能耗稳定性越好。

车辆能耗稳定性评价可以从不同地区、不同气候环境、不同应用场景、不同路况条件等多个维度，分别评价车辆能耗稳定性。

4. 快充效率

快充效率指数定义为车辆从起始 SOC 为 20% 及以上区间段开始充电，快充到 80%SOC 所需要的时长，以此判断最优的充电起始 SOC 段，指导用户高效健康地使用新能源汽车。

9.2 里程靠谱指数评价

里程可信度表示车辆公告续驶里程与实际续驶里程的一致性程度，在实际运行环境下，平均消耗 100% SOC 所能行驶的里程。本节选择累计行驶在 5 万 km 以下，次行驶起始 SOC 和结束 SOC 在 30%～80% 之间的数据计算实际续驶里程。里程可信度越接近 1，表示车辆续驶里程的可信度越高。

$$里程可信度 = \frac{实际续驶里程}{公告续驶里程}$$

本节关于车辆里程靠谱指数的样本选取国家监管平台 2021 年 1 月 1 日—2021 年 12 月 31 日采集的车辆数据作为有效计算样本。在计算全国车型的里程可信度时，样本数据选择保有量超过 1000 辆的车型；计算各地区车型里程可信度时，样本数据选择保有量超过 100 辆的车型。

9.2.1 纯电动乘用车里程可信度评价

1. 不同地区纯电动乘用车里程可信度评价

从 2021 年全国各地区纯电动乘用车里程可信度平均值对比分布来看（图 9-1），华南地区纯电动乘用车里程可信度平均值明显高于其他地区，

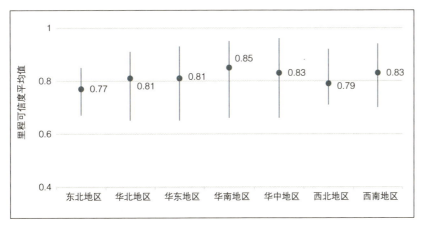

图 9-1　2021 年各地区纯电动乘用车里程可信度平均值对比

其次是华中地区和西南地区，纯电动乘用车里程可信度是 0.83；东北地区纯电动乘用车平均值 0.77，略低于其他地区。

（1）东北地区

东北地区车辆整体里程可信度 0.77，奇瑞汽车、上汽通用五菱、比亚迪等企业里程可信度较高

2021 年，东北地区共分析 21 家乘用车企业，里程可信度区间在 0.67 ~ 0.85。分企业来看，奇瑞汽车、上汽通用五菱、比亚迪等企业里程可信度较高（图 9-2）。

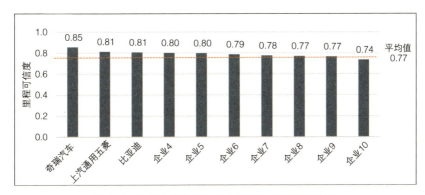

图 9-2　2021 年东北地区重点乘用车企业里程可信度

东北地区分月份的里程可信度呈现比较典型的"M"型，冬季对里程可信度影响很大，7 月也有一定的下降（图 9-3）。除了 SUV 外，其他级别最大与最小里程可信度的差值均超过 0.25（表 9-1）。

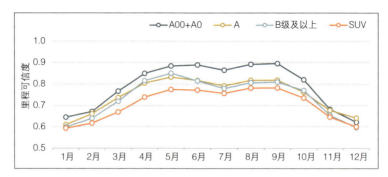

图 9-3 2021 年东北地区不同级别纯电动乘用车月度里程可信度

表 9-1 东北地区不同级别车型月度里程可信度差值

级别	A00+A0	A	B 级及以上	SUV
月度最大可信度 – 月度最小可信度	0.27	0.27	0.25	0.19

2021 年东北地区分不同级别轿车市场来看，在 A00+A0 级轿车市场上，五菱宏光 MINI EV、奇瑞小蚂蚁、欧拉黑猫等市场畅销车型的里程可信度较高（图 9-4）。

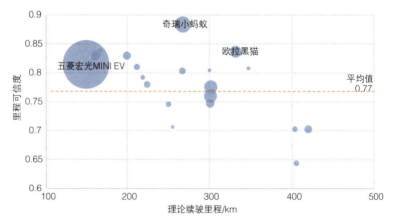

图 9-4 2021 年东北地区 A00+A0 级轿车里程可信度分布

注：每个车型的理论续驶里程是各个车型理论续驶里程与车辆保有量的加权平均值计算所得；

球体面积表示新能源汽车年度市场销量，下同。

A 级市场中，比亚迪秦 EV、东风风神 A60 EV、东风俊风 E11K 等车型的里程可信度较高，排在前三位，里程可信度分别为 0.81 以上（图 9-5）。

SUV 级市场中，哪吒 N01、特斯拉 MODEL Y、比亚迪元 EV 等车型里程可信度排在前三位，均在平均线以上（图 9-6）。B 级及以上轿车车型在东北地区保有量较少，车辆里程可信度排行暂不做考虑。

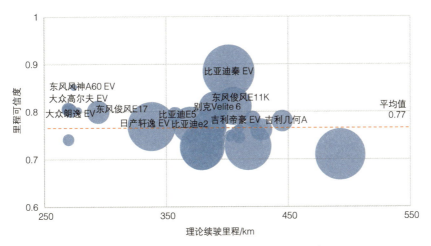

图 9-5 2021 年东北地区 A 级轿车里程可信度

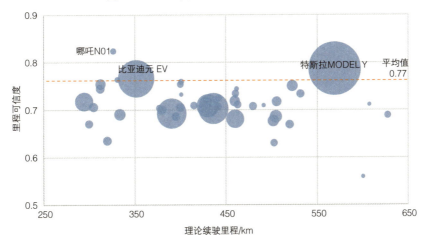

图 9-6 2021 年东北地区 SUV 里程可信度

（2）华北地区

华北地区整体里程可信度为 0.81，奇瑞汽车、上汽大众、长城汽车等企业里程可信度较高

华北地区共分析 51 家企业，里程可信度在 0.65～0.91 之间，其中奇瑞汽车、上汽大众、长城汽车等企业里程可信度较高（图 9-7）。

华北地区分月份的里程可信度呈现比较典型的"M"型，冬季对里程可信度影响很大，6—8 月也有一定的下降（图 9-8）。各级别最大与最小里程可信度的差值差异不大（表 9-2）。

A00+A0 级轿车市场中，北汽 EC3、奇瑞小蚂蚁、欧拉黑猫等车型里程可信度较高（图 9-9）。

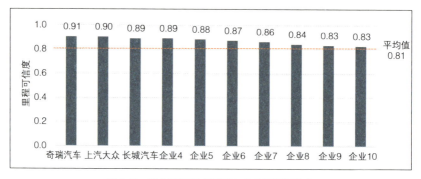

图 9-7　华北地区重点乘用车企业里程可信度

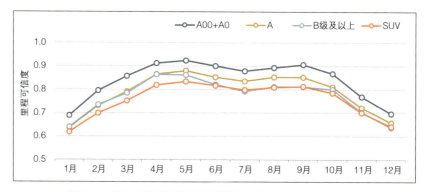

图 9-8　2021 年华北地区不同级别纯电动乘用车月度里程可信度

表 9-2　华北地区不同级别车型月度里程可信度差值

级别	A00+A0	A	B 级及以上	SUV
月度最大可信度 - 月度最小可信度	0.23	0.24	0.23	0.22

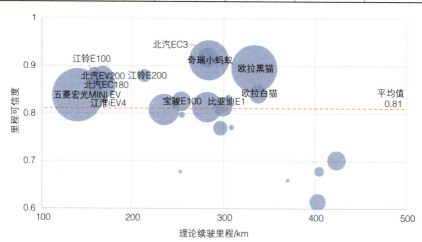

图 9-9　2021 年华北地区 A00+A0 级轿车里程可信度

A 级轿车市场中，大众朗逸 EV、比亚迪秦 EV、奇瑞艾瑞泽 5e 里程可信度排在前三名，里程可信度均在 0.85 以上（图 9-10）。

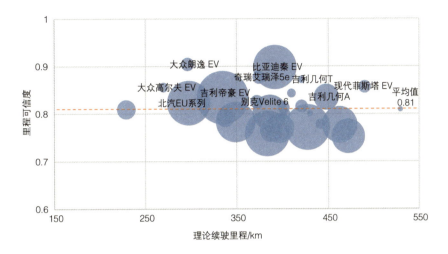

图 9-10　2021 年华北地区 A 级轿车里程可信度

B 级及以上轿车市场中，特斯拉 MODEL 3、比亚迪汉 EV、腾势 EV 三款车型的里程可信度表现较好（图 9-11）。

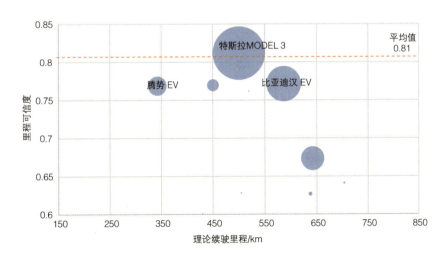

图 9-11　2021 年华北地区 B 级及以上轿车里程可信度

SUV 级市场，现代昂希诺 EV、奥迪 Q2L E-Tron、哪吒 N01 三款车型里程可信度排在前列，分别为 0.90、0.87、0.86（图 9-12）。

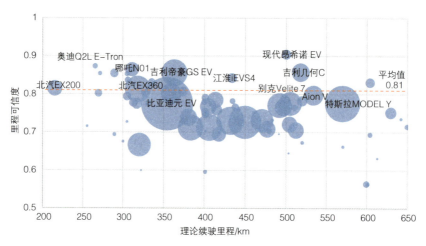

图 9-12　2021 年华北地区 SUV 里程可信度

（3）华东地区

华东地区总体里程可信度为 0.81，奇瑞汽车、吉利汽车、江淮大众等企业的里程可信度较高

华东地区共分析 58 家企业，里程可信度在 0.65～0.93 之间。其中，奇瑞汽车、吉利汽车、江淮大众等企业的里程可信度较高（图 9-13）。

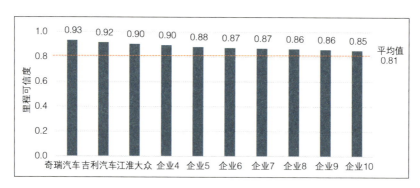

图 9-13　华东地区重点乘用车企业里程可信度

华东地区分月份的里程可信度呈现比较典型的"M"型，冬季对里程可信度影响较大，7—8 月由于车内空调开放影响，里程可信度也有一定下降（图 9-14）。A00+A0 级别最大与最小里程可信度的差值较大（表 9-3）。

A00+A0 级市场中，奇瑞小蚂蚁、欧拉黑猫、北汽 EC3 等车型里程可信度均在 0.9 以上，表现较好（图 9-15）。

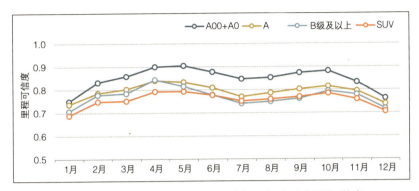

图 9-14　2021 年华东地区不同级别纯电动乘用车月度里程可信度

表 9-3　华东地区不同级别车型月度里程可信度差值

级别	A00+A0	A	B 级及以上	SUV
月度最大可信度 – 月度最小可信度	0.16	0.1	0.14	0.1

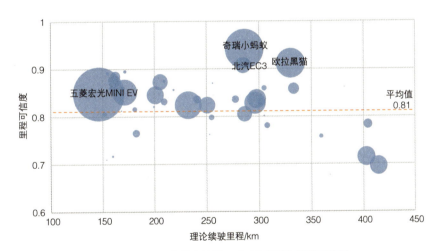

图 9-15　2021 年华东地区 A00+A0 级轿车里程可信度

　　A 级市场中，思皓 E50A、吉利几何 A PRO、大众朗逸 EV 等车型的里程可信度较好（图 9-16）。

　　B 级及以上轿车市场中，特斯拉 MODEL 3、比亚迪汉 EV 的里程可信度较高（图 9-17）。

　　SUV 级市场，东风风行 T1 EV、现代昂希诺 EV、吉利几何 C 等位于回归平衡线上部或线上，表现较好（图 9-18）。

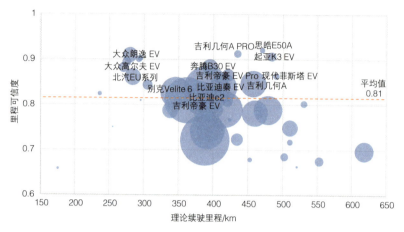

图 9-16 2021 年华东地区 A 级轿车里程可信度

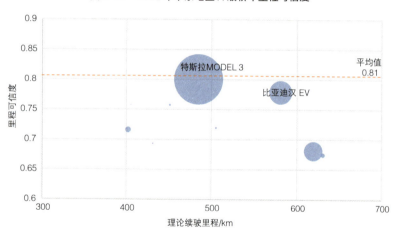

图 9-17 2021 年华东地区 B 级及以上轿车里程可信度

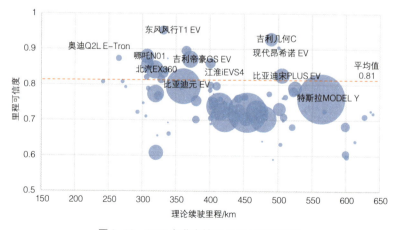

图 9-18 2021 年华东地区 SUV 里程可信度

（4）华南地区

华南地区整体里程可信度为 0.85，奇瑞汽车、几何汽车、上汽通用五菱等企业的里程可信度较高

华南地区共分析 51 家企业，里程可信度在 0.66 ~ 0.95 之间。其中，奇瑞汽车、几何汽车、上汽通用五菱等企业的里程可信度较高（图 9-19）。

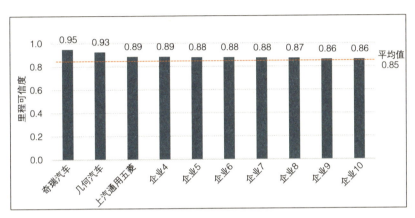

图 9-19　华南地区重点乘用车企业里程可信度

华南地区分月份的里程可信度较为平稳，夏季对里程可信度影响较大，6—9 月有一定的下降（图 9-20）。各级别最大与最小里程可信度的差值较小（表 9-4）。

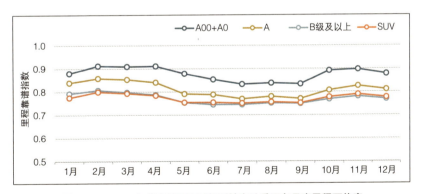

图 9-20　2021 年华南地区不同级别纯电动乘用车月度里程可信度

表 9-4　华南地区不同级别车型月度里程可信度差值

级别	A00+A0	A	B 级及以上	SUV
月度最大可信度 - 月度最小可信度	0.08	0.09	0.06	0.05

A00+A0 级市场，奇瑞小蚂蚁、比亚迪 E1、宝骏 E300 等车型的里程可信度较高。其他市场销量较好的车型五菱宏光 MINI EV、宝骏 E200、宝骏 E100 等车型里程可信度均在华南地区平均值以上，表现较好（图 9-21）。

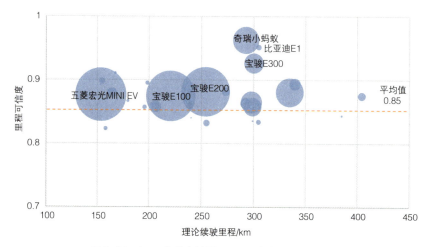

图 9-21　2021 年华南地区 A00+A0 级轿车里程可信度

A 级市场，吉利几何 A PRO、比亚迪秦 EV、奇瑞艾瑞泽 5e 等车型里程可信度较高（图 9-22）。

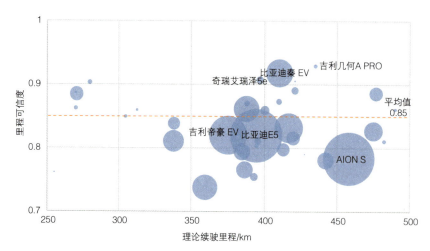

图 9-22　2021 年华南地区 A 级轿车里程可信度

B 级及以上级别市场，红旗 E-QM5、比亚迪汉 EV 等车型里程可信度较高（图 9-23）。

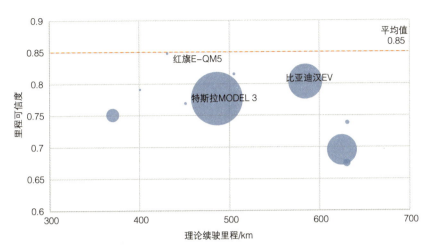

图 9-23　2021 年华南地区 B 级及以上轿车里程可信度

SUV 级市场，吉利几何 C、奥迪 Q2L E-Tron、哪吒 N01、比亚迪宋 PLUS EV 等车型里程可信度较高（图 9-24）。

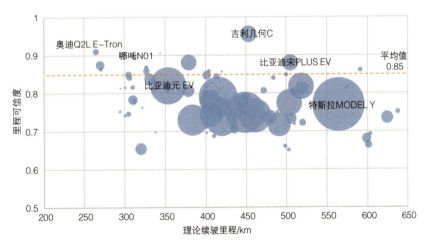

图 9-24　2021 年华南地区 SUV 里程可信度

（5）华中地区

华中地区总体里程可信度为 0.83，东风风行、奇瑞汽车、上汽通用五菱等企业的里程可信度较高

华中地区共分析 49 家企业，里程可信度在 0.66 ~ 0.96 之间。其中，东风风行、奇瑞汽车、上汽通用五菱等企业的里程可信度较高（图 9-25）。

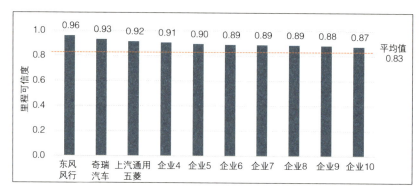

图 9-25　华中地区重点乘用车企业里程可信度

华中地区分月份的里程可信度呈现比较典型的"M"型，冬季对里程可信度影响很大，6—8月也有一定的下降（图9-26）。A00+A0级别最大与最小里程可信度的差值差异较大（表9-5）。

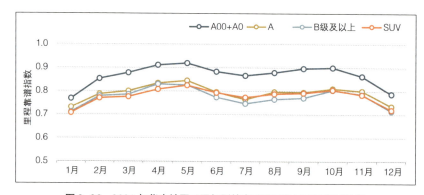

图 9-26　2021年华中地区不同级别纯电动乘用车月度里程可信度

表 9-5　华中地区不同级别车型月度里程可信度差值

级别	A00+A0	A	B级及以上	SUV
月度最大可信度 − 月度最小可信度	0.15	0.11	0.12	0.11

A00+A0级轿车市场，五菱宏光MINI EV、奇瑞小蚂蚁、欧拉黑猫等车型里程可信度较高（图9-27）。

A级轿车市场，大众朗逸EV、比亚迪秦EV、思皓E50A等车型的里程可信度较高（图9-28）。

B级及以上级别轿车市场，特斯拉MODEL 3、比亚迪汉EV、腾势EV等车型的里程可信度较高，表现较好（图9-29）。

SUV级市场，东风风行T1 EV、东风启辰E30、吉利几何C、哪吒N01等车型的里程可信度较高用（图9-30）。

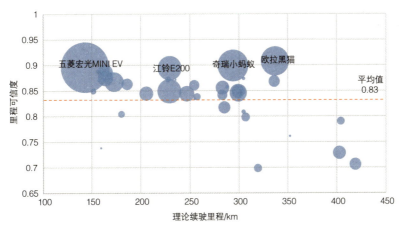

图 9-27   2021 年华中地区 A00+A0 级轿车里程可信度

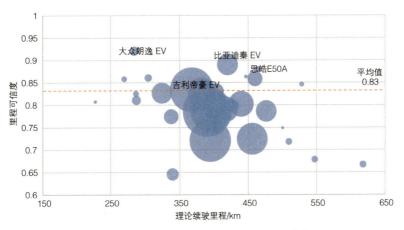

图 9-28   2021 年华中地区 A 级轿车里程可信度

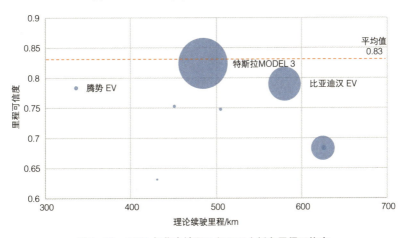

图 9-29   2021 年华中地区 B 级及以上轿车里程可信度

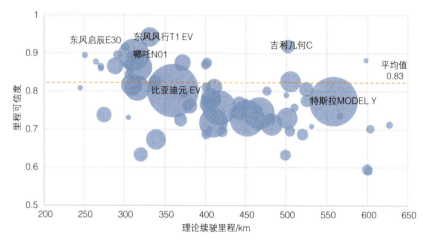

图 9-30　2021 年华中地区 SUV 里程可信度

（6）西北地区

西北地区总体里程可信度为 0.79，比亚迪、奇瑞汽车、上汽通用五菱等企业的里程可信度较高

西北地区共分析 25 家企业，里程可信度在 0.71～0.92 之间。其中，比亚迪、奇瑞汽车、上汽通用五菱等企业的里程可信度较高（图 9-31）。

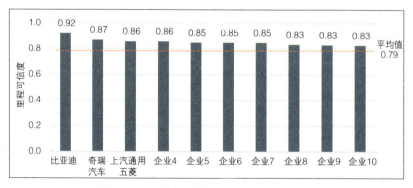

图 9-31　西北地区重点乘用车企业里程可信度

西北地区分月份的里程可信度呈现比较典型的"M"型，冬季对里程可信度影响很大，7 月也有一定的下降（图 9-32）。A00+A0 级别最大与最小里程可信度的差值差异较大（表 9-6）。

A00+A0 级轿车市场，奇瑞小蚂蚁、五菱宏光 MINI EV、欧拉黑猫、江铃 E100 等车型里程可信度表现较好（图 9-33）。

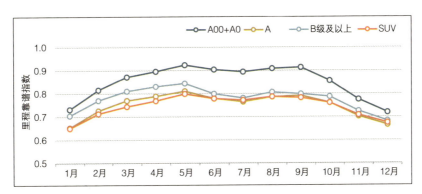

图 9-32　2021 年西北地区不同级别纯电动乘用车月度里程可信度

表 9-6　西北地区不同级别车型月度里程可信度差值

级别	A00+A0	A	B 级及以上	SUV
月度最大可信度 - 月度最小可信度	0.2	0.16	0.16	0.15

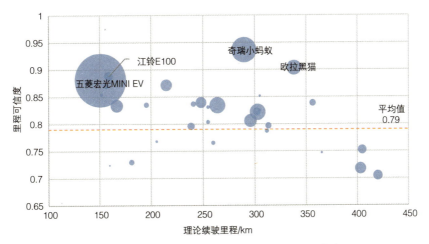

图 9-33　2021 年西北地区 A00+A0 级轿车里程可信度

A 级轿车市场，大众朗逸 EV、比亚迪秦 EV、大众宝来 EV、吉利几何 A PRO 等车型里程可信度较高，表现较好（图 9-34）。

B 级及以上级别轿车市场，特斯拉 MODEL 3、比亚迪汉 EV 等车型表现较好（图 9-35）。

SUV 级市场，比亚迪元 EV、哪吒 N01、吉利帝豪 GS EV 等车型里程可信度较高，表现较好（图 9-36）。

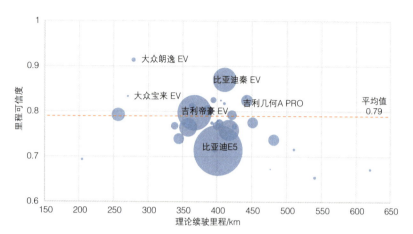

图 9-34　2021 年西北地区 A 级轿车里程可信度

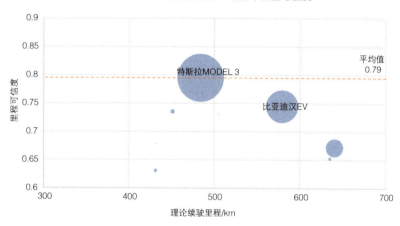

图 9-35　2021 年西北地区 B 级及以上级轿车里程可信度

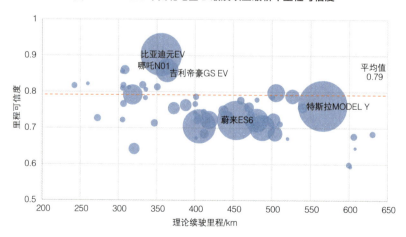

图 9-36　2021 年西北地区 SUV 里程可信度

（7）西南地区

西南地区总体里程可信度为 0.83，上汽通用五菱、奇瑞汽车、东风风行等企业的里程可信度较高

西南地区共分析 44 家企业，里程可信度在 0.7 ～ 0.94 之间。其中，上汽通用五菱、奇瑞汽车、东风风行等企业的里程可信度较高（图 9-37）。

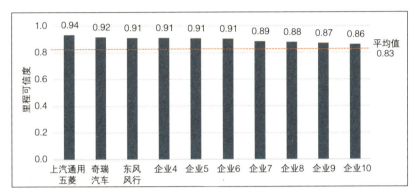

图 9-37　西南地区重点乘用车企业里程可信度

西南地区分月份的里程可信度较为平稳，冬季对里程可信度有一定的影响，7 月也略有下降（图 9-38）。各级别最大与最小里程可信度的差值差异不大（表 9-7）。

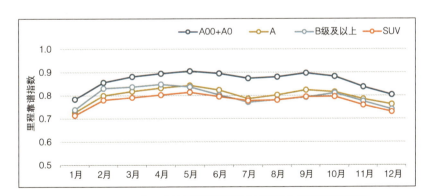

图 9-38　2021 年西南地区不同级别纯电动乘用车月度里程可信度

表 9-7　西南地区不同级别车型月度里程可信度差值

级别	A00+A0	A	B级及以上	SUV
月度最大可信度 - 月度最小可信度	0.13	0.11	0.11	0.1

A00+A0 级市场，五菱宏光 MINI EV、奇瑞小蚂蚁、欧拉黑猫等车型里程可信度较高，车型表现较好（图 9-39）。

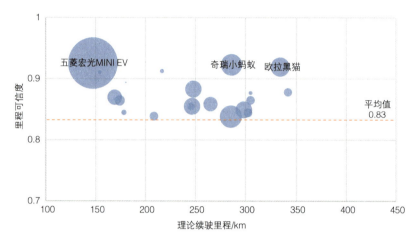

图 9-39　2021 年西南地区 A00+A0 级轿车里程可信度

A 级轿车市场，大众朗逸 EV、吉利几何 A、现代菲斯塔 EV、奔腾 B30 EV 等车型的里程可信度较高（图 9-40）。

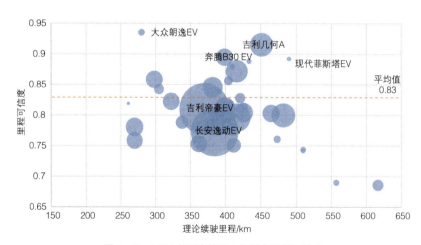

图 9-40　2021 年西南地区 A 级轿车里程可信度

B 级及以上级别轿车市场，特斯拉 MODEL 3、比亚迪汉 EV 等里程可信度表现较好（图 9-41）。

SUV 市场，哪吒 N01、奥迪 Q2L E-Tron、东风风行 E1、吉利帝豪 GS EV、比亚迪元 EV 等车型表现较好（图 9-42）。

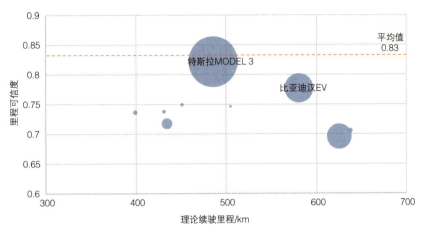

图 9-41　2021 年西南地区 B 级及以上级别轿车里程可信度

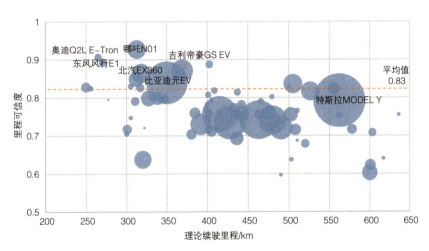

图 9-42　2021 年西南地区 SUV 里程可信度

2. 不同级别纯电动乘用车里程可信度评价

上汽通用五菱、奇瑞汽车、比亚迪等企业里程可信度较高

在计算重点车企里程可信度时，本节共分析 51 家乘用车企业，里程可信度在 0.75～0.94 之间。其中，上汽通用五菱、奇瑞汽车、比亚迪等企业里程可信度指数均在 0.92 以上，里程可信度比较高（图 9-43）。

小型纯电动乘用车里程可信度保持在较高水平

2021 年，A00+A0 级轿车里程可信度最高，为 0.88；B 级及以上轿车车型、SUV 车型里程可信度较低，分别为 0.79 和 0.78（图 9-44）。

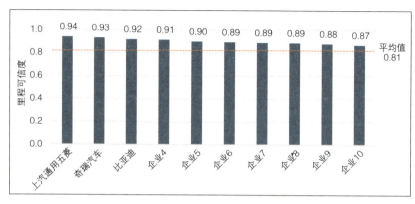

图9-43　重点乘用车企业里程可信度排行

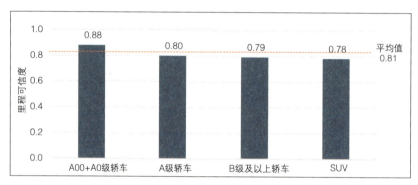

图9-44　2021年不同级别纯电动乘用车里程可信度排行

A00+A0 级轿车奇瑞小蚂蚁、北汽 EC180、宝骏 E300 等车型里程可信度较高

A00+A0 级轿车整体里程可信度保持在较高水平，共分析 23 款纯电动乘用车型，里程可信度在 0.74 ~ 0.94 之间。从不同车型里程可信度分布来看，奇瑞小蚂蚁里程可信度最高，为 0.94；其次为北汽 EC180、宝骏 E300，里程可信度分别为 0.92 和 0.91（图 9-45）。

A 级轿车大众朗逸 EV、比亚迪秦 EV、吉利几何 A 等车型里程可信度较高

A 级轿车领域，共分析 35 款纯电动乘用车型，车型里程可信度在 0.72 ~ 0.92 之间。其中，大众朗逸 EV 里程可信度最高，为 0.92。比亚迪秦 EV、吉利几何 A 排在第二、三位，里程可信度分别为 0.91 和 0.89（图 9-46）。

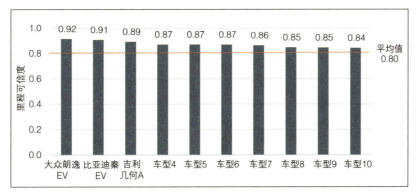

图 9-45　2021 年 A00+A0 级重点车型里程可信度排行

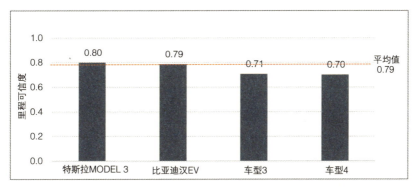

图 9-46　2021 年 A 级轿车重点车型里程可信度排行

B 级及以上级别轿车的里程可信度相对较低

B 级及以上轿车领域，共分析 4 款车型，里程可信度在 0.7 ~ 0.8 之间。其中，特斯拉 MODEL 3、比亚迪汉 EV 表现较好，其他车型里程可信度有一定差距（图 9-47）。

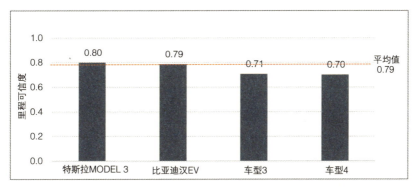

图 9-47　2021 年 B 级及以上轿车重点车型里程可信度排行

SUV 车型吉利几何 C、奥迪 Q2L E-Tron、吉利帝豪 GS EV 等车型里程可信度较高

SUV 领域共分析 51 款车型，里程可信度在 0.68 ~ 0.91 之间。其中，吉利几何 C、奥迪 Q2L E-Tron、吉利帝豪 GS EV 排在前位（图 9-48）。

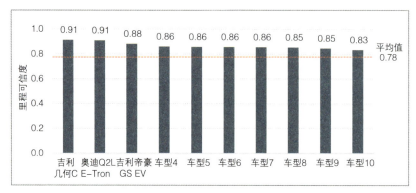

图 9-48　2021 年 SUV 重点车型里程可信度排行

9.2.2　纯电动公交客车里程可信度评价

从 2021 年全国不同地区分级别纯电动公交客车里程可信度综合评价结果来看（图 9-49），2021 年华南地区里程可信度均值最高，为 0.80，其次是西南地区和华中地区、华北地区、华东地区，里程可信度均在 0.75 以上，分别为 0.79、0.78、0.77、0.76，东北地区和西北地区纯电动公交客车里程可信度较低。

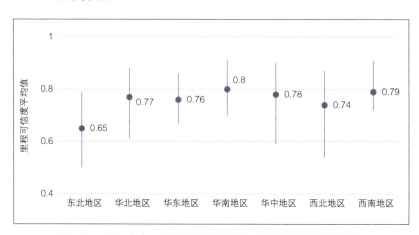

图 9-49　2021 年全国各地区纯电动公交客车里程可信度平均值对比

2021 年纯电动公交客车领域全国范围共分析 34 家企业，纯电动公交客车里程可信度均值在 0.65 ~ 0.87 之间。比亚迪、中车电动、苏州金龙等客车企业的里程可信度较高。其中，比亚迪的平均里程可信度最高，为 0.87（图 9-50）。

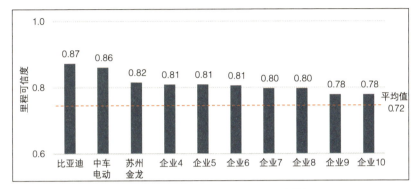

图 9-50　重点公交客车企业里程可信度排行

东北地区苏州金龙、中车电动、重庆恒通等企业里程可信度较高

东北地区共分析了 11 家纯电动公交客车企业，里程可信度为 0.50 ~ 0.79 之间。其中，苏州金龙、中车电动、重庆恒通等企业里程可信度较高（图 9-51）。

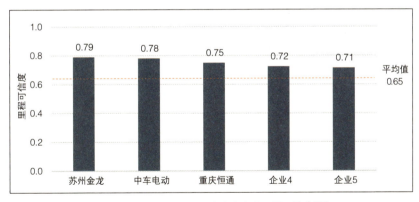

图 9-51　东北地区重点公交客车企业里程可信度排行

华北地区北汽福田、中车时代、扬州亚星等企业里程可信度较高

华北地区共分析了 13 家纯电动公交客车企业，里程可信度为 0.61 ~ 0.88 之间。其中，北汽福田、中车时代、扬州亚星等企业里程可信度较高，车辆里程可信度在 0.85 以上（图 9-52）。

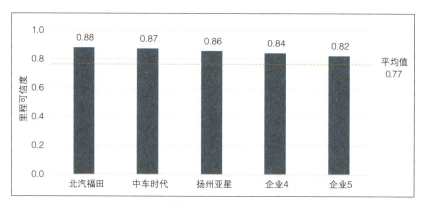

图9-52　华北地区重点公交客车企业里程可信度排行

华东地区比亚迪、中车时代、金华青年等企业里程可信度较高

华东地区共分析了16家纯电动公交客车企业，里程可信度为0.67～0.89之间。其中，比亚迪、中车时代、金华青年等企业里程可信度较高（图9-53）。

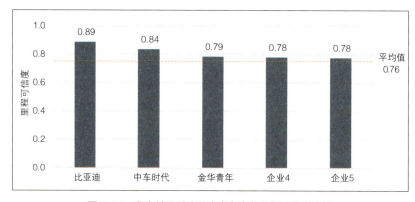

图9-53　华东地区重点公交客车企业里程可信度排行

华南地区比亚迪汽车、吉利四川商用车、苏州金龙等企业里程可信度较高

华南地区共分析20家纯电动公交客车企业，里程可信度在0.70～0.91之间。比亚迪汽车、吉利四川商用车、苏州金龙等企业里程可信度较高。其中，2021年比亚迪汽车里程可信度排在第一位，为0.91（图9-54）。

华中地区中车电动、苏州金龙、襄阳九州汽车等企业里程可信度较高

华中地区共分析18家企业，里程可信度在0.59～0.90之间。其中，中车电动、苏州金龙、襄阳九州汽车等企业的里程可信度较高（图9-55）。

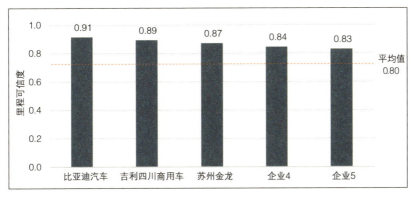

图 9-54　华南地区重点公交客车企业里程可信度排行

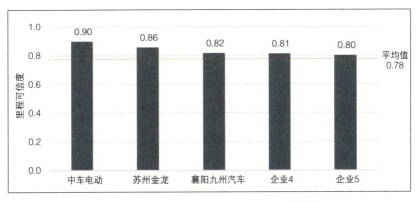

图 9-55　华中地区重点公交客车企业里程可信度排行

西北地区宇通客车、中通客车、中车电动等企业里程可信度较高

西北地区共分析 18 家企业，里程可信度在 0.54 ~ 0.87 之间。宇通客车、中通客车、中车电动等企业里程可信度较高。其中，排在第一位宇通客车里程可信度为 0.87（图 9-56）。

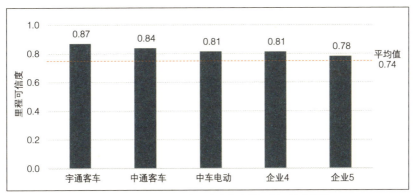

图 9-56　西北地区重点公交客车企业里程可信度排行

西南地区苏州金龙、比亚迪、武汉客车等企业里程可信度较高

西南地区共分析 18 家企业，里程可信度在 0.72 ~ 0.91 之间。苏州金龙、比亚迪、武汉客车等企业里程可信度较高。其中，排在第一位苏州金龙里程可信度为 0.91（图 9-57）。

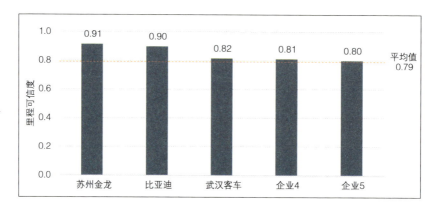

图 9-57　西南地区重点公交客车企业里程可信度排行

9.2.3　纯电动物流车里程可信度评价

2021 年全国不同地区分级别纯电动物流车里程可信度综合评价结果来看（图 9-58），华南地区、西南地区纯电动物流车里程可信度平均值较高，分别为 0.82 和 0.81，明显高于其他地区里程可信度。

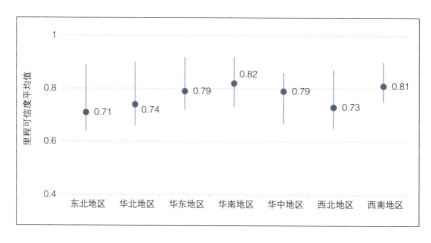

图 9-58　2021 年全国各地区纯电动物流车里程可信度平均值对比

本节共分析 103 家物流车企业，车辆里程可信度均值在 0.68～0.91 之间。厦门金旅、华晨鑫源、奇瑞商用车等企业里程可信度较高。其中，排在第一位的厦门金旅里程可信度均值为 0.91（图 9-59）。

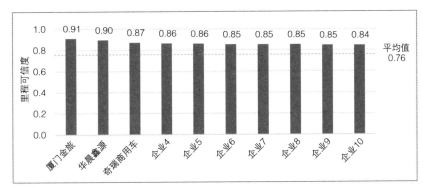

图 9-59 重点物流车企业里程可信度排行

东北地区厦门金旅、陕西通家、中通客车等企业里程可信度较高

东北地区共分析 74 家企业，里程可信度在 0.64～0.89 之间。厦门金旅、陕西通家、中通客车等企业里程可信度较高。其中，排在第一位的厦门金旅里程可信度为 0.89（图 9-60）。

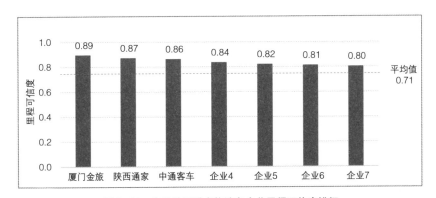

图 9-60 东北地区重点物流车企业里程可信度排行

华北地区东风汽车、河北长安、江西昌河等企业里程可信度较高

华北地区共分析 59 家企业，里程可信度在 0.66～0.90 之间。东风汽车、河北长安、江西昌河等企业里程可信度较高。其中，排在第一位的东风汽车里程可信度为 0.90（图 9-61）。

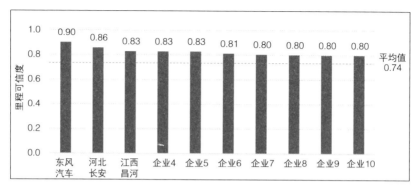

图 9-61　华北地区重点物流车企业里程可信度排行

华东地区南京金龙、厦门金旅、福建新龙马等企业里程可信度较高

华东地区共分析 64 家企业，里程可信度在 0.72 ~ 0.92 之间。南京金龙、厦门金旅、福建新龙马等企业里程可信度较高。其中，排在第一位的南京金龙里程可信度为 0.92（图 9-62）。

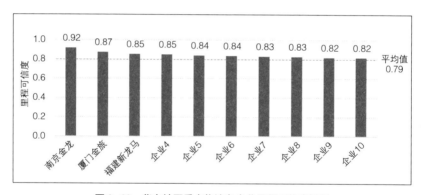

图 9-62　华东地区重点物流车企业里程可信度排行

华南地区奇瑞商用车、华晨鑫源、东风汽车等企业里程可信度较高

华南地区共分析 68 家企业，企业里程可信度在 0.73 ~ 0.92 之间。奇瑞商用车、华晨鑫源、东风汽车等企业里程可信度较高。其中，排在第一位的奇瑞商用车里程可信度为 0.92（图 9-63）。

华中地区东风汽车、南京金龙、河北长安等企业里程可信度较高

华中地区共分析 59 家企业，企业里程可信度在 0.67 ~ 0.86 之间。东风汽车、南京金龙、河北长安等企业里程可信度较高。其中，排在第一位的东风汽车里程可信度为 0.86（图 9-64）。

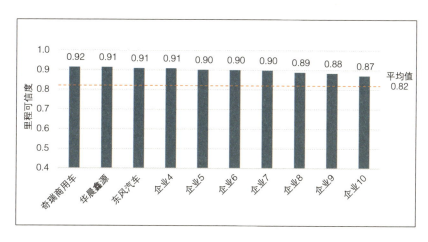

图 9-63　华南地区重点物流车企业里程可信度排行

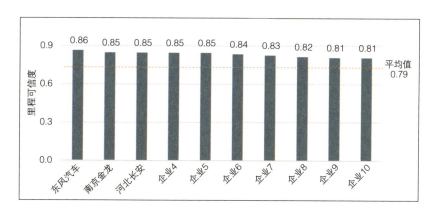

图 9-64　华中地区重点物流车企业里程可信度排行

西北地区华晨鑫源、南京金龙、奇瑞商用车等企业里程可信度较高

西北地区共分析企业 59 家，企业里程可信度在 0.65 ~ 0.87 之间。华晨鑫源、南京金龙、奇瑞商用车等企业里程可信度较高。其中，排在第一位的华晨鑫源里程可信度为 0.87（图 9-65）。

西南地区奇瑞商用车、广西汽车、华晨鑫源汽车等企业里程可信度较高

西南地区共分析 43 家企业，企业里程可信度在 0.75 ~ 0.90 之间。奇瑞商用车、广西汽车、华晨鑫源汽车等企业里程可信度较高。其中，排在第一位的奇瑞商用车里程可信度为 0.90（图 9-66）。

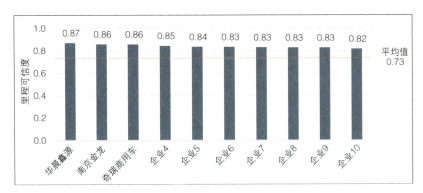

图 9-65　西北地区重点物流车企业里程可信度排行

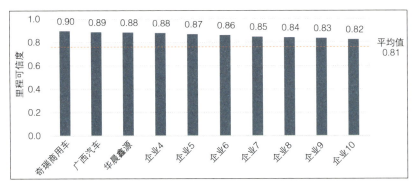

图 9-66　西南地区重点物流车企业里程可信度排行

9.3　能耗水平评价

能耗水平是指纯电动汽车在实际运行环境中，平均每运行 100km 所消耗的电量，单位是 kW·h/100km，计算公式如下：

$$\beta_{\text{bev}} = \frac{Q}{L} \times 100$$

式中，β_{bev} 是电动车辆在实际运行环境中的百公里耗电量（kW·h/100km），Q 是车辆消耗的电量（kW·h），L 是行驶的里程（km）。

本节根据国家监管平台新能源车辆的实际运行情况，总结纯电动乘用车、客车、物流车在实际行驶过程中的能耗情况，并且分析不同类型车辆在不同道路段的百公里耗电量特征，对于推进我国新能源汽车技术进步具有重要的借鉴意义。

9.3.1 纯电动乘用车能耗评价

1. 全国各地区纯电动乘用车能耗评价

2021 年乘用车能耗均值 14.6kW·h/100km，比上一年下降 7.6%（表 9-8）

上汽通用五菱、东风柳州、奇瑞汽车等生产小型乘用车为主的企业能耗水平最低。其中 2021 年上汽通用五菱乘用车能耗均值为 9.4kW·h/100km，明显低于其他企业（图 9-67）。

表 9-8 乘用车历年能耗均值情况

年份	2019 年	2020 年	2021 年
乘用车能耗均值（kW·h/100km）	16	15.8	14.6

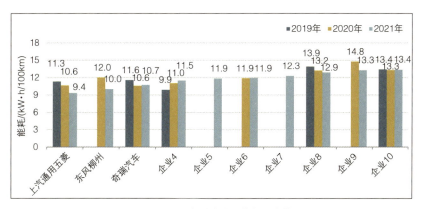

图 9-67 乘用车重点企业能耗均值情况

从 2021 年不同地区纯电动乘用车能耗均值对比情况来看（图 9-68），

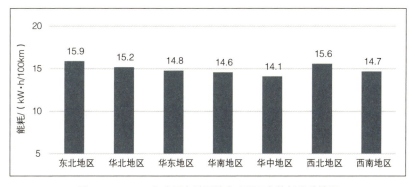

图 9-68 2021 年全国各地区纯电动乘用车能耗均值情况

东北地区、西北地区和华北地区纯电动乘用车能耗水平较高，车辆能耗水平均超过 15kW·h/100km，华中地区纯电动乘用车能耗水平低于其他地区，为 14.1kW·h/100km。

（1）东北地区

近三年来，东北地区各级别纯电动乘用车能耗水平呈现下降趋势

2021 年东北地区乘用车能耗均值 15.9kW·h/100km，比上一年下降 14.1%（表 9-9）。从东北地区分级别乘用车能耗水平来看，2019—2021 年各级别乘用车能耗水平总体呈现下降趋势（图 9-69）。2021 年 A00+A0 级轿车能耗均值 11kW·h/100km，比 2020 年下降 23.1%，比 2019 年下降 29.5%；2021 年 A 级轿车能耗均值 16.4kW·h/100km，与 2020 年持平，比 2019 年下降 4.7%；2021 年 B 级及以上纯电动轿车能耗均值 16kW·h/100km，相比 2020 年下降 5.9%；2021 年纯电动 SUV 能耗均值为 20.1kW·h/100km，比 2020 年下降 2.4%。

表 9-9　东北地区乘用车历年能耗均值情况

年份	2019 年	2020 年	2021 年
乘用车能耗均值（kW·h/100km）	19.5	18.5	15.9

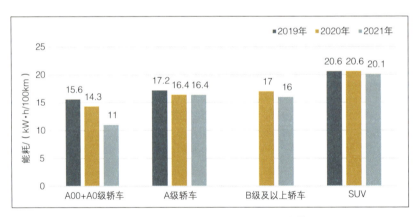

图 9-69　东北地区分级别乘用车能耗均值情况

（2）华北地区

华北地区纯电动乘用车能耗水平不断下降，A00+A0 级别轿车、B 级及以上轿车能耗水平下降明显

2021 年华北地区乘用车能耗均值 15.2kW·h/100km，比上一年下降 6.7%（表 9-10）。从华北地区分级别乘用车能耗均值来看（图 9-70），2019—2021 年，A00+A0 级别轿车、B 级及以上轿车能耗均值呈现显著下降趋势。2021 年华北地区 A00+A0 级别轿车能耗均值 10.8kW·h/100km，比上一年下降 9.2%；2021 年华北地区 B 级及以上纯电动轿车能耗均值 15.6kW·h/100km，相比上年下降 4.9%。2021 年 A 级轿车和 SUV 车型能耗均值有所上升。其中，2021 年华北地区 A 级轿车能耗均值 16kW·h/100km，比上一年上升 1.9%；2021 年华北地区纯电动 SUV 能耗均值 18.6kW·h/100km，比上一年上升 2.8%。

表 9-10　华北地区乘用车能耗均值情况

年份	2019 年	2020 年	2021 年
乘用车能耗均值（kW·h/100km）	16.6	16.3	15.2

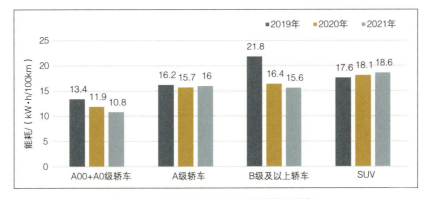

图 9-70　华北地区分级别乘用车能耗均值情况

（3）华东地区

近三年来，华东地区乘用车能耗水平呈现下降趋势，A00+A0 级别轿车、B 级及以上轿车能耗水平呈现明显下降趋势

2021 年，华东地区纯电动乘用车能耗均值 14.8kW·h/100km，比上一年下降 6.9%（表 9-11）。从分级别乘用车能耗均值来看（图 9-71），A00+A0 级别轿车、B 级及以上轿车能耗水平下降趋势明显。其中，2021 年华东地区 A00+A0 级别轿车能耗均值 10.5kW·h/100km，比上一年下降 8.7%；B 级及以上纯电动轿车能耗均值 15.6kW·h/100km，相比上年下降 1.3%。其他级别乘用车领域，2021 年 A 级轿车能耗均值 16.2kW·h/100km，比上一年上升 2.5%；纯电动 SUV 能耗均值 19kW·h/100km，比 2020 年上升 0.5%。

表 9-11　华东地区乘用车能耗均值情况

年份	2019 年	2020 年	2021 年
乘用车能耗均值（kW·h/100km）	16.0	15.9	14.8

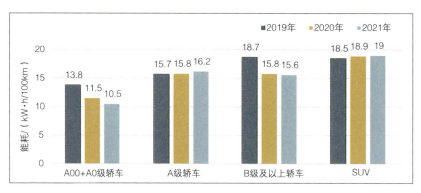

图 9-71　华东地区分级别乘用车能耗均值情况

（4）华南地区

2021 年华南地区乘用车能耗水平有所下降，A00+A0 级别轿车能耗下降趋势显著

2021 年华南地区乘用车能耗均值 14.6kW·h/100km，比上一年下降 5.8%（表 9-12）。近三年来，华南地区 A00+A0 级别轿车能耗均值呈现明显下降趋势（图 9-72）。2021 年 A00+A0 级轿车能耗均值为 10.2kW·h/100km，比 2020 年下降 1%，比 2019 年下降 13.6%；2021 年 A 级轿车能耗均值为 15.7kW·h/100km，比 2020 年上升 3.3%，比 2019 年上升 5.4%；从历年平均耗电量分布来看，2021 年 B 级及以上纯电动轿车平均耗电量 15.9kW·h/100km，相比 2020 年上升 3.2%，相比 2019 年下降 2.5%；2021 年纯电动 SUV 平均耗电量为 18.2kW·h/100km，比 2020 年下降 0.5%，比 2019 年上升 2.2%。

表 9-12　华南地区乘用车能耗均值情况

年份	2019 年	2020 年	2021 年
乘用车能耗均值（kW·h/100km）	15.4	15.5	14.6

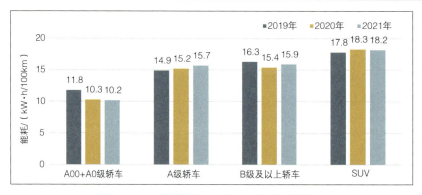

图 9-72　华南地区分级别乘用车能耗均值情况

（5）华中地区

华中地区纯电动乘用车能耗下降趋势明显，A00+A0 级别轿车、B 级及以上轿车能耗下降趋势显著

2021 年华中地区乘用车能耗均值 14.1kW·h/100km，比上一年略有下降（表 9-13）。从分级别乘用车能耗均值来看（图 9-73），2019—2021 年，A00+A0 级别轿车、B 级及以上轿车能耗均值呈现显著下降趋势。2021 年 A00+A0 级轿车能耗均值为 10kW·h/100km，比 2020 年下降 11.5%，比 2019 年下降 24.8%；2021 年 B 级及以上纯电动轿车平均耗电量 15.6kW·h/100km，相比 2020 年下降 2.5%，相比 2019 年下降 27.1%。纯电动 A 级轿车和 SUV 领域，车辆百公里能耗有所提升。2021 年 A 级轿车能耗均值为 16.2kW·h/100km，比 2020 年上升 3.2%，比 2019 年上升 3.2%；2021 年纯电动 SUV 平均耗电量为 18kW·h/100km，与 2020 年持平，比 2019 年上升 4%。

表 9-13　华中地区乘用车能耗均值情况

年份	2019 年	2020 年	2021 年
乘用车能耗均值（kW·h/100km）	15.1	14.8	14.1

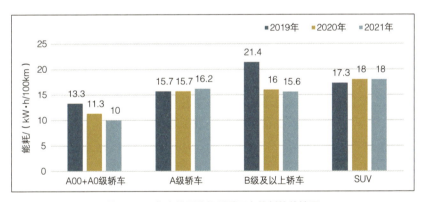

图 9-73　华中地区分级别乘用车能耗均值情况

（6）西北地区

近三年来，西北地区 A00+A0 级别轿车、B 级及以上轿车能耗均值呈现明显下降趋势

2021 年西北地区乘用车能耗均值 15.6kW·h/100km，比上一年下降 6.6%（表 9-14）。从分级别乘用车能耗均值来看（图 9-74），2019—2021 年，A00+A0 级别轿车、B 级及以上轿车能耗均值呈现显著下降趋势。2021 年 A00+A0 级轿车能耗均值为 10kW·h/100km，比 2020 年下降 9.9%，比 2019 年下降 29.1%；2021 年 B 级及以上纯电动轿车平均耗电量 15.6kW·h/100km，相比 2020 年下降 4.9%，相比 2019 年下降 22.4%。2021 年 SUV 平均耗电量与 2020 年基本持平，车辆平均耗电量为 19.2kW·h/100km；2021 年 A 级轿车能耗均值略有上升，为 17.2kW·h/100km，比 2020 年上升 4.2%。

表 9-14　西北地区乘用车能耗均值情况

年份	2019 年	2020 年	2021 年
乘用车能耗均值（kW·h/100km）	16.7	16.7	15.6

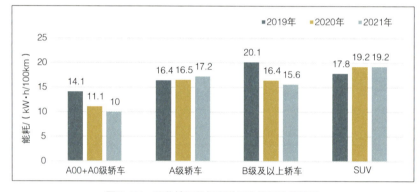

图 9-74　西北地区分级别乘用车能耗均值情况

（7）西南地区

2021 年西南地区乘用车能耗水平相较于上年明显下降，A00+A0 级轿车、A 级轿车、B 级及以上轿车能耗呈现显著下降趋势

2021 年西南地区乘用车能耗均值 14.7kW·h/100km，比上一年下降 9.3%（表 9-15）。从分级别乘用车能耗均值来看（图 9-75），2021 年 A00+A0 级别轿车、A 级轿车、B 级及以上轿车能耗均值呈现显著下降趋势。2021 年 A00+A0 级轿车能耗均值为 10kW·h/100km，比 2020 年下降 9.1%，比 2019 年下降 24.2%；2021 年 A 级轿车能耗均值为 16kW·h/100km，比 2020 年下降 1.2%；B 级及以上纯电动轿车平均耗电量 15.1kW·h/100km，相比 2020 年下降 1.3%，相比 2019 年下降 21.4%。2021 年纯电动 SUV 平均耗电量略有上升，为 18.2kW·h/100km，比 2020 年上升 0.6%。

表 9-15　西南地区乘用车能耗均值情况

年份	2019 年	2020 年	2021 年
乘用车能耗均值（kW·h/100km）	15.9	16.2	14.7

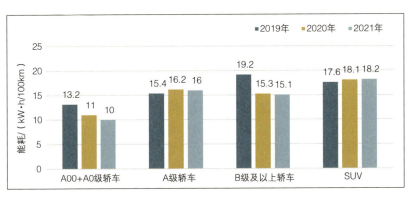

图 9-75 西南地区分级别乘用车能耗均值情况

2. 不同级别纯电动乘用车能耗评价

（1）分级别车型

2021 年 A00+A0 级别轿车能耗为 10.4kW·h/100km，比上一年下降 16.1%

2021 年 A00+A0 级轿车能耗均值为 10.4kW·h/100km，比 2020 年下降 16.1%，比 2019 年下降 18.8%（表 9-16）；从重点车型来看，2021 年 A00+A0 级轿车五菱宏光 MINI EV、奇瑞小蚂蚁、欧拉黑猫能耗水平较低，分别为 9.0kW·h/100km、10.3kW·h/100km 和 10.6kW·h/100km（图 9-76）。

表 9-16 A00+A0 级轿车历年能耗均值情况

年份	2019 年	2020 年	2021 年
A00+A0 级轿车能耗均值（kW·h/100km）	12.8	12.4	10.4

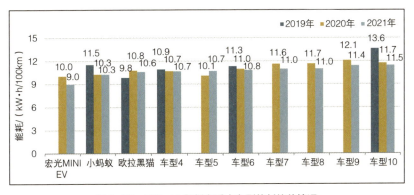

图 9-76 A00+A0 级轿车重点车型能耗均值情况

2021 年 A 级轿车能耗均值为 16.1kW·h/100km，比上一年上升 14.2%

2021 年 A 级轿车能耗均值为 16.1kW·h/100km，比 2020 年上升 14.2%，比 2019 年上升 11.8%（表 9-17）；从重点车型来看，2021 年 A 级轿车现代菲斯塔 EV、比亚迪 e2、比亚迪 e3 能耗水平较低，分别为 13.3kW·h/100km、13.6kW·h/100km 和 13.9kW·h/100km（图 9-77）。

表 9-17　A 级轿车历年能耗均值情况

年份	2019 年	2020 年	2021 年
A 级轿车能耗均值（kW·h/100km）	14.4	14.1	16.1

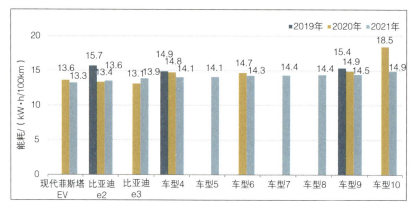

图 9-77　A 级轿车重点车型能耗均值情况

2021 年 B 级及以上纯电动轿车能耗 15.6kW·h/100km，相比上年下降 7.7%

从车辆历年能耗分布来看，2021 年 B 级及以上纯电动轿车能耗均值为 15.6kW·h/100km，相比 2020 年下降 7.7%，相比 2019 年下降 20.4%（表 9-18）；从重点车型来看，2021 年特斯拉 MODEL 3、威马 E5、比亚迪汉 EV 能耗均值较低，分别为 15.0kW·h/100km、15.9kW·h/100km 和 17.1kW·h/100km（图 9-78）。

表 9-18　B 级及以上纯电动轿车历年能耗均值情况

年份	2019 年	2020 年	2021 年
B 级及以上轿车能耗均值（kW·h/100km）	19.6	16.9	15.6

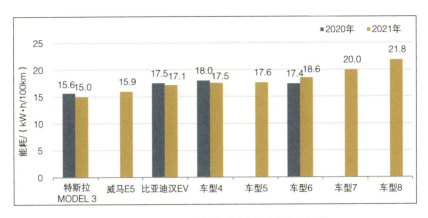

图 9-78   B 级及以上轿车重点车型能耗均值情况

2021 年纯电动 SUV 能耗均值 18.7kW·h/100km，比上一年上升 3.3%

2021 年 纯 电 动 SUV 能 耗 均 值 为 18.7kW·h/100km，比 2020 年上升 3.3%，比 2019 年上升 1.1%（表 9-19）；从 SUV 重点车型来看（图 9-79），2021 年东风风行 T1 EV、哪吒 N01、启辰 E30 能耗水平较低，分别为 9.8kW·h/100km、11.0kW·h/100km、11.2kW·h/100km。

表 9-19   SUV 历年能耗均值情况

年份	2019 年	2020 年	2021 年
SUV 能耗均值（kW·h/100km）	18.5	18.1	18.7

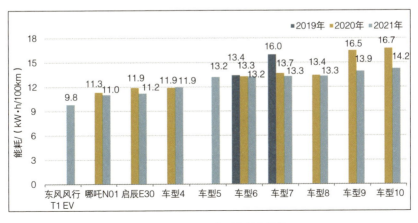

图 9-79   SUV 重点车型能耗均值情况

（2）分营运领域

纯电动乘用车领域，营运车辆能耗水平普遍高于非营运车辆

2021 年纯电动乘用车营运车辆在不同车速下的能耗水平普遍高于非营运纯电动乘用车，尤其是在较低车速段和较高车速段，相同车速下营运车辆与非营运车辆的能耗水平差异较大（图 9-80）。从各领域车辆不同车速段下的能耗分布来看，车辆耗电量曲线呈现明显的 U 曲线，其中，车速经济车速段在 50 ~ 70km/h 区间内，该车速段内的车辆能耗水平处于较低水平。

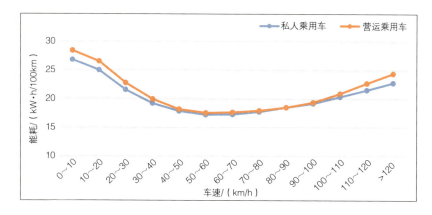

图 9-80　2021 年乘用车分运营场景车辆能耗分布情况

9.3.2　纯电动客车能耗评价

2021 年客车能耗均值 58.9kW·h/100km，相较于上年下降 2.5%

2021 年客车能耗均值为 58.9kW·h/100km，比 2020 年下降 2.5%（表 9-20）；分场景客车类型来看，2021 年公路客车能耗水平低于其他类型客车（图 9-81）。从各车型历年能耗变化情况来看（图 9-82），2021 年公路客车和公交客车能耗水平相较于上年呈现下降趋势。2021 年公路客车能耗均值 54.7kW·h/100km，相较于 2020 年下降 4.8%；公交客车能耗均值 67.7kW·h/100km，相较于 2020 年下降 8%。

表 9-20　客车历年能耗均值情况

年份	2019 年	2020 年	2021 年
客车能耗均值（kW·h/100km）	59.0	60.4	58.9

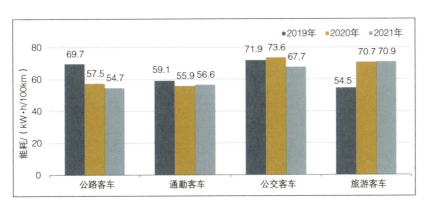

图 9-81　纯电动客车分场景能耗均值情况

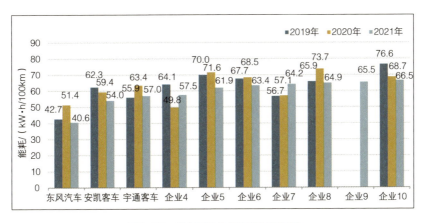

图 9-82　重点客车企业能耗均值情况

不同长度纯电动客车能耗差异较大，2021 年各长度客车能耗相较于 2020 年有所下降

从不同长度纯电动客车类型来看（图 9-83），长度越长，车辆能耗水平越高。8m 以上纯电动客车能耗水平总体保持在 50kW·h/100km 以上，12m 以上纯电动客车能耗约 100kW·h/100km 左右。从不同年份来看，2021 年各长度分段的纯电动客车能耗水平相较于 2020 年均有所下降。2021 年小于 6m、6～8m 纯电动客车能耗分别为 38.6kW·h/100km、44.6kW·h/100km，相较于上年略有下降；8～10m 纯电动客车能耗均值 55.9kW·h/100km，相较于上年下降 9.5%；10～12m 纯电动客车能耗均值 80.3kW·h/100km，相较于上年下降 7.3%；12m 以上纯电动客车能耗均值 98.3kW·h/100km，相较于上年下降 5.9%。

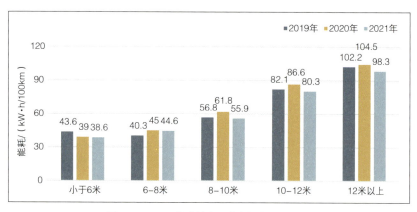

图9-83　不同长度纯电动客车能耗均值情况

分地区来看，西南地区纯电动公交客车能耗水平普遍低于其他地区

从不同地区纯电动公交客车能耗水平来看（图9-84），东北地区各年份能耗水平普遍高于其他地区，2021年东北地区纯电动公交客车能耗均值77.6kW·h/100km，相较于上年下降9.2%。其他地区来看，2021年西南地区纯电动公交客车水平较低，为59.4kW·h/100km，相较于上年下降18.1%。

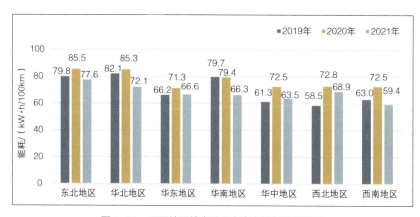

图9-84　不同地区纯电动公交客车能耗均值情况

纯电动客车领域，不同车速下客车能耗水平呈现明显的U型曲线，经济时速介于50～70km/h

2021年纯电动客车在不同车速下的能耗分布呈现明显的U型曲线（图9-85）。其中，车辆在30km/h以下的低车速段和100km/h以上的高车速段，车辆能耗保持较高水平；客车在50～70km/h的车速区间段，车辆能耗水平较低，该车速区间段为经济时速。

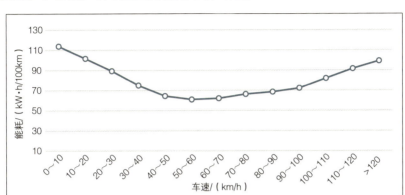

图 9-85　2021 年纯电动客车在不同车速段下的能耗分布情况

9.3.3　纯电动物流车能耗评价

2021 年纯电动物流车能耗均值 30.1kW·h/100km，相较于上年下降 10.9%

本节选取物流车年销量超过 1000 辆的 43 家企业，计算结果显示，2021 年纯电动公交客车能耗均值为 30.1kW·h/100km，比 2020 年下降 10.9%（表 9-21）；从公交客车重点企业分布来看（图 9-86），2021 年河北长安汽车、重庆瑞驰、奇瑞商用车等企业能耗较低。

表 9-21　物流车历年能耗均值情况

年份	2019 年	2020 年	2021 年
物流车能耗均值（kW·h/100km）	33.3	33.8	30.1

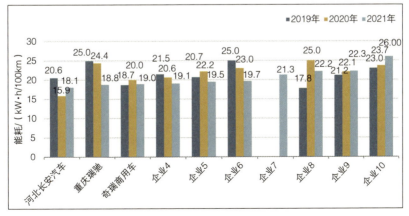

图 9-86　物流车重点企业能耗均值情况

车辆总质量越重，车辆能耗越高

从不同吨位的纯电动物流车历年能耗均值情况来看（图9-87），车辆总质量越大，车辆能耗越高。12t以上的纯电动物流车平均能耗明显高于其他段位车辆。从不同吨位车辆历年能耗变化情况来看，2021年各吨位段类型车辆能耗呈现下降趋势。2021年4.5t以下的电动物流车能耗均值25.4kW·h/100km，同比下降6.3%；4.5～12t电动物流车能耗均值46.8kW·h/100km，同比下降7.1%；12t以上的纯电动物流车能耗均值为181.6kW·h/100km，同比下降22.2%。

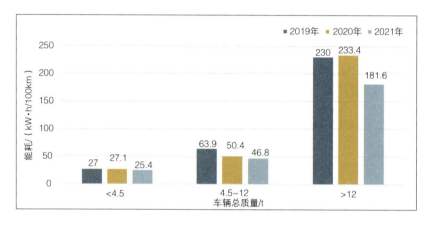

图9-87　不同吨位段纯电动物流车能耗均值情况

东北地区纯电动物流车能耗总体明显高于其他地区

从不同地区纯电动物流车能耗来看（图9-88），2021年东北地区纯电动物流车能耗均值31.5kW·h/100km，明显高于其他地区。华东地区、华南地区、西南地区能耗保持在较低水平，2021年车辆能耗均在25kW·h/100km以下。

从各地区能耗历年变化情况来看，2021年东北地区、华东地区、西北地区、西南地区车辆能耗同比均呈现下降趋势。2021年东北地区纯电动物流车能耗均值31.5kW·h/100km，同比下降16%；2021年华东地区纯电动物流车能耗均值24kW·h/100km，同比下降2.8%；2021年华南地区纯电动物流车能耗均值24.4kW·h/100km，相较于上年下降9%；2021年西北地区纯电动物流车能耗均值26.4kW·h/100km，相较于上年下降15.4%；2021年西南地区纯电动物流车能耗均值24.8kW·h/100km，相较于上年下降15.1%。

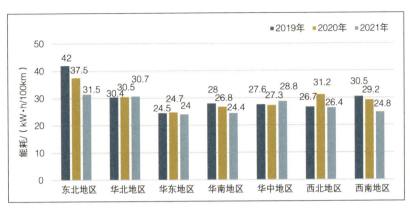

图 9-88　不同地区纯电动物流车能耗均值情况

纯电动物流车领域，经济时速区间较大，车辆在 50 ~ 80km/h 区间段能耗低于 30kW·h

2021 年纯电动物流车在低速段 20km/h 以下和高速段 110km/h 以上的车辆能耗较高，均在 40kW·h/100km 以上（图 9-89）。纯电动物流车车速在 20km/h 以上，车辆能耗逐渐下降，至 50 ~ 80km/h 区间段，纯电动物流车的百公里能耗低于 30kW·h，处于经济时速区间。

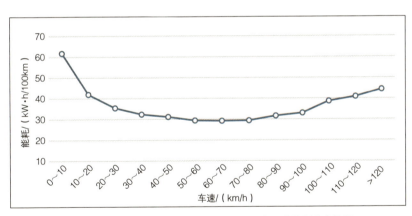

图 9-89　2021 年纯电动物流车在不同车速段下的能耗分布情况

9.4　能耗稳定性评价

新能源汽车能耗稳定性指标用 2021 年各月份车辆百公里耗电量的标准差来衡量，其计算公式为：

$$\sigma = \sqrt{\frac{1}{12}\sum_{i=1}^{12}(x_i - X)^2}$$

其中，x_i 和 X 分别是第 i 个月的车辆百公里耗电量和 12 个月车辆百公里耗电量的平均值，单位为 kW·h/100km；σ 表示 12 个月能耗的标准差，单位与能耗的相同（kW·h/100km）。一个车型的 σ 值越低，能耗稳定性越好；反之，则能耗稳定性越差。

本节关于车辆能耗稳定性评价的样本选取国家监管平台 2021 年 1 月 1 日—2021 年 12 月 31 日时间段的车辆作为有效计算样本，基于不同应用场景（纯电动乘用车、纯电动公交客车、纯电动物流车）、不同地区、不同级别乘用车车型分别进行车辆能耗稳定性评价。在车辆样本选择时，计算全国车型的能耗稳定性评价时，样本选择保有量超过 1000 辆的车型；计算各地区车型能耗稳定性评价时，样本选择保有量超过 100 辆的车型。

9.4.1 纯电动乘用车能耗稳定性评价

1. 全国纯电动乘用车能耗稳定性评价

典型企业中，广汽埃安、小鹏汽车、比亚迪等企业能耗稳定性较好

在计算重点车企能耗稳定性时，本节共分析 55 家乘用车企业，能耗稳定性在 0.45 ~ 2.23 之间。其中，表现较好的前十家企业能耗稳定性在 0.45 ~ 0.66 之间，广汽埃安、小鹏汽车、比亚迪等企业能耗稳定性较好（图 9-90）。

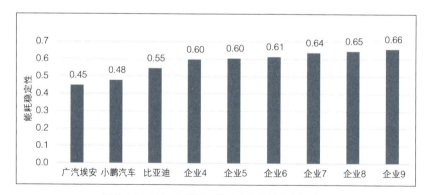

图 9-90　2021 年乘用车重点企业能耗稳定性排行

不同级别车型来看，B 级及以上纯电动乘用车能耗稳定性较好

对比不同级别纯电动乘用车能耗稳定性，2021 年 B 级及以上轿

车能耗稳定性最好，为0.78；SUV车型能耗稳定性相对较差，为1.06
（图9-91）。

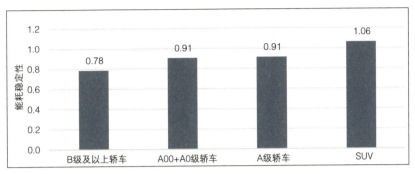

图9-91　2021年不同级别纯电动乘用车能耗稳定性排行

A00+A0级轿车比亚迪E1、宝骏E300、零跑S01等车型能耗稳定性较好

在A00+A0级轿车领域，共分析26款车型，能耗稳定性在0.43～
1.57之间。从不同车型能耗稳定性分布来看，比亚迪E1能耗稳定性最好，
为0.43；其次为宝骏E300、零跑S01，能耗稳定性分别为0.46和0.54，
表现较好（图9-92）。

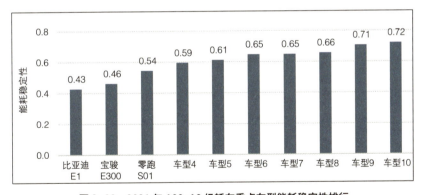

图9-92　2021年A00+A0级轿车重点车型能耗稳定性排行

A级轿车东风俊风E11K、AION S、比亚迪E5等车型能耗稳定性较好

A级轿车领域，共分析31款纯电动轿车车型，能耗稳定性在0.45～
1.45之间。其中，表现较好的前10款车型能耗稳定性在0.45～0.76之间。
其中，东风俊风E11K能耗稳定性最好，为0.45。AION S、比亚迪E5分
别排在第二、三位，能耗稳定性分别为0.47和0.52（图9-93）。

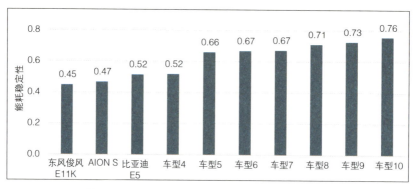

图 9-93　2021 年 A 级轿车重点车型能耗稳定性排行

B 级及以上轿车不同车型车辆能耗稳定性差异较大

B 级及以上轿车领域，共分析 4 款车型，能耗稳定性在 0.59 ~ 1.67 之间。其中，小鹏 P7 能耗稳定性较好，为 0.59；其次是 MODEL3，能耗稳定性为 0.71（图 9-94）。

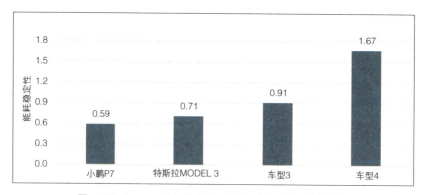

图 9-94　2021 年 B 级及以上轿车重点车型能耗稳定性排行

SUV 车型长安欧尚 X7 EV、比亚迪元、红旗 E-HS3 等车型能耗稳定性较好

SUV 领域，共分析 56 款车型，能耗稳定性在 0.56 ~ 2.23 之间。表现较好的 10 款车型能耗稳定性在 0.56 ~ 0.70 之间。其中，长安欧尚 X7 EV、比亚迪元、红旗 E-HS3 等车型排在前位，能耗稳定性较好（图 9-95）。

2. 全国各地区纯电动乘用车能耗稳定性评价

从各地区分布来看（图 9-96），华南地区能耗稳定性为 0.52，车辆能耗稳定性较好；东北地区和华北地区车辆能耗稳定性较差。

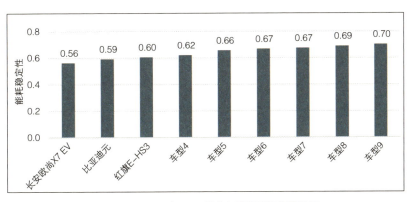

图 9-95　2021 年 SUV 重点车型能耗稳定性排行

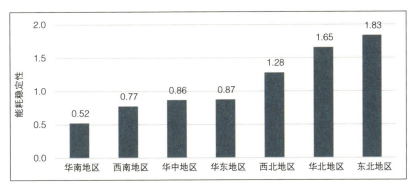

图 9-96　2021 年全国各地区纯电动乘用车能耗稳定性

9.4.2　纯电动客车能耗稳定性评价

全国共分析 37 家纯电动客车企业，宇通客车、北汽福田、安凯客车等企业能耗稳定性较好。其中，排在第一位的企业能耗稳定性为 5.89（图 9-97）。

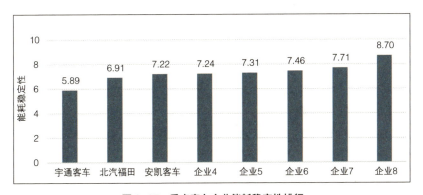

图 9-97　重点客车企业能耗稳定性排行

从不同长度客车来看，小于6m的客车共分析9家企业，排名前五的客车企业能耗稳定性在3.57～4.69之间。苏州金龙、厦门金龙、南京金龙等企业能耗稳定性较好。其中，能耗稳定性排在第一位的企业指标为3.57（图9-98）。

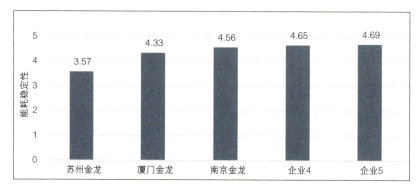

图9-98　小于6m重点客车企业能耗稳定性排行

6～8m客车共分析17家企业，排名前五的客车企业能耗稳定性在4.22～6.32之间。宇通客车、上海申龙客车、安凯客车等企业能耗稳定性较好。其中，能耗稳定性排在第一位的企业宇通客车为4.22（图9-99）。

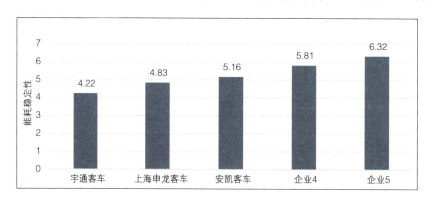

图9-99　6～8m客车企业能耗稳定性排行

8～10m客车共分析55家企业，排名前五的客车企业能耗稳定性在5.60～6.48之间。安凯客车、上海申沃客车、宇通客车等企业能耗稳定性较好。其中，能耗稳定性排在第一位的企业指标为5.60（图9-100）。

10～12m客车共分析56家企业，排名前五的公交客车企业能耗稳定性在5.22～8.16之间。北汽福田、一汽集团、四川吉利商用车等企业能耗稳定性较好。其中，能耗稳定性排在第一位的企业指标为5.22（图9-101）。

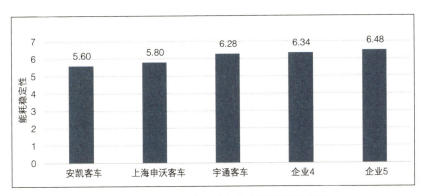

图 9-100　8～10m 公交客车企业能耗稳定性排行

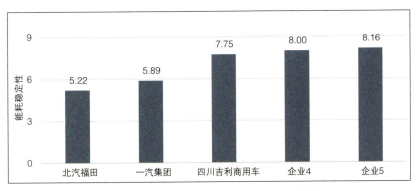

图 9-101　10～12m 公交客车企业能耗稳定性排行

大于 12m 客车共分析 20 家企业，排名前五的公交客车企业能耗稳定性在 9.28～11.42 之间。中通客车、厦门金旅、安凯客车等企业能耗稳定性较好。其中，能耗稳定性排在第一位的企业指标为 9.28（图 9-102）。

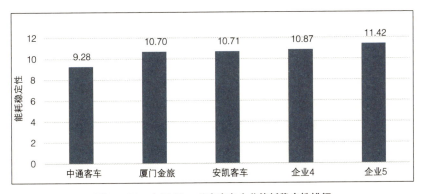

图 9-102　大于 12m 公交客车企业能耗稳定性排行

9.4.3　纯电动物流车能耗稳定性评价

全国共分析 43 家企业，排名前五的物流车企业能耗稳定性在 1.96 ~ 2.07 之间，重庆瑞驰、江西昌河、上汽通用五菱等企业能耗稳定性较好。其中，能耗稳定性排在第一位的企业指标为 1.96（图 9-103）。

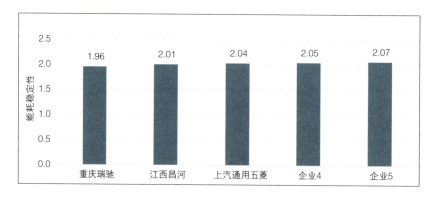

图 9-103　重点物流车企业能耗稳定性排行

9.5　快充效率评价

快速充电效率用快充标准时长来衡量，是指车辆采用快充方式，充入等量 SOC 的电量所需的时长。为便于可比较性，快充到 80% 区间段所需的时长（单位为 min），单次快充时长截取大于 2min 的时长段。

$$快充标准时长=\frac{充电时长}{充入SOC×60\%}$$

从不同车型级别来看（图 9-104），A 级轿车、B 级及以上轿车、SUV 三种类型的快充标准时长分别为 56min、61min、68min。其中，A 级轿车大众高尔夫、宝来、东风华琪 300E 快充标准时长分别为 42min、44min、44min，快充效率较高（图 9-105）；B 级及以上级别车型特斯拉 MODEL 3、小鹏 P7、腾势 EV 快充标准时长分别为 56min、57min、57min，快充效率较高（图 9-106）；SUV 车型奥迪 Q2L E-Tron、东风风神 EX1、特斯拉 MODEL Y 快充标准时长分别为 50min、51min、43min，快充效率较高（图 9-107）。

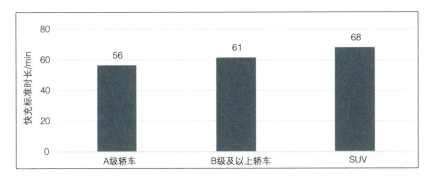

图 9-104　2021 年不同级别纯电动乘用车快充标准时长排行

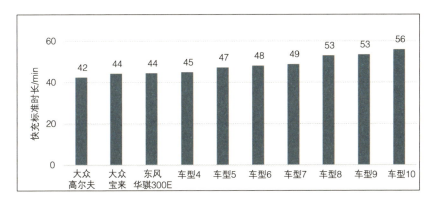

图 9-105　2021 年 A 级轿车快充标准时长排行

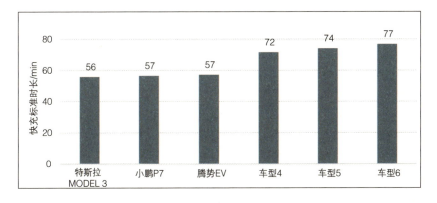

图 9-106　2021 年 B 级及以上轿车车型快充标准时长排行

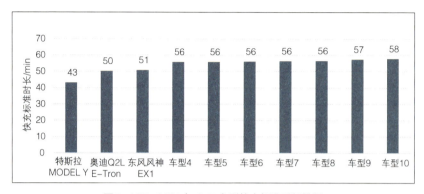

图 9-107　2021 年 SUV 车型快充标准时长排行

9.6　小结

本章依托国家监管平台新能源汽车大数据，从里程可信度、百公里能耗、能耗稳定性、车辆快充效率四个维度分别展开评价，主要得出以下结论：

里程可信度方面，相较于其他类型车辆，纯电动乘用车总体里程可信度较高。 2021 年，排行前 10 位的纯电动乘用车企业里程可信度在 0.87 ~ 0.94 之间。上汽通用五菱、奇瑞汽车、比亚迪等企业里程可信度较高；排行前 10 位的纯电动公交客车企业里程可信度分别 0.78 ~ 0.87 之间；前 10 位的纯电动物流车企业里程可信度分别值在 0.84 ~ 0.91 之间。小型纯电动乘用车里程可信度保持在较高水平，2021 年 A00+A0 级轿车里程可信度最高 0.88，明显高于其他级别车型。

车辆能耗方面，各类型车辆能耗均值整体呈现逐年下降趋势。 从各类型车辆实际运行情况来看，2021 年纯电动乘用车能耗均值 14.6kW·h/100km，比上一年下降 7.6%，其中，A00+A0 级别轿车和 B 级及以上级别轿车能耗下降趋势明显；纯电动公交客车能耗均值 67.7kW·h/100km，相较于上年下降 8%。不同长度纯电动客车能耗差异较大，车长越长，能耗越高。8m 以上纯电动客车能耗总体保持在 50kW·h/100km 以上，12m 以上纯电动客车能耗约 100kW·h/100km 左右；纯电动物流车能耗均值 30.1kW·h/100km，相较于上年下降 10.9%。12t 以上的重型物流车能耗较高，在 200kW·h/100km 左右，换电模式是快速补充电量的有效模式。不同地区车辆能耗略有差异，东北地区纯电动物流车能耗总体明显高于其他地区。

能耗稳定性方面，纯电动乘用车的总体能耗稳定性好于纯电动客车和纯电动物流车领域。纯电动乘用车能耗稳定性排行前十的企业能耗稳定性在 0.45 ~ 0.66 之间，广汽埃安、小鹏汽车、比亚迪等企业能耗稳定性较好。纯电动乘用车分不同级别车型来看，B 级及以上纯电动乘用车能耗稳定性较好；分地区来看，华南地区能耗稳定性为 0.52，车辆能耗稳定性明显高于其他地区；纯电动客车能耗稳定性排行前十的企业能耗稳定性在 5.89 ~ 8.70 之间。纯电动客车领域分不同车长车辆来看，车长越长，车辆能耗稳定性越差；纯电动物流车能耗稳定性排行前五的企业能耗稳定性在 1.96 ~ 2.07 之间。

快充效率方面，A 级轿车、B 级及以上轿车、SUV 三种类型的平均快充标准时长分别为 56min、61min、68min。A 级轿车大众高尔夫、宝来、东风华琪 300E，B 级及以上级别车型特斯拉 MODEL 3、小鹏 P7、腾势 EV，SUV 车型奥迪 Q2L E-Tron、东风风神 EX1、特斯拉 MODEL Y 充电效率较高。

第 10 章
故障与安全

在国家和地方政府的大力支持下，我国新能源汽车产业发展驶入快车道，产业技术水平显著提升、产业体系日趋完善，成为汽车产业转型发展的主要方向。截至 2021 年 12 月 31 日，国家监管平台已累计接入新能源汽车 665.5 万辆。伴随着新能源汽车保有量的快速增长，新能源汽车安全问题成为公众关注的热点。本章分别围绕接入国家监管平台 6 个月以内的新能源汽车故障分布、车辆应用周期故障分布、车辆安全事故信息等研究内容进行统计整理，从车辆故障分布情况、整车安全质量、关键零部件安全稳定性、车辆安全预警等方面综合评估我国新能源汽车安全现状，以进一步规范行业内企业发挥"安全第一"责任主体意识，有效助力新能源汽车产业高质量发展。

10.1 国家监管平台车辆故障现状

车辆日均故障率呈现下降趋势，安全水平明显改善。从国家监管平台近两年上线车辆日故障率分布来看（图 10-1），2021 年各月份新能源汽车上线车辆日故障率整体水平低于 2020 年新能源汽车各月份上线车辆日故障率。从 2021 年月度上线车辆日故障率变化情况来看，2021 年 3 月和 11 月上线车辆日故障率处于全年最低点，为 4.9%，明显低于 2020 年各月份上线车辆日故障率水平，车辆运行安全性有所提升。

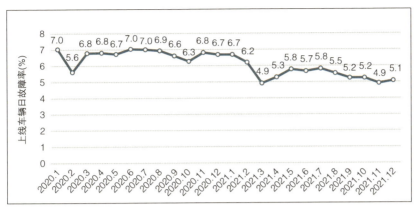

图 10-1 2020—2021 年各月份新能源汽车上线车辆日故障率分布

数据来源：新能源汽车国家大数据联盟 2020—2021 年各月简报。

2021 年一级故障为新能源汽车主要车辆故障类别。国标 GB/T 32960—2016 将新能源汽车故障报警划分为一级故障、二级故障和三级故障三个级别，三级故障为最高级别故障类别[⊖]。从国家监管平台 2021 年各月份新能源汽车不同级别故障占比分布情况来看（图 10-2），车辆一级故障占主要比重，各月份车辆故障占比均在 50% 以上；其次是二级故障，各月份数量比例均值为 27.6%，三级故障为 16.5%。

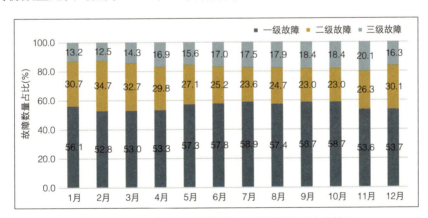

图 10-2 2021 年各月份新能源汽车不同等级故障占比情况

数据来源：新能源汽车国家大数据联盟 2021 年 1—12 月简报。

⊖ 依据 GB/T 32960—2016 标准，一级故障是指不影响车辆正常行驶的故障；二级故障是指影响车辆性能需驾驶员限制行驶的故障；三级故障是指驾驶员应立即停车处理或者请求救援的故障。

2021 年制动系统故障、DC 状态故障、SOC 低故障报警为新能源汽车主要安全报警指标。国标 GB/T 32960—2016 将影响新能源汽车产品安全的监测指标分为制动系统、DC 状态、SOC、车载储能装置、单体电压、动力蓄电池一致性、温度差异等共计 19 项。从 2021 年 1—12 月新能源汽车安全报警指标数量占比来看，新能源汽车车辆制动系统故障、DC 状态故障、SOC 低故障、车载储能装置类型欠压、单体电池欠压、单体电池过压等故障类型占比为 70% 左右（图 10-3）。其中，新能源汽车安全报警数量最高的故障指标为制动系统报警，月度占比均值为 23.9%；其次为 DC 状态报警，月度占比均值为 12.5% 左右。

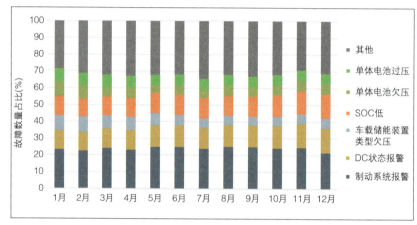

图 10-3　2021 年各月份新能源汽车车辆报警前五位指标数量占比情况

数据来源：新能源汽车国家大数据联盟 2021 年 1—12 月简报。

10.2　车辆故障分布

新能源汽车安全运行是我国新能源汽车产业健康可持续发展的重要基础，国家监管平台的一项重要功能是车辆事故监测，即在车辆运行过程中，整车企业根据国家监管平台对监测项目的相关要求将报警信息上传到平台，每一辆运行车辆的相应故障情况会在平台上体现出来。

目前国家监管平台监测的故障项目共有 19 项，主要涉及驱动电机故障、动力蓄电池故障、制动系统故障、静态信息故障。其中驱动电机故障主要包括驱动电机控制器温度报警、驱动电机温度报警；动力蓄电池故障主要包括动力蓄电池温度故障（温度差异报警、电池高温报警）、动力蓄电池电压故障（车载储能装置类型欠压故障报警、车载储能装置类型过压故障报警、单体电池欠压故障报警、单体电池过压故障报警）、动力蓄电池容量异常故障（SOC 低报警、SOC 过高报警、SOC 跳变报警）、动力蓄电池单体一致性差故障、动力蓄电池管理系统故障、其他电气故障（DC-DC 温度报警、DC-DC 状态报警、绝缘报警、高压互锁状态报警）；静态信息故障主要指可充电储能系统不匹配报警。

本文将国家监管平台的车辆故障分布情况分为接入平台 6 个月以内车辆故障和接入平台 6 个月以上车辆故障两部分进行统计分析。接入平台 6 个月以内的新能源汽车故障分布采用百车故障数来表示；车辆应用周期故障主要统计接入平台 6 个月以上的新能源汽车故障，该部分车辆多与车辆使用磨损等因素密切相关，采用车辆每 10000km 的故障数量来表示。

10.2.1　接入 6 个月以内车辆故障分布

车辆接入国家监管平台 6 个月以内的新能源汽车故障分布采用百车故障数来表示，接入平台 6 个月以内的新能源汽车产生的故障通常不是车辆使用造成的，而是车辆本身固有的缺陷。百车故障数的计算公式为

$$f = \frac{\mathrm{FN}}{\mathrm{VN}} \times 100$$

式中，f 为百车故障数（个）；FN 为接入平台 6 个月以内的故障数（个）；VN 为接入平台 6 个月以内的车辆数量（辆）。

从接入平台 6 个月以内的新能源汽车百车故障数统计结果来看，2021 年接入 6 个月以内的新能源汽车百车故障数有所增长，车辆故障数为 1240 个／百辆车，相较于 2020 年有所上升（1070 个／百辆车）。

分应用场景看，在接入平台 6 个月以内的新能源汽车百车故障数分布中（图 10-4），私家车百车故障数占主要比重，达到 63.96%；其次是公交客车和物流车，车辆故障占比分别为 10.43% 和 7.50%。

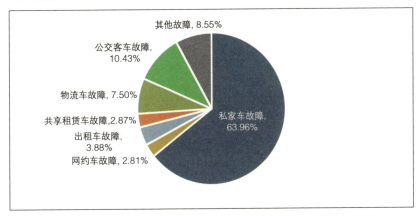

图 10-4　2021 年接入 6 个月以内的分场景新能源汽车百车故障数分布

从乘用车分级别车型的百车故障数来看（图 10-5），接入平台 6 个月以内的 A00+A0 级轿车百车故障数分布占主要比重，为 59.20%；其次是 B 级及以上轿车，故障占比为 21.33%。

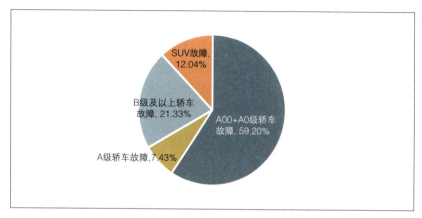

图 10-5　2021 年接入 6 个月以内的各级别乘用车百车故障数分布

（1）乘用车故障分布

从接入平台 6 个月以内的新能源乘用车故障分布来看（图 10-6），动力蓄电池故障占主要比重，达到 81.57%，其次为制动系统故障。动力蓄电池故障数量分布中，容量异常故障占比达到 30.06%。

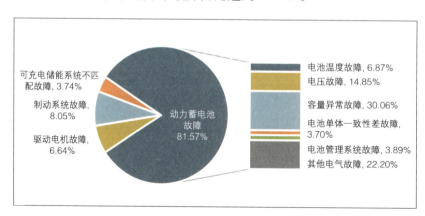

图 10-6　2021 年接入 6 个月以内的新能源乘用车故障分布情况

从接入 6 个月以内的分类型新能源乘用车故障分布来看（图 10-7），动力蓄电池故障为各类型车辆的主要故障类型，故障占比均在 75% 以上；其次为制动系统故障，共享租赁车的制动系统报警数量占比达到 18.82%，明显高于其他类型车辆。

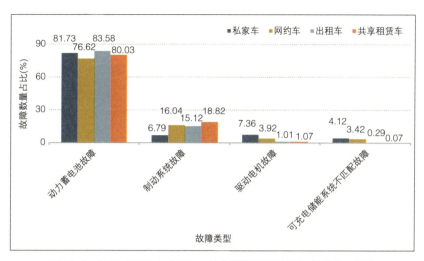

图 10-7　2021 年接入 6 个月以内的分类型新能源乘用车故障分布情况

从接入 6 个月以内的分级别新能源乘用车故障分布来看（图 10-8），
A00+A0 级轿车、B 级及以上轿车、SUV 主要故障均为动力蓄电池故障；
A 级轿车制动系统故障为主要故障类型，占比为 56.06%，明显高于其他级
别车型。

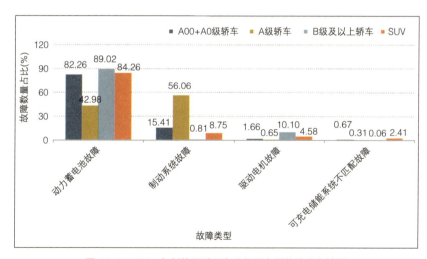

图 10-8　2021 年新能源乘用车分级别车型故障分布情况

（2）商用车故障分布

从接入平台 6 个月以内的新能源商用车故障分布来看（图 10-9），动
力蓄电池故障占主要比重，达到 63.16%。

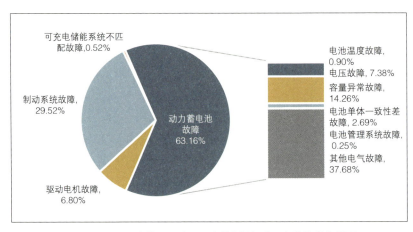

图 10-9　2021 年接入 6 个月以内的新能源商用车故障分布情况

从接入平台 6 个月以内的分类型新能源商用车故障分布情况来看（图 10-10），动力蓄电池故障是物流车和公交客车的主要故障类型，故障数量占比分别为 75.28% 和 54.44%；其次是制动系统故障，公交客车制动系统故障数量占比达到 35.28%。

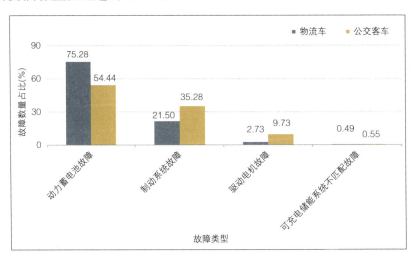

图 10-10　2021 年接入 6 个月以内的分类型新能源商用车故障分布情况

10.2.2　车辆应用周期故障分布

当车辆接入时间超过 6 个月时，故障的发生与车辆固有安全设计和车辆使用情况相关，也被称为"磨损故障"，通常用单车故障密度来衡量车辆应用周期的故障程度，其含义为"单车平均行驶 1 万 km 发生的故障数量"，公式如下：

$$\varphi_i = \frac{N_i}{L_i}$$

式中，φ_i 为 i 车的故障密度 (个 / 万 km)；N_i 为 i 车发生的故障数量 (个)；L_i 为 i 车行驶的里程 (万 km)。

分应用场景看新能源汽车应用周期故障分布 (图 10-11)，区别于接入 6 个月以内的新能源私家车百车故障数占比最高，新能源物流车应用周期每 10000km 故障数量分布较高，占比为 39.82%；其次为新能源公交客车，故障占比 19.77%。新能源物流车和新能源公交客车作为商用车营运车辆，车辆使用频率较高，行驶里程较长，每行驶 10000km 的故障分布相对较高。

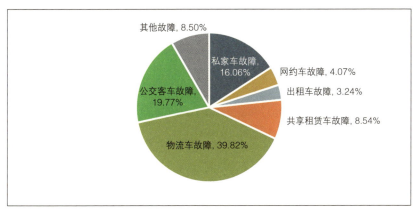

图 10-11　2021 年分应用场景新能源汽车应用周期故障数量分布

从新能源乘用车分级别车型应用周期故障数量来看 (图 10-12)，A00+A0 级轿车万公里故障数量最多，占比为 52.44%；其次是 B 级及以上轿车，故障占比为 20.32%。

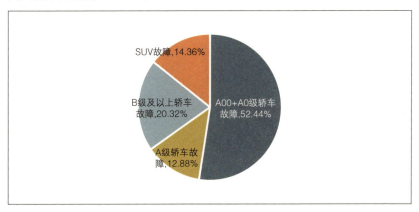

图 10-12　2021 年各级别乘用车应用周期故障数量分布

（1）乘用车故障分布

从新能源乘用车应用周期故障数量分布来看（图 10-13），动力蓄电池故障占主要比重，达到 57.1%，相较于接入 6 个月内的新能源乘用车动力蓄电池故障数量占比明显偏低；其次是制动系统故障，占比为 35.3%。

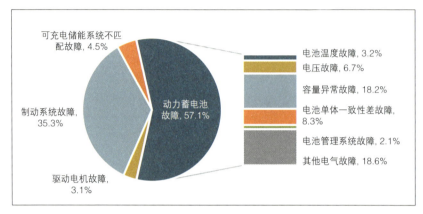

图 10-13　2021 年新能源乘用车应用周期故障分布情况

从分类型新能源乘用车应用周期故障数量分布来看（图 10-14），动力蓄电池故障为各类型车辆的主要故障类型。其中，出租车和私家车应用周期内的动力蓄电池故障占比分别为 63.17% 和 62.92%，占比较高；制动系统故障占比相较于接入 6 个月以内的新能源汽车制动系统故障占比明显提高。

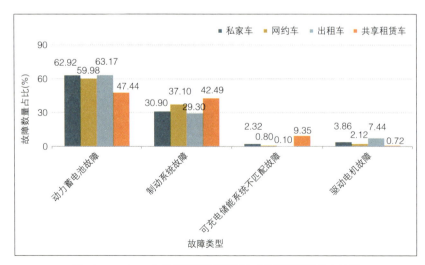

图 10-14　2021 年分类型新能源乘用车应用周期故障分布情况

从分级别新能源乘用车应用周期故障分布来看（图 10-15），动力蓄电池故障为各级别车型的主要故障类别，其中，SUV 在应用周期内动力蓄电池故障占比达到 70.92%，明显高于其他类型车辆。各级别车型制动系统故障分布中，A 级别制动系统故障明显占比较高。

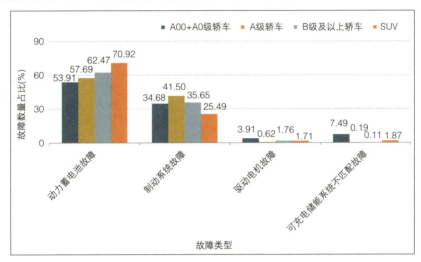

图 10-15　2021 年新能源乘用车分级别车型应用周期故障分布情况

（2）商用车故障分布

从接入平台 6 个月以上的新能源商用车故障分布情况来看（图 10-16），动力蓄电池故障占主要比重，达到 77.23%，明显高于接入平台 6 个月以内的商用车动力蓄电池故障比例（63.16%）。制动系统故障也占有较高比重，为 17.76%。

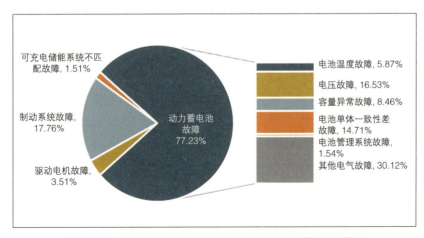

图 10-16　2021 年接入 6 个月以上的新能源商用车故障分布情况

从接入平台 6 个月以上的分类型新能源商用车故障分布情况来看（图 10-17），2021 年新能源物流车和公交客车动力蓄电池故障数量明显高于其他类型故障，分别为 84.77% 和 71.73%；制动系统故障分布中，公交客车制动系统故障占比达到 22.97%，高于物流车同故障类型比例。

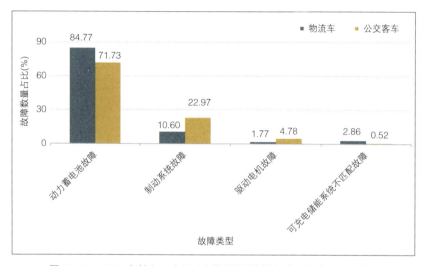

图 10-17　2021 年接入 6 个月以上的分类型新能源商用车故障分布情况

10.3　新能源汽车安全情况

10.3.1　新能源汽车安全事故统计情况

在国家、地方及行业的共同努力下，新能源汽车安全监管与保障体系不断健全，车辆安全运行水平稳步提高，新能源汽车事故率总体呈现下降趋势。

根据统计数据显示，大型企业技术能力强，着火事故率更低。截至 2021 年 12 月 31 日，接入国家监管平台车辆超过 10 万辆的企业，着火事故率[一] 在 0.00018% ~ 0.00676% 之间；接入平台车辆超过 5 万辆（不足 10 万辆）的企业，着火事故率在 0.00174% ~ 0.00625% 之间。

　　[一]　2019 年 1 月 1 日—2021 年 12 月 31 日，某企业车辆发生着火事故数量除以该企业累计接入国家监管平台的车辆数量。

新能源汽车历年着火事故率[⊖] 呈现逐年下降趋势。2014—2018 年生产的车辆着火事故率介于 0.023% ~ 0.218% 之间，2019 年生产的车辆着火事故率为 0.0037%；2020 年生产的车辆着火事故率为 0.00303%；2021 年生产的车辆着火事故率为 0.00084%。

整体来看，我国新能源汽车整体质量趋于稳定，产品逐渐成熟。大型整车企业技术能力强，产品质量更高。

10.3.2　不同类型新能源汽车安全事故统计情况

近两年，不同类别新能源汽车着火事故率均呈现下降趋势。2021 年新能源乘用车着火事故率相较于 2020 年下降 0.0016 个百分点；新能源客车着火事故率相较于 2020 年下降 0.0034 个百分点；新能源专用车领域，2021 年车辆着火事故率相较于 2020 年下降 0.0047 个百分点。

从不同年份的车辆事故占比情况来看（表 10-1），2021 年新能源乘用车事故数量占全年新能源车辆事故数量的比例为 81.02%，客车事故数量相较于 2020 年呈现明显下降趋势。

表 10-1　不同类型车辆的事故占比情况

车辆类别	2020 年车辆事故占比	2021 年车辆事故占比
乘用车	68.96%	81.02%
专用车	22.99%	18.35%
客车	8.05%	0.63%

注：2020 年车辆事故占比数据根据工业和信息化部车辆事故统计数据进行更新，下同。

不同动力类型新能源汽车事故变化情况（表 10-2），2021 年纯电动汽车事故占全年新能源车辆事故数量的比例为 84.18%，相较于 2020 年下降 6.11 个百分点，事故占比呈现明显下降趋势；插电式混合动力汽车和其他动力方式车辆的事故占比相较于上年有所提高。

表 10-2　不同动力类型的车辆事故占比情况

动力类型	2020 年车辆事故占比	2021 年车辆事故占比
纯电动	90.29%	84.18%
插电式混合动力	8.57%	13.92%
其他	1.14%	1.90%

⊖　某年份生产的车辆在当年 1 月 1 日—2021 年 12 月 31 日发生的着火事故数量除以某年份生产的车辆累计接入国家监管平台的总数。

新能源汽车的安全监控和防护不仅仅局限于车辆运行过程，还要考虑车辆的断电状态。从不同年份事故车辆着火时的状态来看（表10-3），2021年，新能源车辆行驶状态下着火事故占比为28.48%，相较于2020年下降2.95个百分点；充电状态下着火事故占比为31.02%，相较于2020年下降2.7个百分点；静置状态的车辆事故占比有所提升。

表10-3 着火时不同车辆状态下的事故占比情况

着火时车辆状态	2020年车辆事故占比	2021年车辆事故占比
静置状态	33.71%	35.44%
行驶状态	31.43%	28.48%
充电状态	33.72%	31.02%
未知	1.14%	5.06%

10.3.3 动力蓄电池安全稳定性统计情况

目前三元电池和磷酸铁锂电池是新能源汽车两大主流电池类型，从国家监管平台车辆配置的动力蓄电池类型来看（表10-4），配置三元电池的车辆占国家监管平台车辆总量的64.75%；磷酸铁锂电池占32.81%；其他材料电池占比2.44%。从历年新能源汽车着火事故率来看，2021年配置三元电池的新能源汽车着火事故率相较于2020年下降0.0021个百分点；2021年配置磷酸铁锂电池的新能源汽车着火事故率相较于2020年下降0.0008个百分点。不同类型动力蓄电池着火事故率均呈现下降趋势。

表10-4 事故车辆储能装置种类

储能装置种类	2020年车辆事故占比	2021年车辆事故占比
三元电池	85.72%	81.65%
磷酸铁锂电池	8.00%	11.39%
锰酸锂电池	1.71%	0.00%
其他类型电池	0.00%	0.63%
未知	4.57%	6.33%

从不同电池类型车辆的事故分布来看，2021年配置三元电池的事故占比为81.65%，相较于上一年有所下降；配置磷酸铁锂电池的事故占比为11.39%，相较于上一年略有提升；其他类型电池的事故占比为0.63%；未知电池种类的事故占比为6.33%。

10.3.4　典型事故案例

安全是新能源汽车产业健康发展的前提条件，新能源汽车与大数据的融合发展将加快新能源汽车安全监管技术的进步。通过提取并分析国家监管平台车辆事故信息，可以追溯事故原因，为新能源汽车零部件和整车集成设计以及安全运营提供优化方案，下面主要选取部分案例进行数据分析。

案例 1：内短路导致车辆自燃

如图 10-18 所示，8:32:38，绝缘阻值由 49.214MΩ 降至 3.392MΩ，车辆由下电状态转为起动状态，两帧后恢复正常。如图 10-19 所示，15:59:38，绝缘阻值由 60MΩ 突降为 0.113MΩ，之后绝缘出现持续性波动且多次跳低值，此时单体电压、温度未见明显异常。16:18:58—16:23:38 期间，20# 单体多次发生电压突降现象，最高压差达到 61mV，在此期间温度未发生明显异常，绝缘阻值由 60MΩ 持续降低至 0.139MΩ，怀疑此时已发生内短路现象。如图 10-20 所示，16:25:38，2# 温度探针由 17℃ 突升到 45℃，绝缘阻值进一步降低至 0.083MΩ，之后温度略微降低并稳定在 37℃；16:26:15，2# 温度探针再次突升至 43℃，之后温度持续增加，直至 16:26:27，2# 温度探针由上一帧 47℃ 突增至 76℃，之后压差持续扩大，最高温度始终在 70℃ 以上，怀疑此时已有单体发生热失控。16:26:38，20# 单体电压降低至 3.414V，压差扩大至 731mV，此时疑似已发生连环热失控。

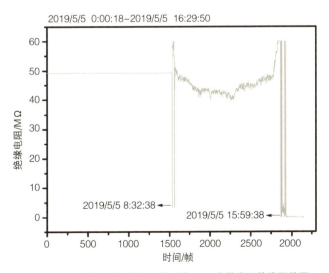

图 10-18　内短路导致车辆自燃（1）——事故当天绝缘阻值图

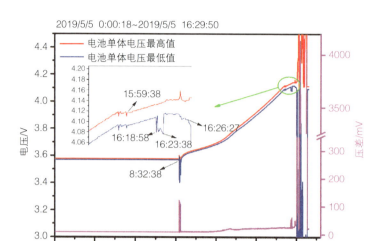

图 10-19　内短路导致车辆自燃（2）——事故当天电压极值与压差图

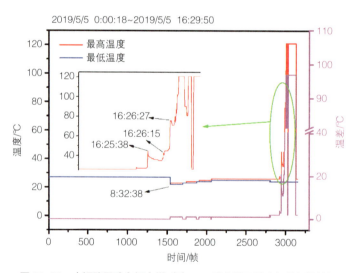

图 10-20　内短路导致车辆自燃（3）——事故当天温度极值与温差图

案例 2：线束外短路导致车辆自燃

如图 10-21 所示，事故当天 07:52:00 时，压差由 11mV 增长至 39mV，此时 36# 为最低电压单体，之后电压下降速率加快。如图 10-22 所示，下一帧（07:52:10）温差由 3℃增大到 5℃，随后压差逐渐升高，如图 10-23 所示，35#、37#、39# 也出现电压下降速率过快现象，疑似外短路快速放电。温度初始变化幅度较小，相对电压变化稍显滞后，直至

07:53:28 时温差增大到 9℃，此时最高温度探针编号为 8#，之后温升速率显著加快。7:53:40，温度及部分电压数据传输无效值，怀疑此时已出现连接失效现象，08:01:20，绝缘阻值由 12.787MΩ 突降为 0MΩ，怀疑此时电池包已发生热失控。

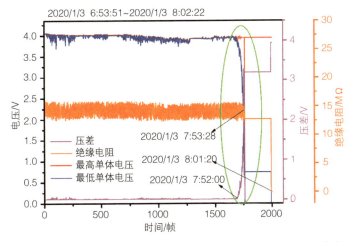

图 10-21 线束外短路导致车辆自燃（1）——事故当天电压极值、压差与绝缘阻值图

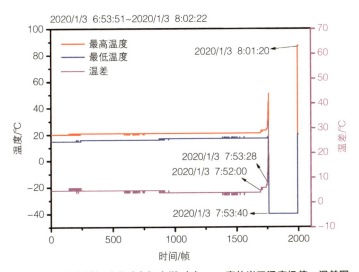

图 10-22 线束外短路导致车辆自燃（2）——事故当天温度极值、温差图

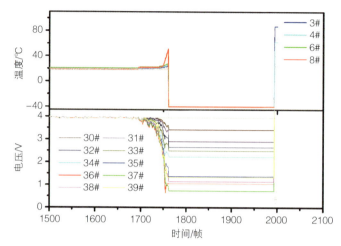

图 10-23　线束外短路导致车辆自燃（3）——特征单体与探针温度图

案例 3：密封失效（浸水）导致车辆自燃

如图 10-24 所示，事故当天电池绝缘阻值有明显波动，且有相对较低值出现，14:44:20，24# 温度探针温度首先突降至 -13℃；如图 10-25 所示，14:44:30 时，46# 单体电压由上一帧的 4.115V 突降至 3.994V，47# 单体电压由上一帧的 4.168V 突升至 4.999V，同时，23# 温度探针温度降低至 -29℃；如图 10-26 所示，14:44:40，46# 单体电压突降至 0V，疑似此时已发生热失控。推测电池包首先出现绝缘故障，进一步积累导致电池包内部突发短路最终引发热失控。

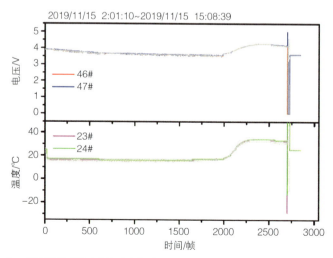

图 10-24　密封失效（浸水）导致车辆自燃（1）——事故当天特征单体与探针温度图

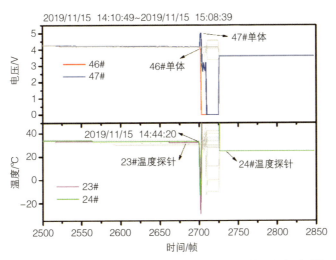

图 10-25　密封失效（浸水）导致车辆自燃（2）——事故当天特征单体与探针温度放大图

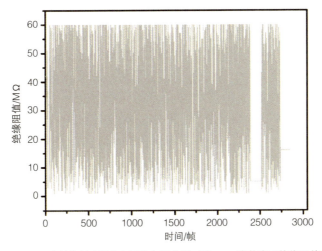

图 10-26　密封失效（浸水）导致车辆自燃（3）——事故当天绝缘阻值图

10.4　新能源汽车安全运行监测能力建设

　　当前，我国新能源汽车产业正在进入规模化、高质量的快速发展新阶段。伴随着新能源汽车保有量的快速增长，新能源汽车产品质量安全风险依然存在，部分企业质量保障体系仍有待健全完善。根据国家市场监督管理总局数据显示，2021 年，我国实施新能源汽车召回 59 次，涉及车辆

83 万辆，召回次数和召回数量比去年增长了 31.1% 和 75.9%。此外，新能源汽车事故也存在动力蓄电池热失控事故频发、热失控管控措施滞后等问题，影响了消费者的信心，降低了汽车品牌在车主们心中的形象，直接影响汽车销售和推广。

当前，物联网、大数据、区块链等新技术加快推进汽车产业向数字化、智能化发展，新能源汽车与大数据技术的融合，可以有效保障新能源汽车全生命周期安全。整车企业远程联网平台在不同程度上具备车辆数据采集、高并发上传、离线数据存储、实时数据监测等能力，同时也具备应用大数据和人工智能手段对车辆安全状态、使用行为、故障信息等开展深度评估与监控的数据基础。但目前阶段，行业仍普遍存在企业监测平台建而不用、功能参差不齐、数据质量差、安全及隐患评估能力弱、出现问题盲目检验等突出问题，导致无法有效发挥安全监测平台效能。

为贯彻落实《新能源汽车产业发展规划（2021—2035 年）》(国办发〔2020〕39 号)，进一步压实新能源汽车企业安全主体责任，指导企业建立健全安全保障体系，2022 年 3 月 29 日，工业和信息化部办公厅、公安部办公厅、交通运输部办公厅、应急管理部办公厅、国家市场监督管理总局办公厅联合印发《关于进一步加强新能源汽车安全体系建设指导意见》(工信厅联通装〔2022〕10 号)(以下简称《指导意见》)。《指导意见》要求新能源汽车企业加快构建系统、科学、规范的安全体系，全面增强企业在安全管理机制、产品质量、运行监测、售后服务、事故响应处置、网络安全等方面的安全保障能力，提升新能源汽车安全水平。在提高监测平台效能方面，《指导意见》指出企业要落实安全监测主体责任，自建或委托第三方建立新能源汽车产品运行安全状态监测平台，强化运行数据分析挖掘，建立隐患车辆排查机制。

企业层面，在强调车辆传统安全体系的基础上，应加快探索大数据驱动的数字化监管模式，进一步发挥企业监测平台效能，提升新能源汽车安全风险评估能力。严格按照国家标准 GB/T 32960—2016《电动汽车远程服务与管理系统技术规范》，及时、真实、有效地上传相关监测数据，对新能源汽车运行安全状态进行监测和管理，通过大数据挖掘分析手段，及时通过运行监测系统辨识问题车辆以及大面积聚集停放和频繁报警等隐患车辆，以便妥善处理相关安全隐患，保障新能源汽车安全运行。

10.5　小结

本章对国家监管平台新能源汽车故障评估和安全事故情况进行评估总结，主要得出以下结论：

伴随着新能源汽车规模快速增长，新能源汽车故障数量成为不容忽视的一个问题。从接入平台 6 个月以内的分应用场景车辆百车故障分布来看，私家车百车故障数量占主要比重；乘用车分级别车型故障分布中，接入平台 6 个月以内的 A00+A0 级轿车故障占主要比重。从车辆应用周期故障数量分布来看，新能源物流车每 10000km 故障数量分布明显高于其他类型车辆，新能源商用车作为营运性质车辆，车辆使用频率较高，行驶里程较长，每行驶 10000km 的故障分布相对较高。

从车辆故障类型分布来看，无论是接入平台 6 个月以内的新能源汽车还是从车辆应用周期来看，动力蓄电池故障均为主要故障类型，占比在 50% 以上。与接入平台 6 个月以内的车辆故障分布相比，应用周期视角下的车辆制动系统故障占较高比重。

从车辆安全监管情况来看，新能源汽车整体质量逐渐趋于稳定，产品逐渐成熟，大型企业技术能力强，产品质量更高。加强新能源汽车安全管理，构建系统、科学、规范的新能源汽车安全监管体系，是产业健康可持续发展的前提和基础。通过针对安全事故成因、机理等逐渐开展深入研究，相应对策和管理措施越来越有针对性，指导性越来越强，特别是在新能源汽车市场需求快速扩大的新形势下，进一步提升新能源汽车全产业链的安全防护水平，显得尤为紧迫重要。

第 11 章

典型城市应用

本章分别以北京市、上海市、广州市、深圳市、柳州市、佛山市、冬奥会赛区和东北地区的新能源汽车推广应用为研究对象，总结各典型城市和地区的新能源汽车产业发展特征，为地方政府以及相关企业发展新能源汽车产业提供一定的参考。

11.1 城市综述篇

典型城市新能源汽车发展情况已经形成一定特色，与地方政府政策推动联系密切。下面本文重点就特色城市新能源汽车推广应用特征进行总结。

（1）北京市、上海市、广州市、深圳市新能源汽车推广成效显著，市场需求旺盛

从北京市、上海市、广州市、深圳市等城市的新能源汽车推广情况来看（图11-1），上海市新能源汽车累计接入量占全国的比例最高，累计接入 53.02 万辆新能源汽车，全国占比 7.97%；从城市汽车电动化率来看，深圳市汽车电动化率较高，新能源汽车占深圳市汽车保有量的 13.02%；其次是上海市和广州市，汽车电动化率分别为 12.05% 和 11.73%。

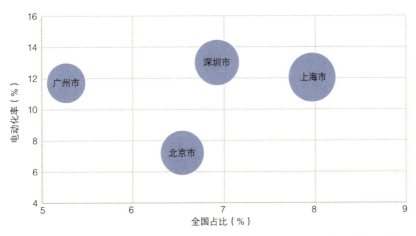

图 11-1　截至 2021 年年底北京市、上海市、广州市、深圳市新能源汽车累计接入量情况

注：1. 气泡大小表示截至 2021 年底的国家监管平台新能源汽车累计接入量多少；

　　2. 电动化率表示新能源汽车累计接入量数量 / 该城市的汽车保有量数量；

　　3. 汽车保有量数据来源于公安部 2020 年汽车保有量数据。

从北京市、上海市、广州市、深圳市新能源汽车历年接入情况来看（图 11-2），2021 年各城市接入量均明显高于其他年度，其中，上海市 2021 年新能源汽车接入量 26.54 万辆，明显高于其他城市。

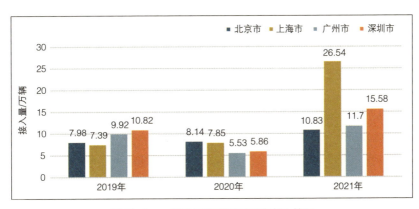

图 11-2　一线城市新能源汽车历年接入情况

（2）柳州市新能源汽车上线率普遍高于其他城市，车辆使用率高

柳州市在新能源私家车领域具有丰富的推广经验。2021 年新能源私家车接入量占柳州市全年新能源汽车推广规模的 96.20%，占绝对主导。车辆上线率方面，对比来看，柳州市新能源汽车上线率明显高于北京市、上海市、广州市、深圳市。2021 年柳州市新能源汽车上线率为 94.2%，高于一线城市至少 2 个百分点；柳州市纯电动汽车上线率也明显较高（图 11-3），主要由于柳州市新能源汽车推广的主要车型是小型纯电动乘用车，小型纯电动乘用车具有明显的代步功能，用户对新能源汽车的使用黏性较高。

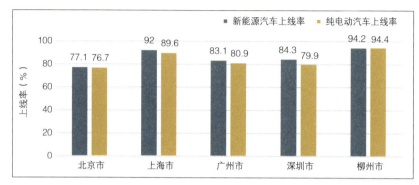

图 11-3　2021 年柳州市与北京市、上海市、广州市、深圳市新能源汽车上线率对比情况

（3）佛山市氢能及燃料电池产业加速崛起，成为大湾区氢能产业发展高地

佛山市作为燃料电池汽车示范应用广东城市群的牵头城市，早在 2009 年就积极谋划布局氢能产业。在国家和地方政府的大力扶持下，佛山市氢能产业快速发展。截至 2021 年底，佛山市已累计接入氢燃料电池电动汽车 1484 辆，车辆覆盖公交客车、通勤客车、物流车、工程车等多个应用场景，车辆累计行驶里程 5279.57 万 km，累计行驶时长 204.00 万 h。作为广东氢燃料电池电动汽车示范城市群牵头城市，佛山市车辆推广以及车辆多场景示范运行等各方面在全国范围内起到良好的示范带头作用。

良好的配套政策环境和不断丰富的应用场景，成为佛山市氢能产业集聚的基础条件。截至 2021 年，佛山市已成功集聚广东探索、清能股份、济平新能源、康明斯、仙湖实验室等 90 多家氢能企业、科研院所和机构。产业链涵盖制氢、加氢站建设及运营、燃料电池系统及电堆研发、关键零部件开发及生产、氢燃料电池电动汽车研发制造及示范运行、氢能相关检测等环节。

但是，当前佛山市在氢能及燃料电池产业推动各领域均以政府投入为主，市场机制尚未完全形成。佛山市应该紧紧抓住广东城市群氢燃料电池电动汽车示范应用契机，充分发挥工业副产氢资源优势，探索建立可持续的清洁能源制氢供给体系；进一步完善佛山市氢能产业支持及补贴力度，与广东城市群其他城市形成各有侧重、优势互补的氢燃料电池产业链体系，加快形成佛山市氢燃料电池电动汽车产业高地。

（4）东北地区新能源汽车推广规模和车辆上线率明显提升，冬季低温续航仍然是一个亟待解决的问题

2021 年，东北地区新能源汽车推广应用取得显著成效。从车辆推广规模来看，累计接入新能源汽车 8.22 万辆，其中 2021 年接入 3.38 万辆新能源汽车；从车辆上线率来看，2021 年东北地区车辆上线率明显高于 2020 年上线率水平，用户车辆使用黏性增强。

东北地区冬季气候恶劣，对汽车性能的考验更加严峻。冬季 11 月到次年 3 月份，东北地区新能源汽车里程可信度明显低于其他地区车辆里程可信度，环境温度变化对车辆续驶里程影响较大，低温严寒环境下，新能源汽车电池低温续航能力仍有待提升。

（5）北京冬奥会赛区成为中国向世界展示中国氢燃料电池电动汽车推广成果的一张名片，彰显中国在低碳交通领域做出的贡献

北京冬奥会坚持绿色、共享、开放、廉洁的理念，氢燃料电池电动汽车因具有零碳排放、耐低温、长续航等优势，成为冬奥会期间交通运输主力，向世界展示了本届冬奥会始终坚持低碳、可持续的理念。截至 2022 年 2 月底，北京冬奥会累计投入超过 1300 辆氢燃料电池电动汽车作为主运力，开展多场景示范运营服务；在 2022 年 2 月，冬奥会赛区氢燃料电池电动汽车运行车次达到 13.74 万次，环比增长 66.67%；在氢燃料电池电动汽车上线率方面，2022 年 2 月份，北京市和张家口市车辆上线率分别达到 74.4% 和 97.6%，赛事期间，张家口市氢燃料电池电动汽车几乎全量运行。

在氢能基础设施配套保障供应体系建设方面，北京市和张家口市氢能产业依托北京冬奥会契机取得快速发展。截至 2022 年 2 月，累计有 11 座制氢企业投入到氢能保障供应中，分别在工业副产氢、清洁氢与可再生氢等领域布局；并且冬奥会赛区已建成投运 19 座加氢站，保障奥运会赛区车辆示范运行。

11.2　北京市应用情况

11.2.1　北京市新能源汽车产业发展现状

截至 2021 年 12 月 31 日，北京市累计接入 43.55 万辆新能源汽车

从表 11-1 看，北京市 2021 年共接入 10.83 万辆，相比 2020 年增加 33%。截至 2021 年 12 月 31 日，北京市累计接入 43.55 万辆。从 2021 年

各月接入量来看（图 11-4），8 月接入量最高，达到 1.38 万辆；4 月接入量最低，为 0.42 万辆。

表 11-1　北京市新能源汽车历年接入量

年份	2019 年	2020 年	2021 年
北京市车辆接入量 / 万辆	7.98	8.14	10.83

图 11-4　北京市新能源汽车历年月度接入量情况

从表 11-2 看，2021 年 BEV 共接入 10.25 万辆，PHEV 共接入 0.53 万辆。从各月接入量来看（图 11-5），BEV 8 月接入量最高，为 1.33 万辆，PHEV 12 月接入量最高，为 0.14 万辆。

表 11-2　2021 年北京市分驱动类型新能源汽车接入量情况

驱动类型	BEV	PHEV
北京市车辆接入量 / 万辆	10.25	0.53

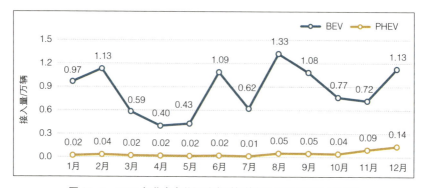

图 11-5　2021 年北京市分驱动类型新能源汽车月度接入量情况

从重点细分市场接入量看（图 11-6），除了出租车、公交客车外，其他细分市场 2021 年接入量均高于 2020 年。其中，2021 年的私家车接入量最高，为 8.65 万辆，相比 2020 年增长了 31.1%。

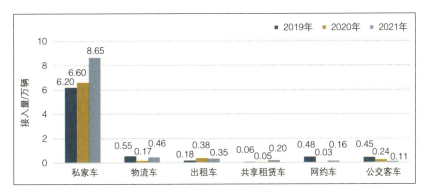

图 11-6 北京市重点细分市场历年接入量情况

2021 年北京市新能源汽车月均上线率为 77.1%，相比 2020 年（66.2%）上升 10.9 个百分点（表 11-3）。从分月上线率看（图 11-7），2021 年各月上线率较为稳定，没有出现明显的波动。从表 11-4 看，PHEV 的上线率较高。从图 11-8 看，PHEV 各月上线率均超过 93%，月上线率均高于 BEV。

表 11-3 北京市新能源汽车历年上线率平均值

年份	2019 年	2020 年	2021 年
北京市车辆上线率平均值（%）	82.6	66.2	77.1

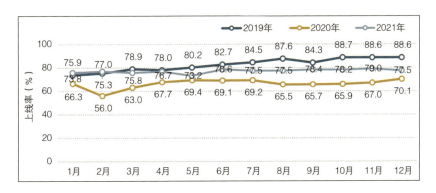

图 11-7 北京市新能源汽车历年月上线率

表11-4　北京市分驱动类型新能源汽车上线率平均值

驱动类型	BEV	PHEV
北京市车辆上线率平均值（%）	76.7	94.4

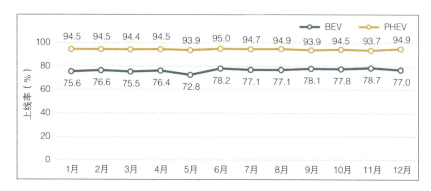

图11-8　2021年北京市分驱动类型新能源汽车月上线率情况

从重点细分市场上线率看（图11-9），2021年网约车月均上线率最高，达到95.5%，私家车为83.7%，公交客车为81.2%。网约车、私家车、物流车等细分市场月均上线率2021年均有所提升。

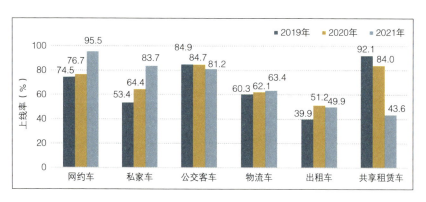

图11-9　北京市重点细分市场新能源汽车历年月均上线率情况

11.2.2　北京市新能源汽车分布情况

以北京市东城区为例，北京市新能源车辆停车、充电及公共充电桩热力情况如图11-10～图11-12所示，三者热力分布基本一致，主要集中在王府井、北京火车站。

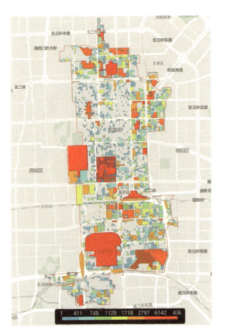

图 11-10　2021 年北京市东城区新能源车辆停车热力图

注：红色地图块车辆集中度最高，其次为橙色、黄色、绿色、蓝色，下同。

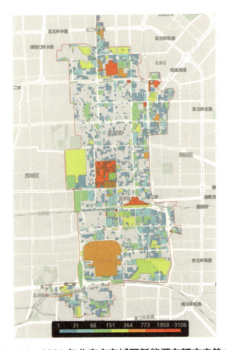

图 11-11　2021 年北京市东城区新能源车辆充电热力图

图 11-12　2021 年北京市东城区新能源车辆公共充电桩热力图

11.3　上海市应用情况

11.3.1　上海市新能源汽车产业发展现状

截至 2021 年 12 月 31 日，上海市累计接入 53.02 万辆新能源汽车

从表 11-5 看，2021 年共接入 26.54 万辆，相比 2020 年增加 238.1%。截至 2021 年 12 月 31 日，上海市累计接入 53.02 万辆。从 2021 年各月接入量来看（图 11-13），6 月接入量最高，达到 2.89 万辆；4 月接入量最低，为 1.77 万辆。

表 11-5　上海市新能源汽车历年接入量情况

年份	2019 年	2020 年	2021 年
上海市车辆接入量 / 万辆	7.39	7.85	26.54

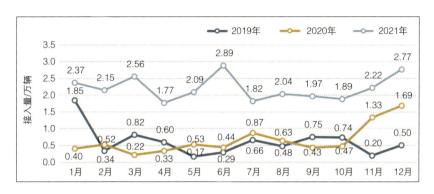

图 11-13　上海市新能源汽车历年月度接入量情况

从表 11-6 看，2021 年 BEV 共接入 16.95 万辆，PHEV 共接入 9.58 万辆。PHEV 在上海市具有可以上绿牌、不限行等政策因素，因此接入量较高。从车辆各月接入量来看（图 11-14），BEV 12 月接入量最高，为 1.82 万辆，PHEV 3 月接入量最高，为 1.22 万辆。

表 11-6　2021 年上海市分驱动类型新能源汽车接入量情况

驱动类型	BEV	PHEV
上海市车辆接入量 / 万辆	16.95	9.58

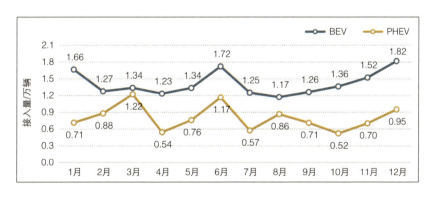

图 11-14　2021 年上海市分驱动类型新能源汽车接入量情况

从重点细分市场接入量看（图 11-15），除了公交客车外，2021 年其他细分市场的接入量均比 2020 年高。其中，2021 年私家车的接入量占绝对主导，为 19.71 万辆，同比增加 223.6%。

图 11-15   上海市重点细分市场新能源汽车历年接入量情况

2021 年上海市新能源汽车月均上线率为 92%，相比 2020 年（85.6%）上升 6.4 个百分点（表 11-7）。从各月上线率看（图 11-16），2021 年各月上线率较为稳定，除了 5 月外，其余各月上线率没有出现明显波动。从表 11-8 看，PHEV 的上线率较高。从图 11-17 看，除 5 月外，PHEV 其余各月月均上线率超过 94%，月上线率均高于 BEV。

表 11-7   上海市新能源汽车历年上线率平均值情况

年份	2019 年	2020 年	2021 年
上海市车辆上线率平均值（%）	90.6	85.6	92.0

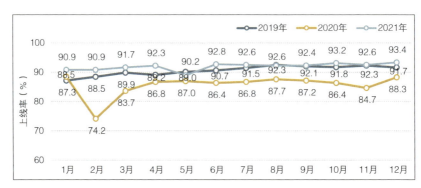

图 11-16   上海市新能源汽车历年月度上线率均值情况

表 11-8   2021 年上海市分驱动类型新能源汽车上线率平均值情况

驱动类型	BEV	PHEV
上海市车辆上线率平均值（%）	89.6	94.6

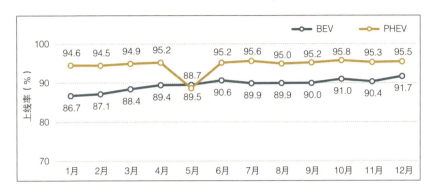

图 11-17 2021 年上海市分驱动类型新能源汽车上线率情况

从重点细分市场月均上线率看（图 11-18），2021 年网约车月均上线率最高，达到 98.1%，私家车为 94.2%，出租车为 92.7%。除共享租赁车外，2021 年其他细分市场年度月均上线率均比 2019 年有所上升。

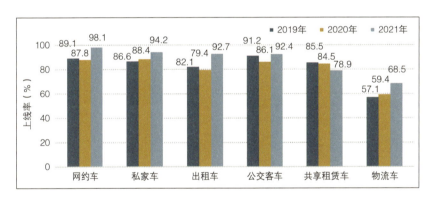

图 11-18 上海市重点细分市场新能源汽车历年月均上线率情况

11.3.2 上海市新能源汽车分布情况

以上海市浦东新区为例，新能源车辆停车、充电及公共充电桩热力图如图 11-19 ~ 图 11-21 所示，三者热力分布基本一致，主要集中在浦东机场、迪士尼乐园（截图为上海浦东新区）。

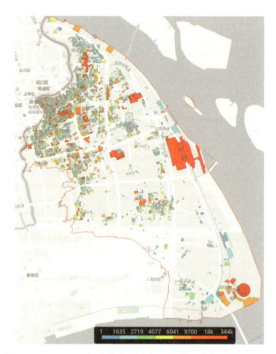

图 11-19　2021 年上海市浦东新区新能源车辆停车热力图

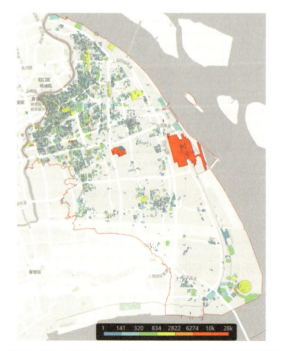

图 11-20　2021 年上海市浦东新区新能源车辆充电热力图

图 11-21　2021 年上海市浦东新区新能源车辆公共充电桩热力图

11.4　广州市应用情况

11.4.1　广州市新能源汽车产业发展现状

截至 2021 年 12 月 31 日，广州市累计接入 35.06 万辆新能源汽车

从表 11-9 看，2021 年共接入 11.70 万辆，相比 2020 年增加 111.57%。截至 2021 年 12 月 31 日，广州市累计接入 35.06 万辆。从 2021 年各月接入量来看（图 11-22），12 月接入量最高，达到 2.06 万辆；3 月接入量最低，为 0.61 万辆。

表 11-9　广州市新能源汽车历年接入量情况

年份	2019 年	2020 年	2021 年
广州市车辆接入量 / 万辆	9.92	5.53	11.70

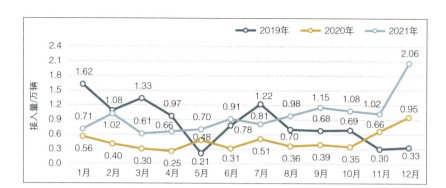

图 11-22　广州市新能源汽车历年月度接入量情况

从表 11-10 看，2021 年 BEV 共接入 9.86 万辆，PHEV 共接入 1.83 万辆。从各月接入量来看（图 11-23），12 月份 BEV 接入量最高，为 1.71 万辆；2 月份 PHEV 接入量最高，为 0.48 万辆。

表 11-10　2021 年广州市分驱动类型新能源汽车接入量情况

驱动类型	BEV	PHEV
广州市车辆接入量 / 万辆	9.86	1.83

图 11-23　2021 年广州市分驱动类型新能源汽车月度接入量情况

从重点细分市场接入量看（图 11-24），除了出租车外，2021 年其余细分市场接入量均高于 2020 年。2021 年私家车的接入量最高，为 8.13 万辆，相比 2020 年上升 188.3%。

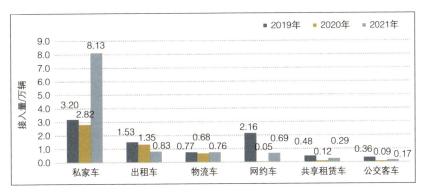

图 11-24　广州市重点细分市场新能源汽车历年接入量情况

2021 年广东省车辆上线率相较于 2020 年有所上升。2021 年广州市新能源汽车月均上线率为 83.1%，相比 2020 年（75.2%）上升 7.9 个百分点（表 11-11）。

表 11-11　广州市新能源汽车历年上线率平均值情况

年份	2019 年	2020 年	2021 年
广州市车辆上线率平均值（%）	83.2	75.2	83.1

从车辆上线率月度变化情况来看（图 11-25），2021 年各月上线率较为稳定，没有出现明显的波动。从表 11-12 看，2021 年 PHEV 的上线率较高。从图 11-26 看，除了 5、6 月外，PHEV 其余各月月上线率均超过 90%，月上线率均高于 BEV。

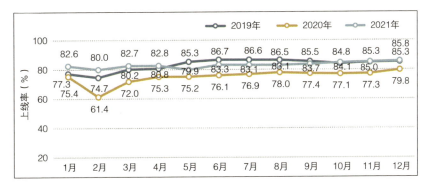

图 11-25　广州市新能源汽车历年月度上线率均值情况

表 11-12　2021 年广州市分驱动类型新能源汽车上线率平均值情况

驱动类型	BEV	PHEV
广州市车辆上线率平均值（%）	80.9	90.9

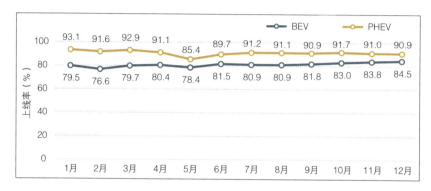

图 11-26　2021 年广州市分驱动类型新能源汽车月度上线率情况

从重点细分市场月均上线率看（图 11-27），2021 年网约车月均上线率最高，达到 97.2%，私家车为 92.7%，公交客车为 92.0%。除公交客车、共享租赁车外，2021 年其他细分市场月均上线率均有所下降。

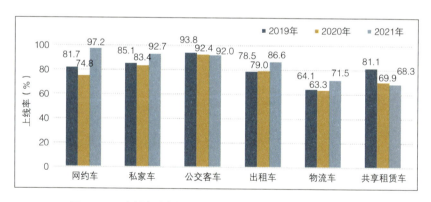

图 11-27　广州市重点细分市场新能源汽车历年月均上线率情况

11.4.2　广州市新能源汽车分布情况

从广州市新能源车辆停车、充电及公共充电桩热力图看（图 11-28 ～ 图 11-30），三者热力分布基本一致，主要集中在珠江新城（截图为广州天河区）。

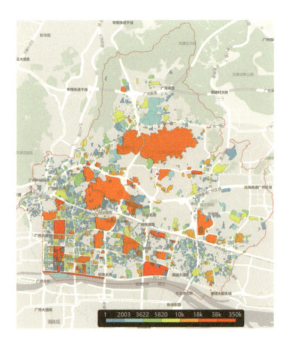

图 11-28　2021 年广州市天河区新能源车辆停车热力图

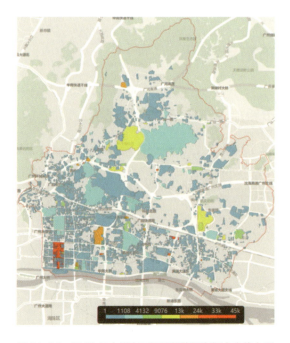

图 11-29　2021 年广州市天河区新能源车辆充电热力图

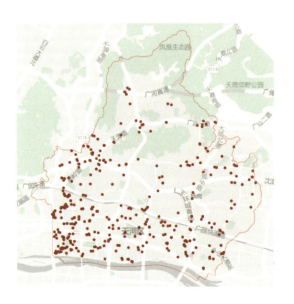

图 11-30　2021 年广州市天河区新能源车辆公共充电桩热力图

11.5　深圳市应用情况

11.5.1　深圳市新能源汽车产业发展现状

截至 2021 年 12 月 31 日，深圳市累计接入 46.08 万辆新能源汽车

从表 11-13 看，2021 年共接入 15.58 万辆，相比 2020 年上升 165.9%。截至 2021 年 12 月 31 日，深圳市累计接入 46.08 万辆。从 2021 年各月接入量来看（图 11-31），8 月接入量最高，达到 2.05 万辆；4 月接入量最低，为 0.7 万辆。

表 11-13　深圳市新能源汽车历年接入量情况

年份	2019 年	2020 年	2021 年
深圳市车辆接入量 / 万辆	10.82	5.86	15.58

图 11-31　深圳市新能源汽车历年月度接入量情况

　　从表 11-14 看，2021 年 BEV 共接入 11.51 万辆，PHEV 共接入 4.07
万辆。PHEV 在深圳市具有可以上绿牌、不限行等政策优惠，因此接入量
较高。从各月接入量来看（图 11-32），BEV 8 月接入量最高，为 1.48 万
辆，PHEV 12 月接入量最高，为 0.77 万辆。

表 11-14　2021 年深圳市分驱动类型新能源汽车接入情况

驱动类型	BEV	PHEV
深圳市车辆接入量 / 万辆	11.51	4.07

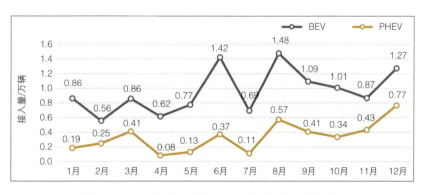

图 11-32　2021 年深圳市分驱动类型新能源汽车月度接入量

　　从重点细分市场接入量看（图 11-33），2021 年私家车接入量最高，
为 11.28 万辆，相比 2019 年上升 161.7%。除公交客车外，2021 年其他细
分市场接入量均高于 2020 年。

图 11-33　深圳市重点细分市场新能源汽车历年接入量情况

2021 年深圳市新能源汽车各月份车辆上线率较为稳定。2021 年深圳市新能源汽车月均上线率为 84.3%，相比 2020 年（76%）上升 8.3 个百分点（表 11-15）。从各月上线率看（图 11-34），除了 5 月外，2021 年其余各月车辆上线率较为稳定，没有出现明显波动。从表 11-16 看，PHEV 上线率较高。从图 11-35 看，除了 5 月外，PHEV 其余各月月均上线率超过94%，月上线率均高于 BEV。

表 11-15　深圳市新能源汽车历年上线率平均值情况

年份	2019 年	2020 年	2021 年
深圳市车辆上线率平均值（%）	84.7	76.0	84.3

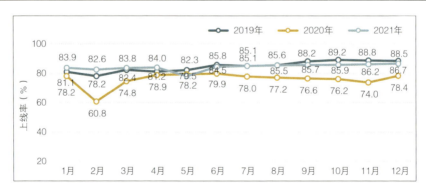

图 11-34　深圳市新能源汽车历年月度上线率情况

表 11-16　深圳市分驱动类型新能源汽车上线率平均值情况

驱动类型	BEV	PHEV
深圳市车辆上线率平均值（%）	79.9	94.2

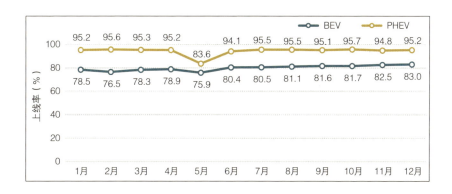

图 11-35　2021 年深圳市分驱动类型新能源汽车月度上线率情况

从重点细分市场月均上线率看（图 11-36），2021 年网约车月均上线率最高，达到 97.9%，出租车为 94.6%，私家车为 91.6%。除公交客车外，2021 年其他细分市场年度月均上线率相较于 2020 年均有所上升。

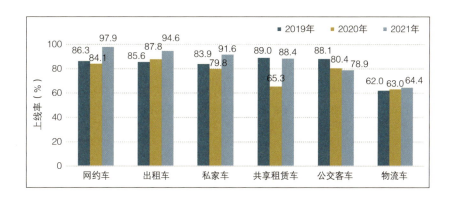

图 11-36　深圳市重点细分市场新能源汽车历年月均上线率情况

11.5.2　深圳市新能源汽车分布情况

从深圳市新能源车辆停车、充电及公共充电桩热力图看（图 11-37 ~ 图 11-39），三者热力分布基本一致，分布较为分散。

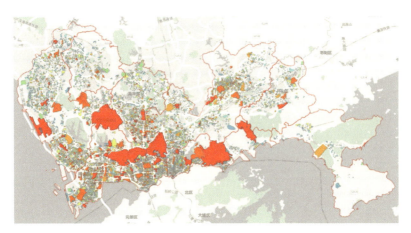

图 11-37　2021 年深圳市新能源车辆停车热力图

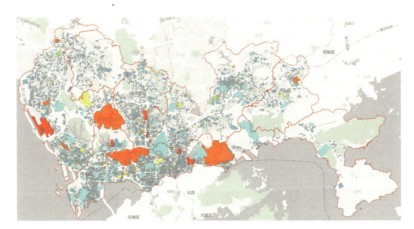

图 11-38　2021 年深圳市新能源车辆充电热力图

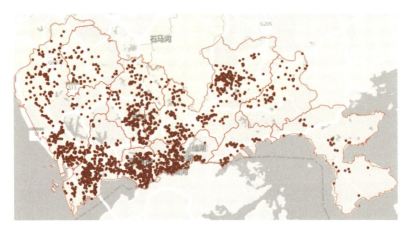

图 11-39　2021 年深圳市新能源车辆公共充电桩热力图

11.6 柳州市应用情况

11.6.1 柳州市新能源汽车产业发展现状

截至 2021 年 12 月 31 日，柳州市累计接入 11.77 万辆新能源汽车

从表 11-17 看，2021 年柳州市共接入新能源汽车 4.21 万辆，相比 2020 年提升 49.8%。截至 2021 年 12 月 31 日，柳州市累计接入 11.77 万辆。从 2021 年各月接入量来看（图 11-40），1 月接入量最高，达到 0.75 万辆；5 月接入量最低，为 0.14 万辆。

表 11-17　柳州市新能源汽车历年接入量情况

年份	2019 年	2020 年	2021 年
柳州市车辆接入量 / 万辆	2.84	2.81	4.21

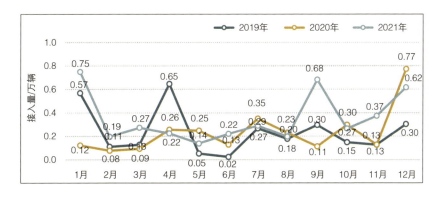

图 11-40　柳州市新能源汽车历年月度接入量情况

从表 11-18 看，2021 年 BEV 共接入 4.12 万辆，PHEV 共接入 0.1 万辆。从各月接入量来看（图 11-41），BEV 1 月接入量最高，为 0.74 万辆，PHEV 7 月接入量最高，为 220 辆。

表 11-18　2021 年柳州市分驱动类型新能源汽车接入量情况

驱动类型	BEV	PHEV
柳州市车辆接入量 / 万辆	4.12	0.1

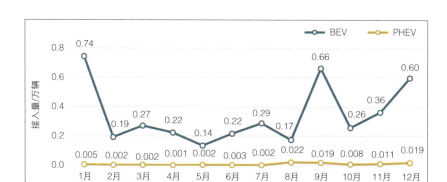

图 11-41   2021 年柳州市分驱动类型新能源汽车月度接入量情况

从重点细分市场接入量看（图 11-42），除公交客车外，其他细分市场 2021 年车辆接入量均高于 2020 年。其中，2020 年私家车的接入量最高，为 3.8 万辆，占 2021 年柳州市新能源汽车接入量的 90.3%，私家车市场份额显著高于一线城市。

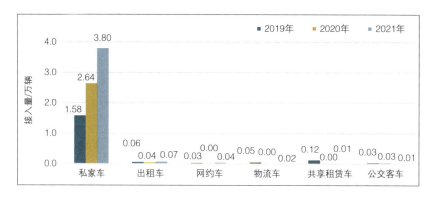

图 11-42   柳州市重点细分市场新能源汽车历年接入量情况

2021 年柳州市新能源汽车月均上线率为 94.2%，相比 2020 年（90.3%）上升 3.9 个百分点（表 11-19），普遍高于全国平均水平。从各月上线率看（图 11-43），2020 年各月上线率较为稳定。从表 11-20 看，BEV 的上线率较高。从图 11-44 看，BEV 各月月上线率均超过 90%，高于 PHEV。

表 11-19   柳州市新能源汽车历年上线率平均值情况

年份	2019 年	2020 年	2021 年
柳州市车辆上线率平均值（%）	91.1	90.3	94.2

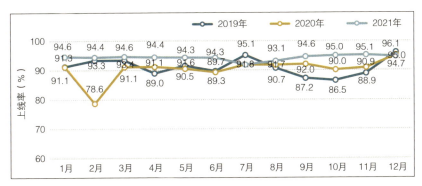

图 11-43　柳州市新能源汽车历年月度上线率情况

表 11-20　2021 年柳州市分驱动类型新能源汽车上线率平均值情况

驱动类型	BEV	PHEV
柳州市车辆上线率平均值（%）	94.4	81.6

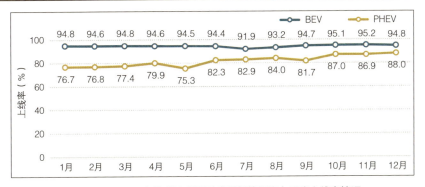

图 11-44　2021 年柳州市分驱动类型新能源汽车月度上线率情况

从重点细分市场月均上线率看（图 11-45），2021 年网约车月均上线率最高，达到 95.9%，出租车为 95.6%，私家车为 95.6%。除公交客车外，其他细分市场月均上线率 2021 年相比 2020 年均有所提升。

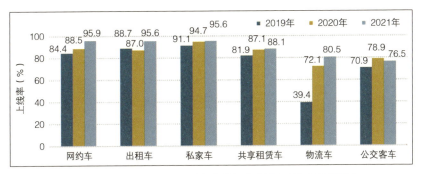

图 11-45　柳州市重点细分市场新能源汽车历年月均上线率情况

11.6.2　柳州市新能源汽车分布情况

从柳州市城区内来看，新能源车辆停车、充电及公共充电桩热力图（图11-46～图11-48），三者热力分布基本一致，主要集中在市中心，其他区域分布较为分散。

图 11-46　2021 年柳州市新能源车辆停车热力图

图 11-47　2021 年柳州市新能源车辆充电热力图

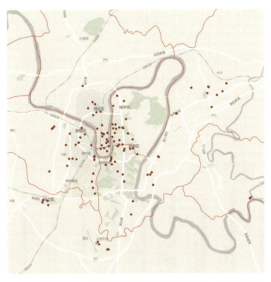

图 11-48　2021 年柳州市新能源车辆公共充电桩热力图

11.6.3　柳州市小型纯电动乘用车出行特征

新能源乘用车单次出行半径较短，主要用于代步出行

从 2021 年车辆次均行驶里程月度变化情况来看（图 11-49），新能源乘用车次均行驶里程较短。2021 年 1 月—2021 年 12 月，全国新能源乘用车次均行驶里程均值为 19.73km，主要用于代步出行。柳州市新能源乘用车和小型纯电动乘用车次均出行半径明显小于全国平均水平，分别为 10.02km 和 8.69km，小型纯电动乘用车更聚焦短途出行，用户主要将其用于上下班、购物、接送孩子等基本代步出行的场景。

图 11-49　柳州市新能源乘用车月度次均行驶里程特征

小型纯电动乘用车日均行驶里程均值为 20.81km，车辆日使用强度较为平稳

从 2021 年全国和柳州市新能源乘用车日均行驶里程月度变化情况来看（图 11-50），全国新能源乘用车日均行驶里程均值维持在 40km 左右，而柳州市新能源乘用车和柳州市小型纯电动乘用车日均行驶里程均值明显低于全国平均水平，分别为 24.71km 和 21.81km。

图 11-50　柳州市新能源乘用车月度日均行驶里程特征

全国小型纯电动乘用车周起动天数逐年增加，车辆使用频率稳步提升

全国小型纯电动乘用车历年周平均起动天数、月平均起动天数呈现逐年增长的趋势，小型纯电动乘用车周平均起动天数从 2017 年的 3.3 天逐渐增加到 2021 年 5.2 天（图 11-51），月平均起动天数从 2017 年的 14.4 天逐渐增加到 2021 年 22.6（图 11-52）天，车辆使用频率逐渐增加，用户黏性逐渐增强，小型纯电动乘用车成为用户日常出行的代步工具。

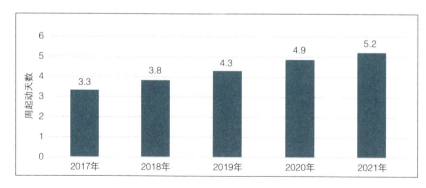

图 11-51　全国小型纯电动乘用车周起动天数历年变化情况

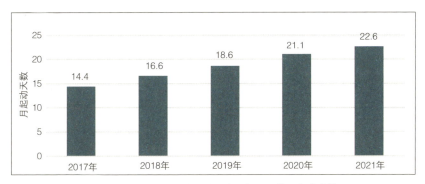

图 11-52　全国小型纯电动乘用车月起动天数历年变化情况

全国小型纯电动乘用车以慢充为主，倾向私桩充电

小型纯电动乘用车以慢充为主，慢充车次占比达到 95.5%（图 11-53）。从小型纯电动乘用车公桩和私桩分布情况来看（图 11-54），小型纯电动乘用车多采用私桩充电，车辆占比达到 84.7%。其中，上汽通用五菱采用私桩充电的车辆占比更高，达到 86.6%。

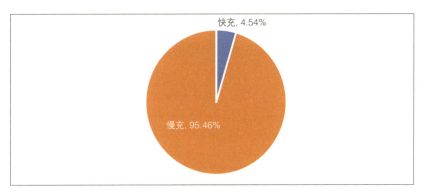

图 11-53　小型纯电动乘用车快充和慢充次数分布情况

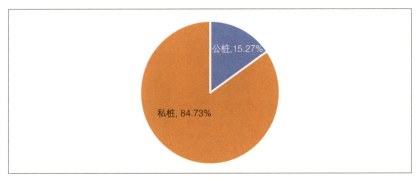

图 11-54　小型纯电动乘用车公桩和私桩充电车辆数量分布情况

柳州市小型纯电动乘用车次均充电起始 SOC 主要集中在 20%～40%

柳州市小型纯电动乘用车充电起始 SOC 分布比较集中，主要集中在 20%～40%，该区间段的车辆占比达到 63%（图 11-55）。小型纯电动乘用车定位于日常代步工具，车辆日行驶里程和出行时间相对固定，车辆充电 SOC 相对集中。

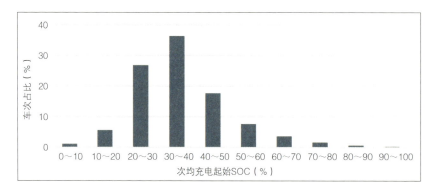

图 11-55　柳州市小型纯电动乘用车次均充电起始 SOC 分布情况

柳州市小型纯电动乘用车次均充电时长较短，主要集中在 3～6h

与全国新能源乘用车对比，柳州市小型纯电动乘用车充电时长主要集中在 3～6h（图 11-56），车辆占比达到 48.19%，车辆充电方式以慢充为主；而全国新能源乘用车充电时长为 0～1h 的车辆占主要比重，达到 23.0%。

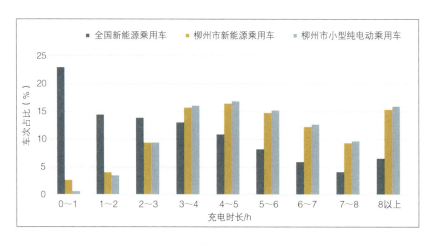

图 11-56　柳州市与全国新能源乘用车次均充电时长分布情况

11.7 佛山市应用情况

11.7.1 佛山市新能源汽车产业发展现状

截至 2021 年 12 月 31 日，佛山市累计接入 4.51 万辆新能源汽车

从表 11-21 看，2021 年共接入 2.35 万辆，相比 2020 年提高 158.2%。截至 2021 年 12 月 31 日，佛山市累计接入 4.51 万辆新能源汽车。从 2021 年各月接入量来看（图 11-57），12 月接入量最高，达到 0.52 万辆；1 月接入量最低，为 0.10 万辆。

表 11-21　佛山市新能源汽车历年接入量情况

年份	2019 年	2020 年	2021 年
佛山市车辆接入量 / 万辆	0.88	0.91	2.35

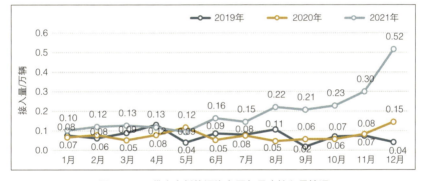

图 11-57　佛山市新能源汽车历年月度接入量情况

从 2021 年新能源汽车接入量来看（表 11-22），2021 年佛山市 BEV 共接入 2.03 万辆，PHEV 共接入 0.32 万辆，FCV 共接入 0.003 万辆。

表 11-22　2021 年佛山市分驱动类型新能源汽车接入量情况

驱动类型	BEV	PHEV	FCV
佛山市车辆接入量 / 万辆	2.03	0.32	0.003

2021 年佛山市新能源汽车月均上线率为 88.1%，相比 2020 年 (82%) 提升 6.1 个百分点。

从历年车辆上线率平均值来（表 11-23）看，佛山市新能源汽车上线率呈现逐年稳步上升趋势，2021 年佛山市新能源汽车月均上线率为

88.1%，相较于前两年明显提升；从 2021 年各月上线率看（图 11-58），除 5 月外，其余各月车辆月均上线率均保持在 85% 以上。

表 11-23　佛山市新能源汽车历年上线率平均值情况

年份	2019 年	2020 年	2021 年
佛山市车辆上线率平均值（%）	76.9	82	88.1

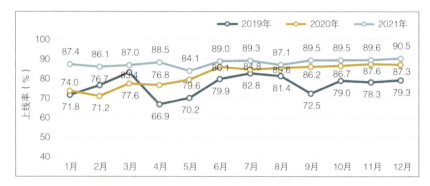

图 11-58　佛山市新能源汽车历年月度上线率情况

从 2021 年分驱动类型车辆上线率来看（表 11-24），BEV、PHEV 上线率较高。从各月份车辆上线率来看（图 11-59），BEV 和 PHEV 各月上线率较为稳定，FCV 上线率波动较大。

表 11-24　2021 年佛山市分驱动类型新能源汽车上线率平均值情况

驱动类型	BEV	PHEV	FCV
佛山市车辆上线率平均值（%）	88.4	88.7	81

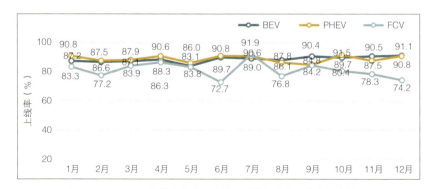

图 11-59　2021 年佛山市分驱动类型新能源汽车月度上线率情况

11.7.2 佛山市氢燃料电池电动汽车产业发展现状

得益于地方政策的大力扶持，佛山市氢燃料电池电动汽车推广效果显著。截至 2021 年 12 月 31 日，佛山市累计接入氢燃料电池电动汽车 1484 辆（图 11-60），车辆接入量在广东省各城市氢燃料电池电动汽车推广中排首位。

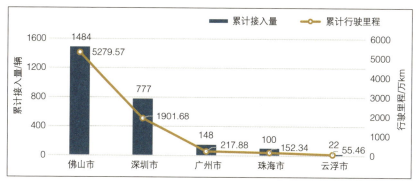

图 11-60 广东省主要城市氢燃料电池电动车辆推广规模及车辆行驶情况

从佛山市氢燃料电池电动汽车推广结构来看（图 11-61），公交客车推广量占主导，截至 2021 年底，氢燃料电池电动公交客车推广规模达到 1009 辆，占佛山市燃料电池电动汽车推广总量的 67.99%；其次是物流特种车，推广车辆规模达到 471 辆，占比 31.74%。

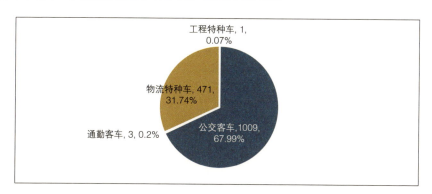

图 11-61 佛山市氢燃料电池电动车辆推广结构情况

从整车企业接入情况来看（图 11-62），佛山飞驰客车企业累计接入氢燃料电池电动汽车 568 辆，占佛山市燃料电池电动累计推广规模的 38.27%；其次是中通客车和云南五龙汽车，分别累计接入燃料电池电动汽车 410 辆和 200 辆，占比分别为 27.63% 和 13.48%。从市场集中度来看，前三家整车企业的燃料电池电动汽车接入占比达到 79.38%，市场集中度较高。

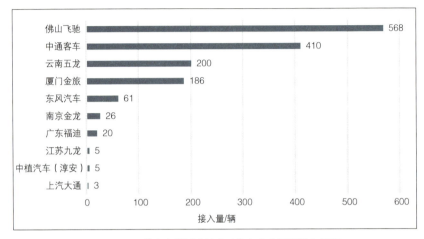

图 11-62　佛山市燃料电池电动汽车企业累计接入情况

11.7.3　佛山市氢燃料电池电动汽车运行特征

截至 2021 年 12 月 31 日，佛山市氢燃料电池电动汽车累计行驶里程达到 5279.57 万 km，累计行驶时长达 204.01 万 h（表 11-24）。其中，2021 年伴随着车辆规模化推广及车辆运行常态化，2021 年车辆行驶里程达到 3160.80 万 km，行驶时长 122.61 万 h。氢燃料电池电动公交客车行驶里程和行驶时长占主导。

表 11-25　佛山市氢燃料电池电动汽车运行情况

车辆类型		累计行驶里程 / 万 km	累计行驶时长 / 万 h	2021 年行驶里程 / 万 km	2021 年行驶时长 / 万 h
客车	公交客车	4109.62	172.34	2890.60	116.41
	通勤客车	5.50	0.12	1.65	0.03
	小计	4115.12	172.46	2892.25	116.44
专用车	物流特种车	1164.10	31.53	268.20	6.15
	工程特种车	0.35	0.02	0.35	0.02
	小计	1164.45	31.55	268.55	6.17
合计		5279.57	204.01	3160.80	122.61

从佛山市氢燃料电池电动汽车日均行驶时长分布情况来看（图 11-63），客车在 4 ~ 9h 的行驶时长段车辆占比相对高于专用车。低行驶时长段 0 ~ 2h 的专用车的车辆占比明显高于客车，部分专用车使用强度需要进一步加强。

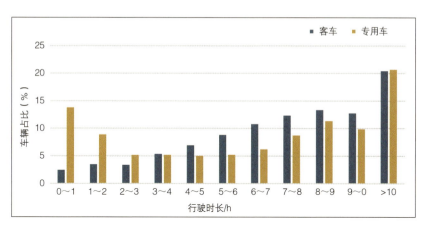

图 11-63 全国与冬奥会赛区氢燃料电池电动客车日均行驶时长车辆分布情况

2021 年佛山市氢燃料电池电动客车和专用车单车日行驶里程特征差异较大（图 11-64）。氢燃料电池电动专用车日行驶里程主要集中在 160 ～ 280km，车辆占比为 62.8%；氢燃料电池电动客车日行驶里程分布相对分散。其中，日行驶里程在 480km 以上的车辆占比较大，达到 21.8%，说明部分氢燃料电池电动客车采用长距离运输的情况。

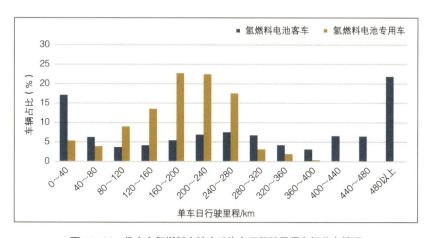

图 11-64 佛山市氢燃料电池电动汽车日行驶里程车辆分布情况

2021 年佛山市氢燃料电池电动客车和专用车的日加氢时刻车辆分布情况如图 11-65 所示，氢燃料电池电动专用车的加氢时刻主要在 8:00—22:00，车辆占比为 97.65%；氢燃料电池电动客车的加氢时刻主要集中在 9:00—15:00、19:00—22:00 两个时段，车辆占比分别为 45.85%、28.19%。

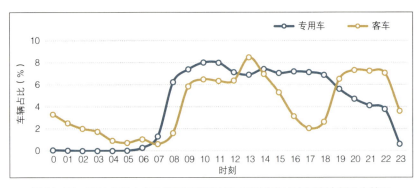

图 11-65　2021 年佛山市分类型氢燃料电池电动车辆日加氢时刻车辆分布情况

2021 年佛山市氢燃料电池电动汽车加氢时长分布情况如图 11-66 所示。专用车相对于客车的加氢时长分布更加集中，主要集中在 5 ～ 11min；客车加氢时长分布相对分散，主要集中在 4 ～ 10min。

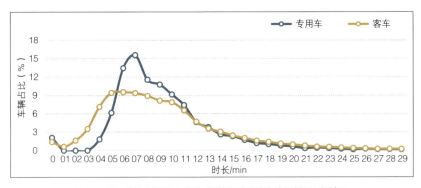

图 11-66　2021 年佛山市氢燃料电池汽车加氢时长分布情况

11.8　东北地区应用情况

11.8.1　东北地区新能源汽车产业发展现状

截至 2021 年 12 月 31 日，东北地区累计接入 8.22 万辆新能源汽车

本文中东北地区省份包括黑龙江省、吉林省、辽宁省。从表 11-26 看，2021 年共接入 3.38 万辆，相比 2020 年提高 218.87%。截至 2021 年 12 月 31 日，东北地区累计接入 8.22 万辆。从 2021 年各月接入量来看（图 11-67），12 月接入量最高，达到 0.76 万辆；4 月接入量最低，为 0.11 万辆。

表 11-26　东北地区新能源汽车历年接入量情况

年份	2019 年	2020 年	2021 年
东北地区车辆接入量 / 万辆	1.8	1.06	3.38

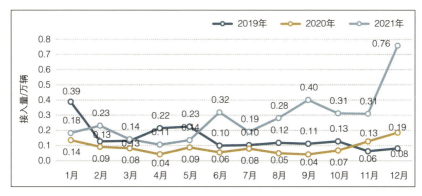

图 11-67　东北地区新能源汽车历年月度车辆接入量情况

从表 11-27 看，2021 年东北地区 BEV 共接入 2.29 万辆，占当年新能源汽车接入量的 67.8%；PHEV 接入 1.09 万辆，占当年接入量的 32.3%。从各月接入量来看（图 11-68），BEV 各月份接入量均高于 PHEV，12 月两种类型车辆的接入量为全年最高水平，分别为 0.46 万辆和 0.30 万辆。

表 11-27　2021 年东北地区分驱动类型新能源汽车接入量情况

驱动类型	BEV	PHEV	FCEV
车辆接入量 / 万辆	2.29	1.09	0.002

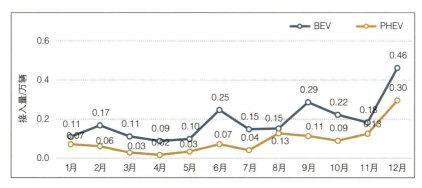

图 11-68　2021 年东北地区分驱动类型新能源汽车历年月度接入量情况

从东北地区历年车辆接入量来看，2021 年重点细分市场车辆接入规模均实现较快增长，其中私家车增速最快，2021 年私家车接入量 21567 辆，同比增长 2.94 倍（图 11-69）。

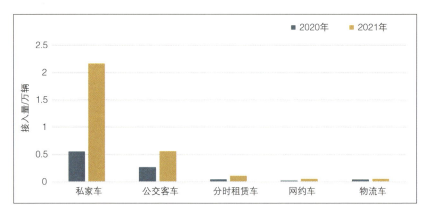

图 11-69　东北地区重点细分市场新能源汽车历年接入量情况

从 2021 年东北地区重点细分市场接入量看（图 11-70），私家车接入量占全年车辆接入的 63.89%，略低于全国新能源私家车接入量占比（73.2%）；其次是公交客车，2021 年车辆接入 5515 辆，占东北地区全年接入量的 16.34%。

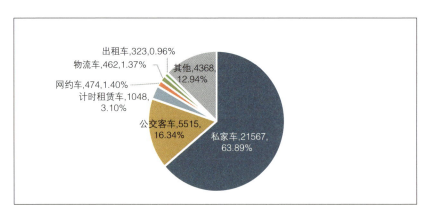

图 11-70　2021 年东北地区新能源汽车接入量（辆）及占比情况

东北地区新能源汽车上线率快速提升。2021 年东北地区新能源汽车月均上线率为 86.3%，相比 2020 年（81.7%）提高 4.6 个百分点（表 11-28）。从各月上线率看（图 11-71），2021 年各月上线率较为稳定。

表 11-28　东北地区新能源汽车历年上线率平均值情况

年份	2019 年	2020 年	2021 年
东北地区车辆上线率平均值（%）	82.6	81.7	86.3

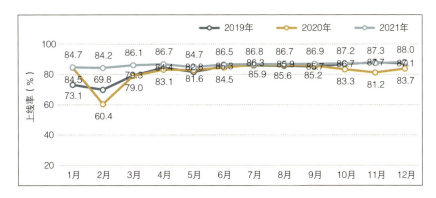

图 11-71　东北地区新能源汽车历年月度上线率情况

从表 11-29 来看，2021 年东北地区新能源车辆日均行驶里程为 94.65km，连续 2 年有所下降。从历年日均行驶里程月度均值看（图 11-72），2021 年上半年东北地区新能源车辆月度日均行驶里程要显著低于 2019 年，6 月后低到 2020 年同期水平。

表 11-29　东北地区历年新能源车辆日均行驶里程情况

年份	2019 年	2020 年	2021 年
日均行驶里程 /km	110.74	101.36	94.65

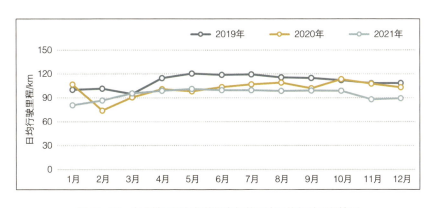

图 11-72　东北地区历年新能源车辆的月度日均行驶里程情况

11.8.2　东北地区新能源汽车运行情况

从表 11-30 来看，2021 年东北地区新能源汽车平均百公里耗电量为 33.22kW・h/100km，与往年基本持平。

表 11-30　东北地区新能源汽车历年平均百公里耗电量情况

年份	2019 年	2020 年	2021 年
平均百公里耗电量 /（kW·h/100km）	32.63	33.00	33.22

　　东北地区新能源车辆冬季耗电量较高。从历年百公里耗电量月度均值看（图 11-73），月度曲线呈现明显的"凹型曲线"形状。东北地区冬季寒冷，冬天时间长，从当年的 11 月到下一年的 3 月都属于较冷的季节，在此期间，BEV 行驶的百公里耗电量较高，尤其是 12 月和 1 月的百公里耗电量比 5 月—10 月高 32%。

图 11-73　东北地区历年新能源汽车百公里耗电量月度均值情况

　　从 2021 年全国各地区小型纯电动乘用车里程可信度月度变化情况来看（图 11-74），华南地区各月度受影响较小；从各季节里程可信度来看，冬季寒冷季节（12 月、1 月、2 月）东北地区车辆耗电量较高，车辆里程可信度较低，华南地区受影响较小。

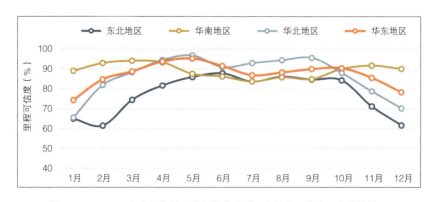

图 11-74　2021 年全国各地区小型纯电动乘用车里程可信度月度均值情况

11.9　冬奥会赛区氢燃料电池电动汽车应用情况

本节主要对 2022 年 2 月份北京冬奥会期间，北京市和张家口市氢燃料电池电动汽车推广应用情况、车辆运行情况以及氢能保障供应情况进行总结。通过总结我国在氢能制、取、运、用等环节的经验，为氢能及燃料电池产业示范推广提供解决方案。

11.9.1　氢燃料电池电动汽车推广应用情况

截至 2022 年 2 月底，冬奥会赛区累计共接入 1331 辆氢燃料电池电动汽车（图 11-75）。其中北京市和张家口市分别累计接入 907 辆和 424 辆氢燃料电池电动汽车。从历年车辆接入情况来看，2021 年车辆接入量最大，北京市和张家口市分别接入 459 辆和 250 辆氢燃料电池电动汽车。

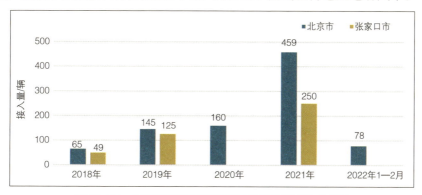

图 11-75　冬奥会赛区氢燃料电池电动汽车累计接入量情况

从接入车辆类型来看（图 11-76），截至 2022 年 2 月底，公交客车累计接入规模最大，达到 791 辆车，占冬奥会赛区氢燃料电池电动汽车推广量的 59%；其次是公路客车、物流特种车，分别累计接入 198 辆和 169 辆。

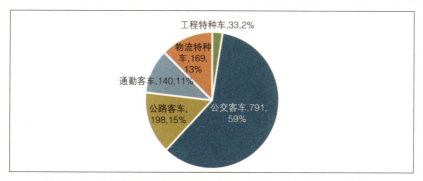

图 11-76　冬奥会赛区氢燃料电池电动汽车累计接入量（辆）及占比情况

车企累计接入情况来看（图11-77），北汽福田累计接入681辆氢燃料电池电动汽车，占冬奥会赛区燃料电池电动推广规模的半数以上；其次是上海申龙客车和郑州宇通客车，分别累计接入氢燃料电池电动汽车220辆和115辆，分别占冬奥会赛区燃料电池电动汽车推广规模的16.53%和8.64%。

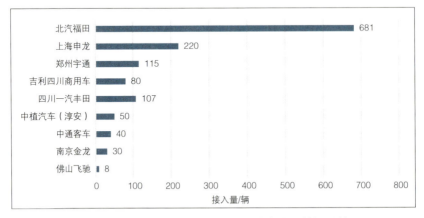

图11-77 冬奥会赛区氢燃料电池电动汽车企业累计接入量情况

11.9.2 氢燃料电池电动汽车运行特征

截至2021年底，冬奥会赛区氢燃料电池电动汽车累计行驶里程和行驶时长分别达到2605.59万km和100.90万h（表11-31）。其中，2022年1—2月份期间，冬奥会赛区北京市和张家口市氢燃料电池电动汽车行驶里程和行驶时长分别达到305.99万km和16.64万h，以氢燃料电池电动客车运行为主（表11-32）。

表11-31 冬奥会赛区氢燃料电池电动汽车运行情况

城市名称	车辆类型	累计行驶里程 / 万 km	累计行驶时长 / 万 h
北京市	客车	718.49	25.74
	专用车	372.69	9.87
	小计	1091.18	35.61
张家口	客车	1514.41	65.29
	小计	1514.41	65.29
合计		2605.59	100.90

表 11-32　2022 年 1—2 月冬奥会期间氢燃料电池电动汽车运行情况

城市名称	车辆类型	2022 年 1—2 月 行驶里程 / 万 km	2022 年 1—2 月 行驶时长 / 万 h
北京市	客车	175.40	9.68
	专用车	6.00	0.32
	小计	181.40	10.00
张家口市	客车	124.59	6.64
	小计	124.59	6.64
合计		305.99	16.64

冬奥会赛区氢燃料电池电动汽车月度运行车次情况如图 11-78 所示，2022 年 2 月份，北京市和张家口市氢燃料电池电动运行车次明显呈现增长趋势。2 月份，北京市运行车次达到 7.63 万次，环比增长 57.00%；张家口市运行车次达到 6.11 万次，环比增长 80.23%。

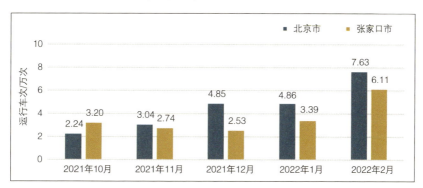

图 11-78　冬奥会赛区氢燃料电池电动汽车运行车次月度分布情况

从冬奥会赛区车辆月度上线率来看（图 11-79），自 2021 年 10 月份以来，北京市和张家口市车辆上线率均呈现逐渐上升趋势。其中，2 月份，北京市和张家口市车辆上线率分别达到 74.4% 和 97.6%，张家口市氢燃料电池电动汽车几乎全部全量运行。

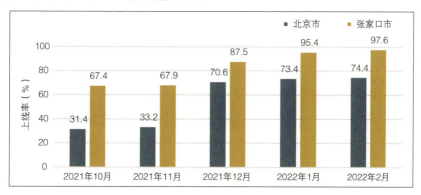

图 11-79　冬奥会赛区氢燃料电池电动汽车月度上线率情况

2022年冬奥会赛区氢燃料电池电动客车和专用车单车日行驶里程特征差异较大（图11-80）。相较于张家口市，北京市客车和专用车单车日行驶里程分布相对分散，北京市客车单车日行驶里程主要集中在40～120km，专用车单车日行驶里程较短，主要集中在80km以内，少部分车辆单车日行驶里程超过480km；张家口市客车的单车日行驶里程主要集中在120～200km，车辆占比达到73.67%。

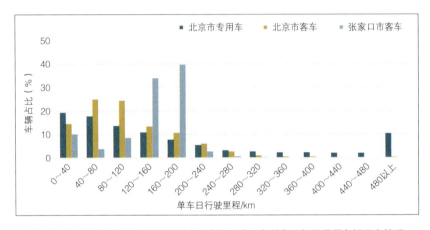

图11-80　冬奥会赛区氢燃料电池电动客车和专用车单车日行驶里程车辆分布情况

从氢燃料电池电动客车不同行驶时长车辆分布情况来看（图11-81），客车在各行驶时长段的车辆分布相对均匀。北京赛区和张家赛区氢燃料电池电动客车更多集中在低行驶时长段，5h以下的车辆占比分别为41.25%和47.21%，明显高于全国平均水平29.75%。

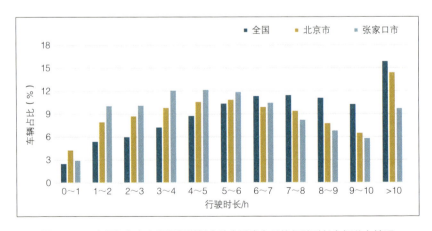

图11-81　全国与冬奥会赛区氢燃料电池电动客车日均行驶时长车辆分布情况

2022 年 2 月份，冬奥会赛区氢燃料电池电动汽车加氢时刻车辆分布情况如图 11-82 所示，氢燃料电池电动汽车加氢时刻主要集中在 8:00—20:00。

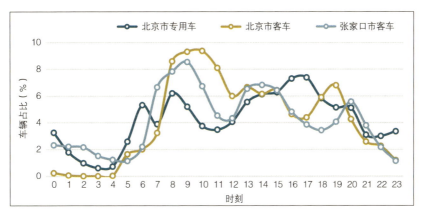

图 11-82　冬奥会赛区分类型氢燃料电池电动车辆的日加氢时刻车辆分布情况

2022 年 2 月份，冬奥会赛区氢燃料电池电动汽车加氢时长分布情况如图 11-83 所示，氢燃料电池电动专用车加氢时长主要集中在 7 ~ 12min；北京市客车和张家口客车分布主要分布在 8 ~ 15min。

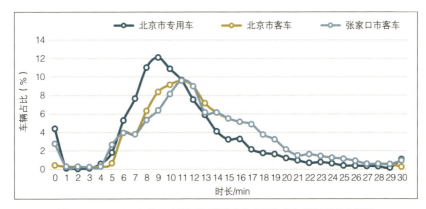

图 11-83　2022 年冬奥会赛区氢燃料电池电动汽车加氢时长分布情况

11.9.3　燃料电池供应链保障情况

在氢能源服务绿色冬奥的同时，北京市和张家口市的氢能产业依托冬奥会契机得到快速发展。2022 年北京冬奥会赛事筹备期间，氢能产业链体系的各相关单位积极投入到氢能冬奥会保障供应体系当中，相继为北京冬奥会提供不同类型、不同层次的氢能产品和服务。2022 年北京冬奥会举办期间，累计有 11 座制氢企业投入到氢能保障供应中。

冬奥会赛区，制氢企业主要布局工业副产氢、清洁氢与可再生氢（表 11-33）。其中，中国石化燕山石化北京冬奥会氢气新能源保供项目、中国石化燕山石化燃料电池氢撬装项目、中国石化天津石化燃油部加氢母站分别利用自身丰富的工业副产氢进行提纯供应。清洁氢与可再生氢领域，张家口市建设的制氢厂均采用张家口丰富的可再生能源，建设多个绿色氢能一体化示范基地项目，采用可再生能源电解水制氢和加氢项目。

表 11-33 冬奥会赛区制氢企业保障供应分布情况

序号	省份（直辖市）	市/区	项目名称	类别	规模 /（标方 /h）
1	北京市	房山区	中国石化燕山石化北京冬奥会氢气新能源保供项目	副产氢	2000
2	河北省	任丘区	中国石化燕山石化燃料电池氢撬装项目	副产氢	500
3	天津市	滨海新区	中国石化天津石化燃油部加氢母站	副产氢	933（折算）
4	河北省	张家口市	国华（赤城）风氢储多能互补制氢项目	可再生氢	2000
5	北京市	延庆区	中国电力氢能产业园冬奥会配套制氢项目	可再生氢	200
6	河北省	张家口市	海珀尔制氢项目	可再生氢	1500
7	河北省	张家口市	河北建设沽源制氢项目	可再生氢	800
8	河北省	张家口市	河北建投崇礼大规模风光储互补制氢项目	可再生氢	400
9	河北省	张家口市	绿色氢能一体化示范基地项目（一期）	可再生氢	4000
10	北京市	房山区	北京环宇京辉京城气体科技有限公司冬奥会气体保供项目	可再生氢	800
11	北京市	房山区	北京环宇京辉京城气体科技有限公司冬奥会气体保供项目	水电解制氢	500

资料来源：中国氢能联盟。

截至 2022 年 2 月初，北京冬奥会赛区北京市和张家口市地区已建成投运加氢站 19 座（图 11-84）。其中，北京市累计建成投运 11 座加氢站，张家口市累计建成投运 8 座加氢站。

从加氢站的加氢压力来看（表 11-34），大部分加氢站布局 35MPa 加氢设备。部分加氢站如国家能源集团国华投资（氢能公司）建设的万全油氢电综合能源站、中国石油福田加氢站、中国石油金龙油氢合建站、中国石化庆园街加氢站、中国石化崇礼西湾子加氢站、中国石油崇礼太子城服务区加氢站分别在站内部署部分 70MPa 加氢设备。

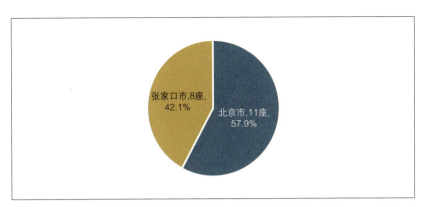

图 11-84　冬奥会赛区已建成加氢站分布情况

表 11-34　冬奥会赛区已建成投运的加氢站数量

序号	省份（直辖市）	市/区	项目名称	建成时间	供给能力/（kg/d）	压力/MPa
1	北京市	海淀区	永丰加氢站	2006 年	1000	35
2	河北省	张家口市	海珀尔创坝加氢站	2018 年	1500	35
3	北京市	房山区	环宇京辉加氢站	2019 年	500	35
4	北京市	延庆区	延庆园加氢站	2020 年	1000	35/70
5	北京市	房山区	窦店加氢站	2020 年	500	35
6	北京市	大兴区	大兴氢能示范区加氢示范站	2020 年	3600	35
7	河北省	张家口市	东望山加氢站	2020 年	2000	35
8	河北省	张家口市	纬三路加氢站	2020 年	1000	35
9	北京市	昌平区	中国石油福田加氢站	2021 年	500	35/70
10	北京市	延庆区	中国石油金龙油氢合建站	2021 年	1500	35/70
11	北京市	延庆区	中国石化燕化兴隆加油加氢站	2021 年	1000	35
12	北京市	延庆区	中国石化庆园街加氢站	2021 年	1500	35/70
13	北京市	延庆区	中国石化王泉营加氢站	2021 年	1500	35
14	北京市	房山区	中国石化燕山石化氢能叉车加氢站	2021 年	500	35
15	河北省	张家口市	中国石油北加油加氢站	2021 年	1000	35
16	河北省	张家口市	中国石化崇礼西湾子加氢站	2021 年	1500	35/70
17	河北省	张家口市	中国石油崇礼太子城服务区加氢站	2021 年	1200	35/70
18	河北省	张家口市	创坝华通加氢站	2021 年	1000	35
19	河北省	张家口市	万全油氢服务站	2022 年	1200	35/70

资料来源：中国氢能联盟。

第12章　典型案例

懂车帝在新能源汽车领域的用户洞察及行业解决方案

新能源汽车产业快速发展的同时也面临着诸多问题，在新冠肺炎疫情、芯片短缺、原材料价格上涨等多方面因素共同影响下，新能源汽车市场增加了更多变数。跨国汽车品牌在新能源汽车领域加速发力，新能源汽车市场竞争日趋白热化。如何更加精准地把握消费者的购车需求，开展有针对性的营销解决方案，成为摆在汽车企业和经销商面前的重要挑战。

懂车帝作为一个让用户了解汽车产品的汽车资讯平台，移动端日活跃用户量超过700万人次。截至2021年底，累计内容阅读量超过50亿人次，积累4.4亿人的汽车兴趣用户，为开展新能源汽车用户洞察奠定了坚实基础。

1. 新能源汽车用户行为和购买偏好洞察

（1）新能源汽车用户行为评价5A度量体系

用户运营的关键就是如何持续拉近品牌与用户之间的连接关系。基于对于新能源用户行为和购买偏好的深入洞察，懂车帝构建了一套有别于传统漏斗模式的用户行为评价体系——5A度量体系，旨在更加客观、精准地反映用户品牌偏好和购买意向（图12-1）。5A度量体系还原了用户与汽车品牌的关系：从感知品牌（Aware），对车产生好奇（Appeal），询问各种买车要考虑的因素（Ask），最终行动购车（Action），并成为品牌拥护者（Advocate）。

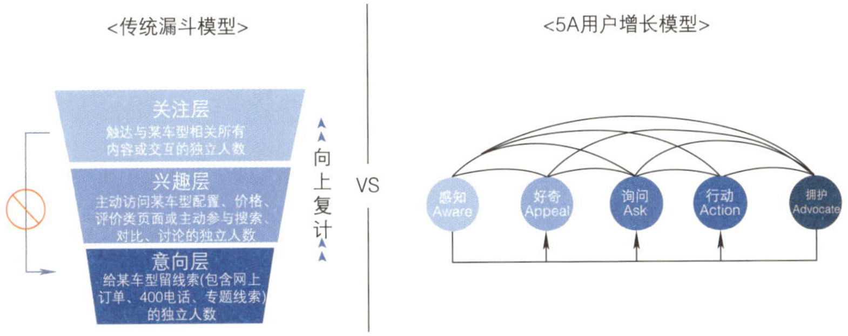

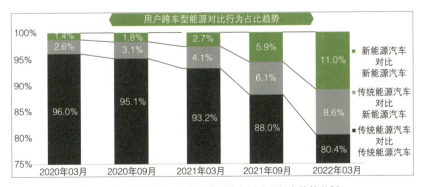

图 12-1　懂车帝用户行为评价 5A 度量体系框架与传统漏斗模型

5A 度量体系落在具体实践领域，可针对汽车产品从预热发布到上市交付的全周期进行"对症下药"，探讨不同阶段用户核心诉求与车企营销策略，打造品牌完美成长曲线。同时，背靠大量沉淀数据，5A 度量体系一方面可以分析用户偏好及需求痛点，为全新换代产品提供数据信息支撑与营销策略库。另一方面在关键节点，度量体系能够识别各维度因素，达成高效营销的目的。

（2）新能源用户需求和用户特征分析

基于 5A 度量体系以及懂车帝"懂知行"商业数据平台的数据分析能力，懂车帝对用户在选择新能源汽车和传统能源汽车时的需求偏好和行为差异进行了全面分析，主要研究结论如下：

1）更多用户开始在新能源汽车与传统能源汽车之间进行对比选择。从用户在不同能源类型汽车之间的对比行为分布看，随着新能源汽车产品力的提升和车型的不断丰富，用户对新能源汽车选择意愿越来越多。用户不仅在新能源车型之间进行对比选择，而且越来越多的用户会在新能源汽车与燃油汽车之间进行对比（图 12-2）。

图 12-2　用户对不同能源类型的车型购买倾向趋势分析

2）限购城市的新能源汽车购买意愿更高。燃油车限购地区中，海南省用户购买新能源汽车的意愿最为强烈。2030年起，海南将全面禁止销售燃油车。政策导向也影响了用户购车的预期与选择。在燃油车限购城市中，杭州、深圳用户对新能源汽车的接受度最高（图12-3）。

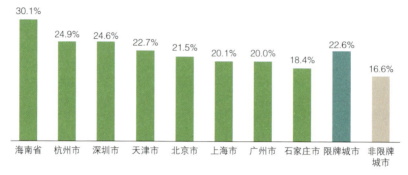

图12-3　典型地区新能源汽车潜在用户占比

3）刚需一族新能源汽车购买意愿更高。对于用户购车选择，婚姻状况和子女情况是有一定影响的。已婚用户对新能源汽车的接受度相对较高，有21.8%的潜在用户考虑购买新能源汽车。而已婚并有学龄前子女的用户新能源汽车接受度更高，达到25.1%。

相对而言，燃油车限购城市用户对新能源汽车接受度显著更高，已婚有学龄前子女的用户接受度可达到32.4%。非限购城市结婚并且育有未成年子女的用户，对新能源汽车的接受度也相对较高（图12-4）。

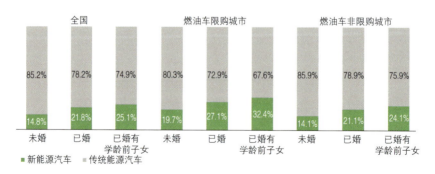

图12-4　婚姻和子女状况对用户选择新能源汽车的影响

4）"九零后"成为新能源汽车购买主力。有购车需求的用户中，30岁以下的"90后"人群成为传统能源汽车和新能源汽车的购买主力，占比均超过25%，超越"80后"人群。相较于传统能源汽车，"90后"人群对新能源汽车的购买意向更高（图12-5）。

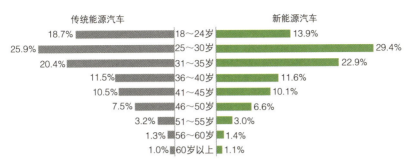

图 12-5　分年龄层次用户购车意愿分布情况

5）新能源汽车潜在用户预算相对更高。传统能源汽车相比，打算购买新能源汽车的潜在用户购车预算相对更高，预算在 30 万元以上的占比要高于传统能源汽车的潜在用户（图 12-6）。

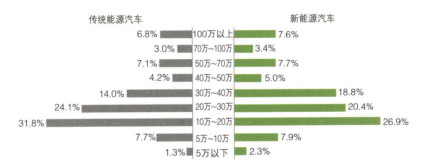

图 12-6　潜在用户购车预算对比

从品牌类型看，打算购买豪华品牌新能源汽车用户，购车预算在 30 万元以上的占比明显更高。中国品牌新能源汽车潜在用户的购车预算已经与主流外国品牌潜在用户基本相当，仅在 20 万 ~ 30 万元区间略低。可见，在新能源汽车领域，中国品牌已经具备了接近主流外国品牌的溢价能力（图 12-7）。

6）除续航和充电外，新能源用户更关心配置与安全性。无论购买传统能源汽车还是新能源汽车，用户最关注的因素都是价格。购车预算决定了用户购车的选择范围，是第一考虑因素。此外，外观、动力性、操控性、配置都是较为重要的考虑因素。与传统能源汽车用户相比，新能源汽车用户对智能化更加关心，但对用车成本的关心程度明显降低。另外，续驶里程和充电便利性，是新能源汽车用户特有的关注因素（图 12-8）。

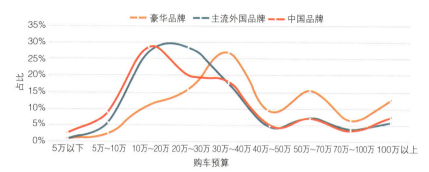

图12-7　不同目标品牌类型潜在用户购车预算分布情况

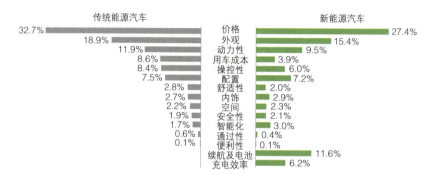

图12-8　分能源类型潜在用户购车考虑因素

2. 基于新能源消费者需求进行有针对性的内容和产品优化

为进一步提升在新能源汽车领域的专业度，同时更好地满足用户在新能源汽车选买过程中的需求痛点，在营销内容和产品层面，懂车帝进行了三方面能力建设，一是信息供给能力建设，即围绕用户对新能源汽车的关注点和未来趋势判断，满足用户阅读需求；二是内容信任能力建设，即提升内容质量，进而提升用户信任度；三是效率能力建设，即解决用户困扰，通过内容结构和页面优化，提升用户获取内容的效率。

围绕以上三方面，基于用户关注的新能源汽车续航表现与季节强相关性，懂车帝积极投入资源，在测评内容和产品功能上开展重点布局。

（1）探索并形成全面客观的新能源汽车评测体系

目前行业内主流汽车评价体系普遍基于传统燃油车进行打造，并不能全面体现新能源汽车的产品真实性能。此外，消费者在选车、购车过程中存在一些需求痛点，也得不到有效满足。

基于以上因素，懂车帝与行业内相关权威机构一起，在新能源汽车领域进行了深入研究探讨，结合消费者购车时关注的续航、性能等问题构建了完整的新能源汽车产品评测体系，并基于新能源汽车续航表现受季节、地点等因素影响显著等特点，开展夏季和冬季两大测试项目，形成多维度产品性能差异化评价体系。

（2）为消费者提供丰富的新能源汽车"看、选、买"参考工具

基于新能源汽车夏季和冬季测试项目结果，结合日常产品评测和海量新能源用户实际用车过程中的真实反馈，懂车帝进一步提升用户在新能源汽车看、选、买环节的参考工具功能，通过提供多维度的结果分析查询和排名显示，为新能源汽车消费者看车、选车及买车决策提供客观依据和真实参考。

一方面，懂车帝通过车型库的快速升级迭代，不断丰富和更新内容，方便消费者全面了解各款新能源车型的参数性能；另一方面，懂车帝也不断改进"看、选、买"参考产品工具性能，方便新能源汽车用户查阅及决策。2022 年 5 月上线的新能源汽车车主续航数据，由中国汽研与新能源汽车国家大数据联盟联合提供，首期覆盖全国 33 个城市、数十个热门新能源品牌不同型号数百款车型。用户可进行城市、季节、车型车款进行精准查询，更清晰了解车辆的实际续航情况。

3. 基于 5A 度量体系的全链一体化新能源汽车营销模式

由于新冠肺炎疫情不断反复，大量新能源汽车用户看车、选车、买车行为由线下改为线上，加之新能源汽车用户呈年轻化趋势，对于直播等数字化营销手段接受度更高。因此，懂车帝通过构建 5A 度量体系建立以品牌增长为导向的全链一体化营销模式，对新能源汽车用户进行深入洞察，锚定用户从购车意向、决策到行动的全过程，为整车企业提供精准化指导策略。

一是在销售前期持续打造"直播 + 电商"模式，建立起品牌与用户的线上高效连接，基于网络前端精准获取目标客户。 在品牌热度提升及口碑塑造方面，主要通过 OGC（原创内容）权威定调背书拔高品牌价值、PGC（专业内容）达人场景极限测试锐化产品优势、UGC（用户内容）真实车主代言等方式，打造汽车品牌名片的内容基石。

二是基于大数据技术手段，建设专属的新能源商业体系助力汽车品牌用户培育。 在目标人群锁定方面，主要通过目标品牌与高热度竞品捆绑对比、通过核心算法加大内容推送权重、PGC 内容智能加热等方式广泛培养用户。

三是独有的企业开放平台全面提升品牌的用户服务能力。 核心提供系

统化运营及管理后台，基于 5A 数据能力提供丰富数据看板，以数据驱动运营，结合专项运营支持，促进品牌与懂车帝生态的深度融合，激励品牌深度长效经营用户。

四是以卖车通为核心的新渠道体系实现渠道精准对接，提升产品成交时效。懂车帝自 2018 年开发卖车通经销商会员系统以来，截至 2022 年上半年，平台会员数量突破 26000 家。平台一方面为整车企业和经销商提供真实、高质量的信息，另一方面，平台基于大数据分析手段，针对新能源汽车经销商在实际经营中的痛点进行链路诊断，输出有针对性的解决方案。目前懂车帝的线索成交率、到店率、有效率持续处于行业领先水平。在 2021 网销线索大盘中，懂车帝同期线索占比超过 31%，为线上营销的增长基盘提供了有力保障。

五是通过用户数据沉淀提升营销精准度，扩充潜在用户数量。用户数据沉淀不仅能提升品牌运营及营销的策略精度，还可增强"效果联盟"精准智能获取全网用户的能力。"效果联盟"是 2021 年全新推出充分运用懂车帝精准数据能力的全自动竞价产品，具备捕获全网意向用户的能力（图 12-9）。

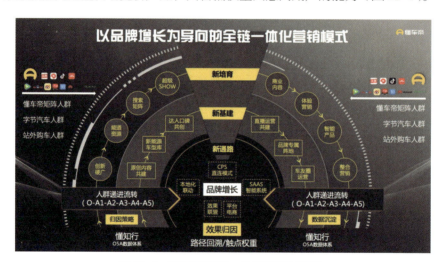

图 12-9　懂车帝全链条一体化营销模式架构

通过前端直播＋电商模式助力品牌与客户连接，精准对接核心用户，后端依托卖车通实现渠道端精准赋能、高效促转销售成交的方式，懂车帝已经先后与小鹏汽车、一汽－大众、上汽乘用车等企业合作，在新品牌上市预热及宣传造势等服务方面取得显著的成效。在夯实小鹏汽车品牌及产品价值方面，打造内容基石－智能提效－电商收口方式，全链赋能小鹏汽车品效合一，提升小鹏汽车品牌在懂车帝平台的用户服务能力；针对一

汽 – 大众 ID 系列营销体验提升方面，先后联动平台举办热门 IP 试驾日新能源专场、全口径车型解读、用户试驾体验等方式；服务智己 L7 车型上市预热及营销路径方面，通过预热期前置铺量抢先布局，PGC 内容及智能加热等方式，广泛培育新用户，车型上市期间，通过广告营销加内容推送等多种方式渗透多类型人群，并精准实现目标人群锁定。

<table>
<tr><td>附　录</td><td>新能源汽车网联大数据平台及应用服务生态</td></tr>
</table>

"推动实施国家大数据战略，加快建设数字中国"是我国抢占"数字主权"制高点的重要手段。以新能源汽车为载体的车联网、大数据等产业迅速发展，已经成为现阶段工业化、信息化的核心发展领域之一。北京理工新源信息科技有限公司（简称"北理新源"）秉承"数据创造价值"的宗旨，坚持"车联万物、数据智能、跨界融合、服务生态"原则，深耕网联大数据技术体系，以"新能源汽车＋互联网＋大数据"为核心业务，致力于打造新能源汽车多源大数据汇聚与服务平台，构建新能源汽车数字经济生态，创造汽车网联大数据价值。

一、总体架构

《新能源汽车产业发展规划（2021—2035）》（国办发〔2020〕39号）明确提出，要建立新能源汽车与相关产业融合发展的综合标准体系，建立跨行业、跨领域的综合大数据平台，促进各类数据共建共享与互联互通。构建新能源汽车与上下游产业链的大数据生态圈，打通产、学、研、用之间的数据通道，拓展新能源汽车和大数据资源的融合贯通、深度应用，助力新能源汽车高质量发展。

新能源汽车网联大数据平台及应用服务生态架构主要分为四部分：基础平台、数据平台、数据应用服务及数据安全。其中，基础平台主要基于整车及电池领域开展的网联大数据基础平台、电池溯源管理系统以及车辆安全运行监测、碳资产管理系统；数据平台主要是在行业基础平台架构的基础上，衍生出的数据质量评价、车辆安全与智慧维保、营运车辆能耗管理系统；此外，围绕新能源汽车产业链产品、市场、营销、电池、充电、保险、数据安全等环节，探索大数据应用服务生态体系及数据安全服务，形成完备的新能源汽车网联大数据平台及应用服务生态体系架构（附图1）。

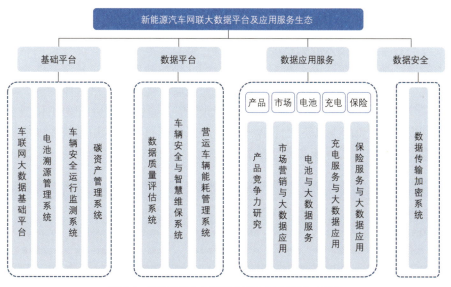

附图1　新能源汽车大数据平台及应用服务生态架构

二、功能模块及行业应用

新能源汽车大数据平台及应用服务生态所涉及的功能模块主要包括四个方面，分别为基础平台、数据平台、数据应用服务、数据安全。

（一）基础平台

新能源汽车产业链融合大数据与云平台技术，突破通信高并发关键技术、信息传输通信安全技术、大数据存储压缩和快速检索技术、数据真实性和有效性检测等技术，可实现对车联网大数据基础平台监测、电池溯源管理及车辆安全运行监测、碳资产管理等领域的有效管理及运营支撑。

1. 车联网大数据基础平台

功能介绍： 车联网大数据基础平台基于 hadoop 大数据生态、微服务设计开发等技术，支持提供多源新能源汽车（含氢燃料电池电动汽车）、重型柴油车数据接入与转发、数据存储、数据场景分析与应用以及内部业务系统对接集成等一站式解决方案，实现与 MES、ERP、OA、DMS、CRM 等内部业务系统数据共享，为企业提供完整的车联网平台体系解决方案，助力整车企业实现全面数字化转型。目前，平台具备亿辆新能源汽车接入与服务能力，能够支持 3000 万辆新能源汽车并发接入（附图 2）。

行业应用： 伴随着物联网、大数据等技术加速应用，万物互联、实时交互的数字孪生技术成为赋能地方政府、整车及零部件企业提升长期竞争力的核心抓手。车联网大数据基础平台面向地方政府、整车及零部件企业提供一站式数字化解决方案，通过聚焦"数智赋能"的基础底座构建，实现"跨界融合""高效协同"的数字治理变革，通过数据分析功能和任务调度模块，向车辆监管、行业管理、公众服务、可视化应用系统提供数据支撑，将加快助力行业实现泛在赋能、智能协同、开放共享。

附图 2　车联网大数据基础平台架构

2. 电池溯源管理系统

功能介绍： 电池溯源管理系统主要面向新能源汽车产业链的车载端和回收利用端，通过实现动力蓄电池溯源信息采集与上报功能，实现电池生产、车辆销售、电池维修更换、电池退役、电池报废回收、电池梯次及再生利用等全生命周期各环节的信息追溯管理，达到动力蓄电池产品来源可查、去向可追、节点可控、责任可究的目的。此外，鉴于电池溯源实际执行过程中存在的问题，引入区块链存证功能，所有节点参与数据治理，保障电池溯源数据的精准性和可信度（附图 3）。

行业应用： 伴随着新能源汽车产业规模化快速扩大，动力蓄电池加速流转。基于动力蓄电池的溯源信息量也在快速扩增，大大增加了地方政府、整车及零部件企业等各相关主体对产业上下游环节信息溯源的难度。电池溯源管理平台提供标准化接口，通过对接国家及地方溯源平台，可实现平台间无缝对接，辅助企业及时、合规、准确上报各环节数据，降低企业的联调时间及人工成本；同时，通过构建区块链节点网络，打造去中心化可信数据生态。

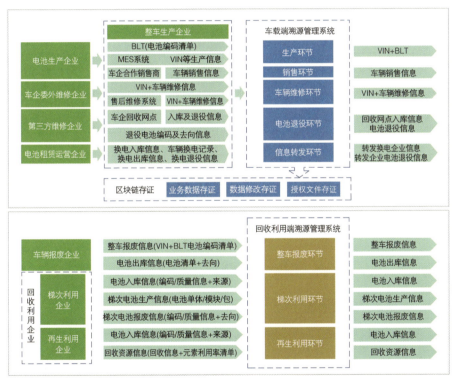

附图 3　电池溯源管理系统

3. 车辆安全运行监测系统

功能介绍： 车辆安全运行监测系统可实现车辆实时在线监控、数据接入和转发、数据质量核查、故障报警、安全风险评估、隐患排查、车辆档案管理等功能。在车辆安全运行监测方面，通过风险车辆异常数据特征归集和专家知识库汇集，自主研发安全风险感知模型、车辆安全隐患排查模型，实现云端大数据全生命周期、多场景安全风险评估，并对长期停放车辆、大面积聚集停放车辆、频繁报警车辆风险提示（附图4）。

行业应用： 车辆安全运行监测系统主要基于新能源汽车安全运行与多场景协同决策输出需求，围绕终端、网络、平台、应用、数据等方面，汇集电动车辆安全运行信息要素，依托多源数据采集、处理、分析与可视化技术，借助数据质量分析模型、安全风险评估模型、安全隐患排查模型等数字化工具手段，协助整车企业建立防御、监测、治理、评估四位一体的车辆安全运行状态监测与管理能力。

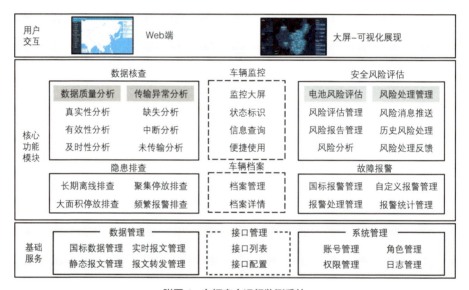

附图4　车辆安全运行监测系统

4. 碳资产管理系统

功能介绍： 围绕"双碳"战略，碳资产管理系统以国家监管平台百万辆新能源汽车实时运行数据为依托，基于车型、用途、工况等多维度分析场景，建立新能源汽车碳减排因子数据库，搭建新能源汽车运行端碳减排精准核算模型。碳资产管理系统车辆覆盖面广、核算精准度高，实现全国新能源汽车运行侧数据全覆盖，对于开展车辆在使用环节车辆碳减排实时跟踪及后续进一步参与全国碳交易市场流通提供重要数据支撑（附图5）。

行业应用： 新能源汽车具有全生命周期低排放的特点，对于加快推进汽车产业低碳化发展、助力交通领域碳达峰具有关键性的意义。新能源汽车碳资产管理（附图6）平台主要面向地方政府，通过密切监测新能源汽车运行和使用情况，及时做好新能源汽车运行阶段的车辆碳减排核算工作，探讨车辆在使用环节的碳积分核算及交易平台建设，实现数据链条全面覆盖，对于倡导用户低碳出行，助力交通领域碳达峰进程具有重要的指导意义。

附图 5　碳资产管理系统架构

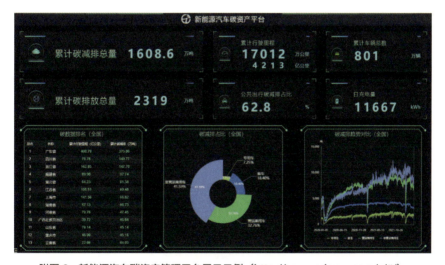

附图 6　新能源汽车碳资产管理平台展示示例（http://www.ndanev.com/c/#/）

（二）数据平台

基于新能源汽车网联大数据基础平台构架，结合新能源汽车大数据质量和车辆能耗及碳减排机制，可以衍生构建新能源汽车行业数据平台。具体包括数据质量评估系统、车辆安全与智慧维保系统、营运车辆能耗管理系统和碳资产管理系统。

1. 数据质量评估系统

功能介绍： 数据质量评估系统主要依据 GB/T 32960—2016 和 HJ 1239—2021 标准，融合大数据挖掘和分析技术，通过开发 200 多个数据质量模型以及开展多维数据核验，开展数据终端评估、通信性能评估、车辆里程评估等维度的数据质量核验，数据质量评估系统具备数据接入、有效性验证、数据比对分析与错误原因排查等功能，解决方案实现模型标准化、分析可视化、服务定制化，对车辆数据真实性、有效性、及时性进行核验并实时反馈动态核验结果（附图 7）。

行业应用： 数据质量评估系统是推动企业数字化转型，实现数字高效能治理的重要手段之一。通过支持多种数据接入方式，研发专业的数据质量核验模型，直观展示数据质量现状，针对企业特定需求提供定制化的服务等多种业务模式，满足数据质量灵活多维分析和数据漏斗多层级挖掘，旨在完善数据质量标准、规范数据治理水平，保障企业各业务系统数据高效稳定接入，强化对企业数字化转型的数据赋能手段。

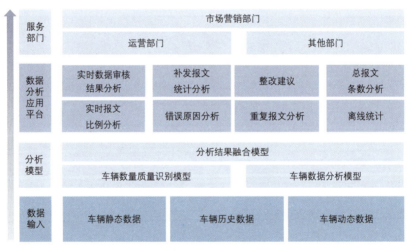

附图 7 数据质量评估系统

2. 车辆安全与智慧维保系统

功能介绍： 车辆安全与智慧维保系统提供电池状态感知与维修维保"线上 + 线下"一体化高效解决方案。系统由线上电动车辆信息化综合管控云平台、线下车桩云智能检验子系统、线下电池系统多维排查、保养和维修服务体系组成。该系统集成动力蓄电池健康状态评估、安全风险感知、车辆信息智能管理、检验装备信息接入与分析等功能，针对

"云平台"识别的风险及关注车辆，进行深度诊断输出结果和处置建议，协同客户采取进一步完成线下检验核查措施、售后维修维保工作（附图8）。

行业应用：全面增强企业在安全管理机制、产品质量、运行监测、售后服务、事故响应处置、网络安全等方面的安全保障能力，提升新能源汽车安全水平是全面贯彻产业新发展理念、统筹发展与安全并行发展的重要使命。伴随着新能源汽车保有量的快速上升，基于规范用车行为、高效识别安全风险、高效率维保和有序智能管理的精细化管理需求提上日程。车辆安全与智慧维保系统通过云端动力蓄电池健康和安全风险评估，检测体量大、资源投入少、成本低，有效保障新能源汽车运行安全，提升运营效率。

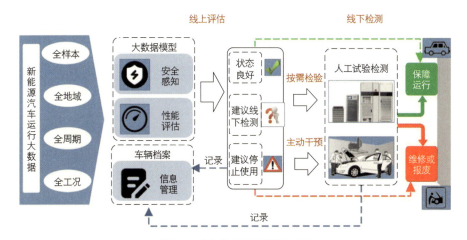

附图8　车辆安全与智慧维保系统

3. 营运车辆能耗管理系统

功能介绍：营运车辆能耗管理系统主要结合全国新能源公交车、物流车、重型货车等营运车辆实时运行数据，基于动力蓄电池电量消耗情况、关键器件（电机、空调、油泵、气泵等）实际能耗情况、司机驾驶行为等数据采集与分析，致力于构建多维度、全类型的新能源汽车能耗计算模型及能耗评估体系，指导整车及零部件企业、运营公司开展车辆能耗管理，提高车辆能耗精准化管控水平（附图9）。

行业应用：营运车辆能耗管理系统主要面向行业内整车企业及新能源商用车运营企业。结合新能源汽车能耗部件多、能耗影响因素复杂等问题，通过先进的车辆特征工程技术及算法精准计算能耗核算结果，支持企业开展整车及零部件选型、充电策略调整、空调输出设定、驾驶人驾驶行为规范及能耗标准制定，为车辆科学运营调度、智能充电管理、驾驶人驾驶行为考核及驾驶行为规范制定提供专业的技术指导，进一步提升企业及车队能耗精准化管控水平，助力交通领域低碳转型。

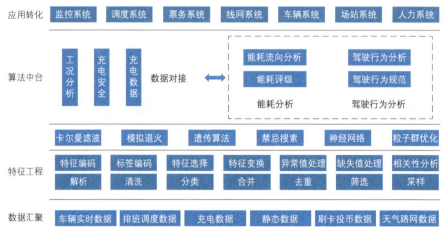

附图 9　营运车辆能耗管理系统

（三）数据应用服务

数据应用服务是一套依托新能源汽车网联大数据基础平台，围绕新能源汽车上下游产业链各环节，打造的新能源汽车大数据应用服务生态系统，主要围绕产品、市场营销、动力蓄电池、充电服务、保险服务等领域展开。

1. 产品竞争力研究

功能介绍： 面向整车企业产品规划需求，基于新能源汽车细分市场车型及实时运行数据，结合车辆动力性（充电速度、实际续驶里程、实际能耗水平）、适应性（温度适应性、工况适应性）、安全性（单体电压异常率、探针温度异常率、三级故障报警率）等关键技术指标分析，助力实现整车企业产品规划优化（附图 10）。

行业应用： 基于新能源汽车大数据的汽车产品竞争力分析模型，打破了小样本数据的局限性，在追踪车辆运行全过程的同时实现维度和深度的拓展，支持新能源汽车分行驶里程段、分路况、分年限全量数据的多维度交叉分析，基于真实新能源汽车的运行应用，客观呈现车辆实际体验。

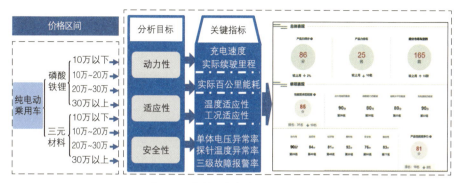

附图 10　新能源汽车产品竞争力模型

2. 市场营销与大数据应用

功能介绍： 在传统市场分析指标体系的基础上，将新能源汽车人数据实时运行数据与汽车营销数据相结合，结合新能源汽车产品特性，可以构建基于市场份额、市场增长、私桩配比、公桩覆盖度、用户活跃度等因子的市场评价模型，实现营销热点的精准挖掘和市场预测、投放策略布局（附图 11）。

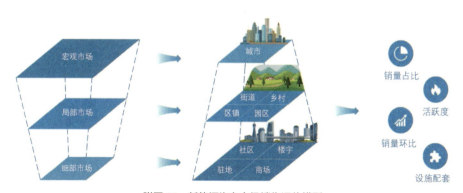

附图 11　新能源汽车市场销售评价模型

行业应用： 基于大数据应用的新能源汽车市场营销分析及预测具有地域覆盖广、频率更新快、分析维度全覆盖等优势，主要应用于新能源汽车整车领域，为整车企业提供市场成熟度评价及营销热点精准挖掘，助力整车企业提升广告投放效果。

3. 电池与大数据服务

（1）电池溯源及退役预测研究

功能介绍： 电池溯源及退役预测研究主要基于电池溯源管理平台，结合电池生产、销售、维修、退役、报废、梯次及再生利用等多维度溯源数据体系，开展动力蓄电池全生命周期各环节、整车及零部件产业链配套情况分析；结合新能源汽车动力蓄电池静态数据融合电池充放电、外界环境温度、车辆状态等动态数据，开展电池综合退役预测模型，输出电池退役预测及残值评估结果（附图 12）。

行业应用：电池溯源及退役预测研究主要侧重于解决当前电池回收利用企业所面临的退役电池寻找难、性能评估难等业务难题，通过建立支持不同地区、不同车辆类型、不同厂家全覆盖的多维度电池溯源及退役预测评估体系，协助电池回收上下游企业精确寻找退役电池，助力回收利用企业高效运营，推动退役动力蓄电池市场规范化、有序化发展。

附图 12　动力蓄电池退役量预测模型

（2）电池撮合交易服务

功能介绍：电池撮合交易服务致力于通过基于新能源汽车动力蓄电池静态信息，结合车辆电池充放电数据、外界环境温度、车辆状态等动态数据，自主研发动力蓄电池退役预测模型和电池容量衰减预测模型，为电池回收上下游企业搭建平等、开放、共享、协作的独立第三方平台，提供信息咨询、交易信息发布、电池溯源认证、电池健康度评估、交易撮合等服务，协助买卖双方高效便捷达成交易（附图 13）。

行业应用：推动动力蓄电池回收利用，是落实党中央、国务院决策部署，践行生态文明建设要求，保障新能源汽车产业可持续发展的重要举措。当前动力蓄电池回收利用作为一个新兴领域，目前尚处于起步阶段，市场化回收利用机制尚未建立。电池撮合交易服务有效解决了退役动力蓄电池回收利用过程中电池交易信息不对称、检测成本高等问题，以电池交易平台为媒介，提供合规性政策解读、电池溯源认证和大数据电池性能评估等服务，在搭建起动力蓄电池市场交易的灵活服务机制。

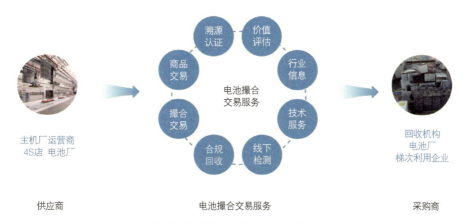

附图 13　动力蓄电池撮合交易服务

（3）氢燃料电池分析系统

功能介绍：氢燃料电池电堆性能分析主要通过构建电堆性能／寿命分析模型，输出电堆性能分析报告，助力企业优化电堆研发和使用策略，提升电堆整体性能；氢燃料电池能耗分析模块主要结合车辆静态信息及车辆行驶、车辆加氢／用电等动态数据，通过分析复杂工况下氢燃料电池汽车能耗损耗规律及能耗影响因素，建立真实运行工况下的能耗预估模型，输出能耗性能分析结果，助力企业进一步优化氢燃料使用策略（附图 14）。

行业应用：电堆指标和电耗指标是衡量氢燃料电池电动汽车车辆性能的重要指标。基于车辆网联大数据为基础，通过深入挖掘车辆运行和燃料电池系统相关数据，根据电堆运行参数、电耗运行参数等变化趋势，提炼电堆生命周期老化经验库、电耗经验参数，准确评估车辆电堆性能健康状态及老化趋势、车辆电耗指数评估结果。对于进一步助力生产企业研发优化、助力运营企业降低成本具有重要的经验指导意义。

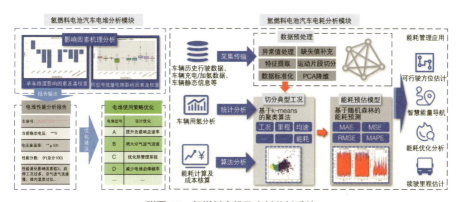

附图 14　氢燃料电堆及电耗分析系统

4. 充电服务与大数据应用

（1）充电地图服务系统

功能介绍： 充电地图服务系统基于"车－桩"运行数据，通过车桩信息融合计算系统，构建双核驱动充电数字地图，实现以"实时车"定"实时桩"、校对常见失真信息、增加关键决策信息、提高异常信息发现效率等功能，进一步完善充电场站开放程度、充电场站导航定位、充电场站实时排队拥堵情况、充电桩损坏识别、充电桩适配车型等信息（附图15）。

行业应用： 充电地图服务系统主要面向充电地图运营服务商。通过基于"车－桩"实时运行数据，旨在解决现有充电地图存在的内容不完善、更新不及时、信息不准确等问题，助力地图服务商完善充电地图服务系统，进一步提升车主充电服务体验。

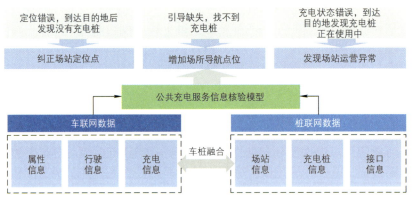

附图15　充电地图服务系统

（2）充电场站选址系统

功能介绍： 充电场站选址系统主要结合新能源汽车运行及充电需求热点、选址决策等关键信息，按照标准六边形划分城市区域，建立"充电潜客数量""潜在需求电量""车辆充电特性"等指标体系，输出区域指标统计结果，为充电场站选址提供科学决策依据。充电场站决策支持系统能够满足分用途（公共站、专用站）、分类型（社区站、驻地站、社会站）选址支撑需求，分析结果相较于传统人工现场勘查更加客观有效（附图16）。

行业应用： 充电场站选址系统主要面向充电桩建设不合理、利用效率不高等问题，通过建立科学的充电选址决策支持系统，主要目的在于解决充电桩选址过程常见的"在哪建""服务谁""建多少""选多大"等关键问题。

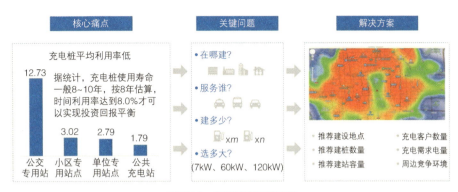

附图 16　充电场站选址系统

（3）充电安全管理系统

功能介绍： 充电安全管理系统结合"车－桩"运行大数据，构建车载动力蓄电池状态评估模型与充电故障特征知识库，根据电池健康评估、电池衰减预测、用车习惯分析等动态识别电池风险状态，以及电流类、电压类、温度类故障库综合识别故障车辆，从而进一步根据评估结果优化充电策略，降低新能源汽车充电事故风险（附图 17）。

行业应用： 新能源汽车的安全隐患不仅存在于电池本身，在车辆充电环节也存在安全隐患，如新能源汽车 BMS、充电模块、充电枪、充电桩监控平台等环节均有可能发生故障，因此加强车辆运行各环节的安全管理至关重要。充电安全管理系统主要面向新能源汽车充电过程中车辆安全事故多发的问题，利用大数据分析方法，准确评估电池状态、识别异常车辆，优化充电控制策略。

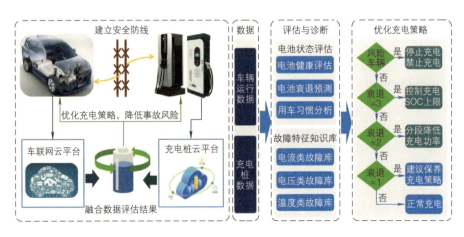

附图 17　充电安全管理系统

5. 保险服务与大数据应用

（1）核保定价评价系统

功能介绍：新能源汽车核保定价评价系统主要以新能源汽车动态运行数据为基础，通过构建新能源汽车多应用场景大数据特征集合，引入车辆累计行驶里程、行驶月数、充电总次数等动态影响因子，构建新能源汽车传统定价因子、动态定价因子相结合的核保定价模型，构建保险分级评价系统，从而进一步辅助保险定价辅助决策，提高新能源汽车保费与风险匹配度（附图18）。

行业应用：新能源汽车核保定价系统主要针对新能源汽车保险定价难的问题。伴随着新能源汽车产业高速发展，新能源汽车专属条款出台的同时也伴随着保费定价难等问题，如何又好又快地发展新能源汽车保险业务，是当前保险行业面临的现实难题。新能源汽车核保定价系统通过大数据应用技术结合动态定价因子，在新能源汽车保险辅助决策方面形成强有力的支撑。

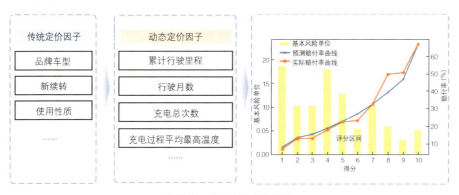

附图18　核保定价评价系统

（2）电池延保费率评估及服务

功能介绍：电池延保率评估主要基于车联网运行大数据和动力蓄电池性能特征演化机理，通过机器学习方法，挖掘大数据中的风险关联因子（驾驶行为、行驶里程、出行次数、事故经过、实时状态、零部件维修等），准确评估电池安全与健康度，结合保险应用场景，构建电池延保定价模型。

行业应用：电池延保率评估主要面向新能源汽车动力蓄电池衰减责任风险转移的需求。保险业是传统数据密集型行业，车险经营的核心是大数据法则，理赔服务、延保定价均离不开数据。面对新能源汽车使用特征，测算新能源汽车动力蓄电池衰减保险的费率，结合保险公司的动力蓄电池延保产品销售，从而进一步助力车企落实电池延保服务。

（四）数据安全

数据传输加密系统

功能介绍： 数据安全是网络空间安全的基础，是国家安全的重要组成部分。2021 年以来，基于国家层面的数据安全法规及相关政策《中华人民共和国数据安全法》和《汽车数据安全管理若干规定（试行）》密集出台，旨在聚焦数据安全风险隐患，促进数据依法合理有效利用。数据传输加密系统是在贯彻落实总体国家安全观，加强汽车数据安全保护背景下的数据安全产品。依据 GB/T 40855-2021 标准，基于国家平台 CA 系统、KMS 系统，采用商用密码与数字证书技术，建立 TLS 加密信道，部署高并发验签服务器，构建安全接入集群系统，支撑大规模车辆数据接入。数据传输加密系统为平台间数据传输提供加密与签名保护，适用于企业平台向国家平台安全上报数，并且支持现有通道平滑升级，满足大规模数据传输要求（附图 19）。

行业应用： 数据作为前沿技术开发、隐私安全保护的重要内容，其重要性被提升到前所未有的高度，保障数据安全涉及企业长远发展及国家安全。伴随着整车企业基于大规模车辆数据安全传输日益增长的需求，如何实现企业平台车辆信息数据安全接入集群系统，支撑大规模新能源汽车数据接入，成为当前面临的重要问题。因此，构建数据传统加密系统，运行安全认证、数据加密、数据签名及密钥管理等技术，对于企业平台数据传输安全至关重要。

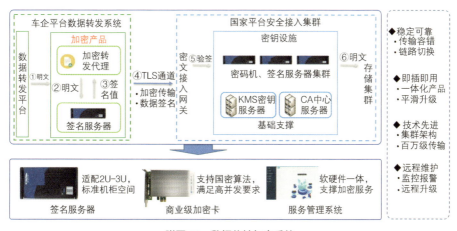

附图 19　数据传输加密系统

三、展望

基于新能源汽车网联大数据基础平台、电池溯源管理系统、车辆安全运行监测系统、碳资产管理系统等基础平台，以及基于基础平台衍生的数据质量评价、车辆安全与智慧维保、营运车辆能耗管理系统等数据平台，围绕新能源汽车大数据应用服务生态系统，大数据应用服务将带动新能源汽车产品、市场、营销、电池、充电、保险、数据安全等产业链上下游全环节实现深度融合应用。

新能源汽车大数据技术将充分发挥海量数据和丰富应用场景优势，促进大数据技术与新能源汽车产业实体经济深度融合，带动以单车为主向以数据为主的方向变革，从以车辆实验与测试为主逐渐向以全样本车辆数据研究变革，从以车端运算为主逐渐向端云结合计算方式变革。大数据应用将赋能产业转型升级，催生新产业、新业态、新模式，成为新能源汽车产业发展的新引擎。